はじめに人間ありき

内山光雄と戦後労働運動

池田実・前川清治著

まえがきに代えて

パーキンソン病は怖い。内山光雄さんを見ていると、第一歩の出足が大変である。手指もままならず、文字を書くのも不可能になっている。内山さんは水泳をとりいれるなど、涙ぐましいほどにリハビリに励んできたのだが、病状は加齢とともに進行してきている。難病である。

内山さんはしかし、一九八二年の総評を辞めた頃においては、自伝執筆の意思はなかった。元気な頃だった。執筆を勧める周囲の声に反発さえ示した。まだまだ運動の現場での心がそうさせたのであろう。六〇歳前後のことである。

そんな内山さんが「内山光雄伝」を思うようになったのは五年くらい前からだっただろうか。

編纂委員会（のようなもの）がもたれた。メンバーは現役を離れていた塚田義彦氏（元合化労連書記長）、船井岩夫氏（元国労書記）、高橋弘志氏（元総評書記）、龍井葉二氏（当時連合書記）、笠原紀彦（フリー編集者）で構成し、これに内山さんと第一次稿を執筆した前川清治さんが加わっての会がもたれた。

執筆に入る前の準備作業に入った。

内山さんを囲んで半年くらいだったか、テープレコーダーを回して聞き取りが行われた。船井さんが「内山年史」を作成した。前川さんは生地（新潟県岩船郡朝日村）の龍山寺を内山さんと共に訪ずれもした。

前川さんは内山さんになり代わり、一人称で執筆していった。氏は和光塾の塾生の一人であったこともあり、内山さんに近い一人である。しかし、内山さんの私鉄総連時代、総評時代を身近にみてきたわけではない。その当時のことを、直接内山さんから聞きだそうと試みた。作業は難航をきわめたときく。内山さんの病状が進み、満足な会話ができなくなっていた。ともかく、六〇年前頃までの「内山光雄伝」が氏の手によって成った。

細かい経過は省くが、この前川稿をめぐって編纂委が再出発した。メンバーは前記の塚田・高橋・笠原に熊尾康成（労働教育センター）が加わった。再出発の編纂委は内山の時代（総評の時代と換言できる）とはどんな時代だったのか――これを、内山を主人公に展開（執筆）することを再確認した。上段本史（内山伝）の下に小活字で労働運動略史を記載することは、本文執筆終了後にこんな意図の補足としてなされた。船井氏が編纂委に加わらなかったのは、二〇〇二年二月、氏が不帰の客となってしまったからである。ガンであった。

こうした編纂委の意図から、「内山光雄伝」は三人称で書かれることとなった。引きつづいての執筆は池田実さんが引き受けてくれることになった。氏は労働教育センター刊の「労働組合五十年史」の類を幾冊か執筆していた人物である。

紆余曲折を経て、結局、全篇を通して池田氏が執筆することとなった。前川氏の書かれた内容が生かされたこと、これを了承された氏の好意があったことはいうまでもない。一人称表記と三人称表記の違い、全篇を一人が執筆することでの読み易さを考えての処置であった。下段労働運動略史のエポックは編纂委が執筆にあたった（国民春闘の項を高橋弘志、他の二〇項目は笠原執筆）。

※

「内山光雄伝」上梓の経過を綴ってきたのは、内山光雄の意思から出発し、ここで記した以外にも、さまざまの人たち（私鉄総連や総評など）の協力によって「内山光雄伝」が刊行の運びとなったことを伝えたかったからである。刊行にむけてさまざまな人に協力していただいた。たとえば、元総評全国オルグの山本敏雄さん（広島在住）には上京いただき、総評のオルグ制度、オルグ態様をレクチャーしてもらったりもしている。

編纂委は「内山年譜」の作成と「著作目録」（塚田義彦）のほか、内山さんの総連・総評時代の発言（大会など）、雑誌掲載の論稿を集め執筆に供した。本文と下段の略史に目を通したことはいうまでもない。内山宅の資料、手帖の類も執筆に生かされたはずである。

ご協力いただいた各氏の氏名は煩雑さをさけて列記しないが、さまざまの人たちの協力によって成ったことを告げ、ここで改めて感謝しておきたい。

私鉄総連は本部が交渉・スト指令・妥結の三権をもつ、民間ではもっとも先進的な産業別組織であった。これは加盟組合、組合員の総連への信頼によってなりたっていたが、その形成に果たした内山さんの役割には大変大きなものがあった。しかし、御承知のようにストライキは減り、私鉄労使の中央集団交渉もなくなった。さらに、二〇〇二年夏、私鉄総連、運輸労連、交通労連、全自交の四産別合同が最終的に決定された。私鉄総連という名がなくなる日も近い。

本書に示された内山光雄の時代と労働組合の現状を対比して、読者はどんな想いを抱かれるであろうか。

二〇〇二年八月

編纂委員会　笠原　紀彦

本書の発刊にあたって

内山　光雄

本書発刊にあたり多くの方のお世話になった。人の生きてきた道を跡付けて本として発行するのは、実に苦労の多い作業である。ここまで進めてこられたスタッフに心からの感謝の意を申し述べたい。

私には生涯忘れることのできないいくつかの情景がある。昭和二十年一月十四日。私は静岡の大井航空隊の予科連から千葉県香取航空隊に転勤命令を受け、同僚の鈴木少尉とともに赴任した。道々、様々なことを語り合った。今度乗る飛行機のこと、戦況のこと、故郷のこと。青年の胸には語るべき想いが沢山あった。赴任して知ったのは、配属先が海軍・陸軍の混成舞台で、乗る飛行機はキ六七海軍の呼称「飛竜」、陸軍第七戦隊というのが所属部隊の名称であった。翌日（翌々日かもしれない）私と鈴木少尉はすぐさま宮崎基地へ移動となり、二機に分乗して宮崎に向かった。鈴木少尉は私とは別々の飛行機であったが、移動途中僚機は事故、墜落し、鈴木少尉と私は生死を分かつこととなった。実施部隊での初の事故であり、戦友との別れであった。ショックであった。一瞬の差異が幽明を異にする。もし僚機に私が乗っていたなら、いま私はこの世にいない。それが戦争であった。敗戦にいたるまで数多くの同僚の死を目撃し、私は運良く生き残った。
敗戦は伊丹基地で知った。慚愧の念に耐えなかった。自分が生き残ったことが申し訳なかった。仏門の出身であった私は、同僚の霊を弔いながら人生を送ろうとも考えた。しかし戦後の荒々しい風はそれを許さず、私はたちまち労働運動、平和運動の大きな波に呑み込まれていく。

詳しくは本書をお読みいただきたい。ここで私が述べたいことは、その後の私の人生の基点は敗戦直後にあり、その時の心象風景にあったことである。人間は殺してはいけないし、殺されてはならない。人間は尊重されなければならない。戦後五十年以上も労働運動・平和運動に従事してこられたのも、「はじめに人間ありき」という想いが常に私から離れなかったからである。

二〇〇二年　夏　　未だ戦火絶えざるニュースが聞こえる中で

目次

労働運動略史（下段）目次

プロローグ

原生林の山々を縫うように川が流れている。遠く朝日連峰につづく深い山から流れ落ちる雪解け水を集めた高根川は、広大な山野を流れて三面川《みおもて》に合流し、やがて大河となって日本海に注ぐ。その源流ちかく、曲がりくねった川に沿うように点在する集落、新潟県北部の高根村（現、岩船郡朝日村）。一年の半分ちかくも雪で覆われるこの村を見下ろす小高い山の中腹に、ひっそりと建つ禅寺がある。

その年、山の頂《いただき》が色づき始めるころ、寺で一人の大きな男児が産声《うぶごえ》をあげた。一九二一（大正一〇）年九月二三日、内山光雄は、天蓋山龍山寺《てんがいざんりゅうざんじ》の住職、哲門《てつもん》と妻きぬの長男として誕生した。

龍山寺は一六五二（承応元）年に開山された曹洞宗《そうとうしゅう》の古刹《こさつ》で、哲門は第二〇世住職である。山号となっている天蓋山（標高六二六メートル）は高根川の上流にあり、龍山寺の木立の向こうにその雄大な姿を見せている。寺の裏にある墓地付近からは、縄文時代後期の深鉢形土器などが発掘されており、高根村周辺は古代からの歴史を秘めた土地であることがわかる。さらに時を経て、戦国時代から江戸時代にかけては、金山の発見と発掘によって村は大いに栄えた。この高根金山は村の中心地から一〇里あまり離れており、「鳴海」「駒嶽」「金之丞」という三つの山からなる幕府直営の金山だった。掘りやすい砂金鉱床で、佐渡の相川金山が発見されるまでは金の産出量全国一を誇っていたという。

当時、高根村には金山奉行が駐在していたが、閉山後、横目付《よこめつけ》の長浜蔵人《ながはまくらんど》は土着して今もその子孫の家が二軒ある。その名残か、豪邸と呼ぶにふさわしい旧家が山野のあちこちに見られる集落となっている。

現在は、近隣の五つの村との合併で「朝日村」となっているが、磐梯《ばんだい》朝日国立公園にふくまれる緑豊かな景色は、当時も今も変わらない。幼い内山は、父母からよく高根川の鮎捕りの話を聞かされた。お盆の時、村人たちはこぞって川の上流で胡桃《くるみ》の根打ちをし、びっくりした鮎が下流で浮かび上がったところをザルですくう。その捕れたての鮎を川岸で焼いてみんなで食べたというのだ。素朴な村のお盆の行事であるが、当時村人の暮らしが龍山寺とともに自然と深く結び付いていたことがわかる逸話である。

この出生の地、高根村に内山はわずか三年しかいない。村の記憶は断片的な風景としてまぶたにかすかに残っているだけである。だが内山にとって、高根村は幻のような記憶とともに、父の出生をめぐる謎めいた地としてずっと心の片隅にひっかかるものがあった。「父の姓は内山なのに、祖父は遠山、なぜ親子なのに違うのか」「なぜ、住職の地位を捨てて金沢に行ったのか」という疑問である。

父の死後、数十年を経て、再びこの地に足を踏み入れた内山は、ようやくその理由を知ることとなる。

生まれ故郷の匂いはなつかしく、高根川の輝きは幼い記憶そのままだった。重い足をひきずって山門をくぐり、龍山寺の広い境内を踏みしめる。しんと静まりかえった境内の瓢箪《ひょうたん》池は昔のままだったが、年輪を重ねた杉の大木は時の流れを感じさせた。父がかつて念仏を唱えていた本堂に正座して、本尊《ほんぞん》の釈迦如来像《しゃかにょらい》に問いかけてみる。静寂の中、やわらかな笑みをたたえる本尊に手を合わせると、父の声が聞こえるようであった。

魂の救済を求め、祖父から父へと引き継がれていった道を、自分もまた労働運動という形で求めていったのではなかったか。苦悩と流転の中、伝道者として旅をしていた父がたどり着いた原点に今、自分も立っているような気がして、内山光雄はそっと合掌した。

第1章 生い立ちの記

■雪深い新潟の寺で出生■

祖父遠山禹門《とおやまうもん》が岩船郡上野村の庄三郎の四男として生まれたのは一八四二（天保一三）年、禅宗龍門寺で得度《とくど》し二九歳で高根村の隣村である黒田村の徳蔵寺の一七世住職となっている。四八歳の時、人妻であった内山マムと結ばれ、男児が出生した。私生児として届けられたその男児房吉こそ父哲門《てつもん》だったのだ。

その頃、曹洞宗は「肉食妻帯」を固く禁じており、いわんや人妻との密通など御法度《ごはっと》であった。出産の直前、マムは離婚し、北蒲原郡乙村（現、中条町）で房吉を生んでいる。だが八歳の時、母は四七歳の若さで亡くなり、ひとり残された房吉は出家し、石川県櫛比村にある曹洞宗総本山の総持《そうじ》寺に小僧としての修行に入ることになる。九歳で仏門をくぐった房吉は修行を積み一三歳で哲門と改名した。成人するまで叔父の内山寅吉が後見人となったが、家族の情愛とは無縁の修行生活に耐えねばならなかった。総持寺で哲門は台

労働組合期成会の設立…◇

経済学者の大河内一男は一九八四年八月に没している。大河内は「大河内理論」と呼ばれた社会政策理論の骨組みを確立。戦後は東大社研で労働問題の実態調査を指導、日本の労働組合を企業別組合と規定するなど、戦後日本の労働運動に大きな影響を与えた人物である。黎明《れいめい》期の労働運動を次のように述べる。*

〈明治時代の労働運動は、それが歴史の舞台に登場すると同時に、早くも社会主義的イデオロギーと結合した。多数の労働者の無知と無組織の中にあって、ごく少数の軍需工場内部の男子熟練工たちだけが高い意識と組織をもつのであるが、ここでは、労働運動は、現状維持的なものや社会改良主義的なものを忽《たちま》ち飛びこえて、職人的肉体に社会主義的思想が結びついた。のみならず、日露開戦を中心とした社会主義運動は反戦運動として開化した。このように、労働運動が最初から社会主義運動として、また社会主義運動が当然に反戦運動として、そして後に

所を任され、精進《しょうじん》料理の腕を磨いていった。やがてその腕前が認められ、大所帯である寺の総料理長ともいうべき典座《てんぞ》に就任する。

少女きぬと出会ったのはそんなころだった。

板谷きぬは一九〇〇（明治三三）年、阿部小三郎の長女として生まれ、幼くして両親を亡くして板谷儀助の養女となっている。総持寺の檀家《だんか》で役員をしていたきぬの祖母は、身寄りの少ないきぬの将来を案じ、凛々《りり》しい青年僧侶として日ごろから目にかけていた哲門を結婚相手にしたいと思うようになっていた。そしてまだ十代半ばのきぬに哲門を引き合わせる。心根のやさしい一〇歳下のきぬに、母からの愛情を十分受けずに育ってきた哲門は、修行僧の身であることも忘れ一目惚《ぼ》れした。きぬも、哲門のひたむきさにひかれて僧侶の妻となることを誓う。

厳しい修行を終えた哲門は、石川県を離れ新潟黒田村で徳蔵寺の禹門《うもん》の跡を引き継ぎ住職に就《つ》く。許婚《いいなずけ》のきぬは、金沢の女学校で裁縫の技術を身につけていた。今でいう遠距離恋愛がしばらく続くこととなる。

おりから、明治政府は神道国教化をめざした宗教政策をとり、一八六八（慶応四）年に、神仏習合《しんぶつしゅうごう》を否定し神道を仏教から独立させる神仏分離令を打ち出していた。神道は、祖先神や自然神を崇拝した日本古来の民間信仰が、外来思想である仏教・儒教などの影響をうけながら理論化され、平安時代ころから神仏習合となっていったものだが、明治政府は天皇を中心とする新政

はさらにアナルコ・サンジカリズム（労働組合の指導による社会を想定する主義）的「直接行動」として、己れの途を突き進まざるを得なかったところに、日本の労働運動に課せられた制約があったのである。明治時代の労働運動がのこした記録は、今日の労働運動が自己を狭い袋小路に追い込んで憤死することをさけるための無限の教訓をふくんでいる。〉

〈明治三十年（一八九七）四月、桑港《サンフランシスコ》から帰朝した城泉太郎、沢田半之助の両人は、相謀《はか》って、彼らが彼地において、出稼労働者として組織していたのと同様な目的をもつ職工義友会を作り、労働者に対する啓蒙的な檄文《げきぶん》「職工諸君に寄す」を広く配布した。……

右の「職工諸君に寄す」は、わが国で労働者に配布された最初の印刷物だといわれているが、……神田青年会館にわが国最初の「労働問題演説会」を開催した。……労働組合期成会設立の必要を説いて来会者の賛成を求めて即座に四十七名を獲得した。……会員の増加に伴い月次会を開くことにし、役員を選挙し、幹事として、片山潜、沢田半之助、高野房太郎、

府をつくるため、仏教を切り離して神道を国教化しようとしたのだった。これをきっかけに、寺院、仏像の破壊や「僧侶の還俗《げんぞく》強制」が、仏教排撃の「廃仏毀釈《はいぶつきしゃく》」運動として神道家を中心に民衆をもまきこんで各地で起こっていた。これにより、仏教の「肉食妻帯」といった禁は解かれ、住職の子を寺の跡継ぎとする世襲制が一般化するようになる。僧侶も公然と妻を持つことができることになっていったのだ。

こんな中、二人が正式に結ばれたのは、一九一九（大正八）年、哲門が黒田村の隣村にある龍山寺の二〇世住職になった時である。きぬは故郷を離れ、哲門の待つ越後の山奥にひとり旅立った。哲門二九歳、きぬ一九歳のことである。哲門はさっそく婚姻届を出して内山分家の手続きをとった。

二九歳の新住職のお披露目《ひろめ》となる龍山寺の儀式は盛大に行われた。高根村の板垣佐五兵衛家を出発し、村人たちは行列を組んで天蓋山の龍山寺へ入山する普山式《ふざんしき》を行った。高根村では、遠山、板垣、相馬、鈴木の四つの姓が主で、遠山家は庄屋《しょうや》、板垣家は組頭《くみがしら》だった。その板垣家の祖母が、後に内山光雄の乳母役となり、寺の跡継ぎになるであろう長男光雄を大事に育てることになる。

哲門が住職となった三カ月後、長女の光可《みか》が誕生、そして一年後の一九二一（大正一〇）年に内山光雄が生まれたのである。さらに二年後の一九二三（大正一二）年六月には次男良雄が生まれ、父母と子供三人のささやかな家

村松民太郎、山田菊三が選ばれ、高野房太郎が互選で幹事長になった。……

労働組合期成会は、労働者を会員に加えつつ急速に膨張してゆき、三十一年（一八九八）末には三千人に達し、さらに三十二年末には五千七百人となった。期成会の事業は、極めて多岐にわたり、労働者の示威運動、各地遊説、工場法案の促進と治安警察法への反対運動、雑誌および出版活動、消費組合運動、そして最後に、何よりも、労働組合の組織、運営についての指導がこれであった。……〉

そして、一八九七～九九年にかけて、鉄工組合、鉄道、印刷労働組合の結成となった。

明治期、日本の労働組合はかくして産声《うぶごえ》をあげた。しかし、冒頭の引用のように、時の明治政府によって圧殺されていくのである。過激思想の社会運動と結びついた、騒擾《そうじょう》を起こす〝危険分子〟として。

族の暮らしが龍山寺で営まれる。

村の生活にもだんだん慣れ、父の指導のもと哲門は若いながらも新住職として村人からの信頼を集めるようになっていった。深い雪に閉ざされた厳冬期に、きぬは寺で近所の主婦や娘を相手に女学校で身につけた裁縫を教えて喜ばれた。だが、覚悟していたとはいえ、山深い高根村の雪量はきぬの想像を超えるものだった。ある日、信州に嫁《とつ》いだ妹が昼間訪ねてきたことがあったが、数時間いて帰ろうとしたところ、外は数メートルも雪が積もって帰ろうにも帰れず、結局その晩泊まることになってしまったこともあった。日本でも有数の豪雪地帯だったのである。

だが、厳しい自然環境の中でも、一家はしだいに村に溶け込んでいった。しかし順風満帆《じゅんぷうまんぱん》に見えた新生活もそんなに長くは続かなかった。哲門の心の師でもあった禹門の死である。歩行中に倒れてケガをした禹門はやがて寝たきりとなり、一九二三（大正一二）年七月還《かえ》らぬ人となる。享年八一歳だった。一挙に寺の後ろ盾を失った哲門は途方に暮れることになる。幼子三人を抱えながら、寺を守っていく自信が、まだ哲門にはなかったのである。さらに、昔をよく知る村人からの私生児として自分を見る目も気になった。ついに、哲門は重大な決心をする。仏門を捨てて世俗に還る道である。

禹門の死から八カ月経った一九二四（大正一三）年三月、哲門は龍山寺住職を辞し、生まれ故郷の新潟を離れ、きぬと幼い三人の子を連れて金沢市へ

鈴木文治と友愛会…◇

友愛会は一九一二年（大正元）、鈴木文治（四六年三月没）らが創立した労働組合である。キリスト教的色彩を有した。鈴木は、友愛会の労働組合としての発展に細心の注意をはらった。労資協調と労働者修養のための団結を説き、会の性格を共済的・研究的団体にとどめた。

支部をつくるにあたっては、警察や経営者の承認を求め、地方名士や会社の幹部を支部長にすえた。本部の顧問、評議員も、資本家と学者によって占められた。財界の大御所、渋沢栄一（三一年一一月没）も、有力な後援者となった。

やがて友愛会は、鈴木がAFL（アメリカ労働総同盟）大会に出席するなどで見識を深め、労働組合の性格を強めていく。支部の職業別組織化も試みられ、団

向かった。まだ雪が残る山々を車窓から眺めながら、一家五人は汽車で北陸本線を上った。白波の立つ日本海は、一家のこれからの困難を暗示しているようだった。もう再び新潟に戻ることはないだろうとそのとき父母が心の奥に秘めていたことを、三歳の光雄は知る由もなかった。

父母がどうして移住を決断したのか、光雄はその理由を生前父の口から聞くことはなかった。母きぬは、息子の素朴な問いに「お父さんは慢性の扁桃腺炎で近くに病院のある金沢を選んだ」「豪雪地帯の高根村では子供たちが学校へ行くのが大変」と、あいまいな返事を繰り返すのみだった。それが、祖父と父の姓の違いと合わせ、深い謎としてしこりのように残った。

高根村の檀家たちの慰留の声に、哲門は後ろ髪を引かれる思いで旅立ったのに対して、むしろ金沢行きを強く希望していたのはきぬのほうだった。長く暗い冬のつらさもさることながら、繁雑な仏事と檀家との付き合いが精神的に耐えきれなかったのである。僧侶の妻から解放されたい、ときぬの心の中には望郷の念が募っていたのだ。

■袈裟を脱いだ父■

三歳の内山が移ってきた場所は、それまでの山野とはがらりと違う市街地だった。きぬの伯父板谷要太郎の口ききで借りた金沢市小将町の借家が五人

結権、ストライキ権も主張されはじめた。争議もふえる。一九一九年の七周年大会では、約三万の会員を擁するまでになる。このとき、会名が「大日本労働総同盟友愛会」と改められる。

友愛会はイギリスの友愛組合にならったものといわれている。一七世紀後半以降、職人層の共済機関として発足した。イギリスの初期の労働組合は友愛組合として活動した例が多く、一七九九年の団結禁止法によって労働組合が非合法化されると、多くの労働組合は友愛組合に偽装して存続した。

一九二一年（大正一〇）、日本労働総同盟と改称した友愛会はその後、一九三六年（昭和一一）に全労（全国労働組合同盟）と合同して全日本労働総同盟となり、四〇年（昭和一五）にみずから解散するまで戦前の労働運動を先導する。

付言すれば戦後、一九四六年八月、この全日本労働総同盟（普通、旧総同盟と称される）残留メンバーを中心に、総同盟（日本労働組合総同盟）が結成されるのである。

とまれ、大正期の労働運動を、大河内

家族の新居となった。それまでの広い境内がある寺での生活とは比べようもないが、黒板塀で囲まれた庭に松の木がある家は、それはそれで住みよい環境だった。

袈裟《けさ》を脱いだ哲門は、ここから一般人としての生活を始めるのだが、はたして僧侶の経験しかない者がいきなり仕事をしても、うまくいくはずもなかった。寺を売ったわずかな資金を元手に、伯父の紹介で北陸鉄道浅野川線の金沢駅前近くにあった製材所を借り受け、原木を柱や板に加工する仕事を始めたのだが、結局、ずぶの素人には長続きせず、再び新たな仕事を探すこととなる。ここから、父の転職と転住による内山家の流転の日々が始まる。

哲門が次に就いた仕事は自転車屋だった。再び伯父の紹介で移った賢坂辻の北陸鉄道バス車庫近くにある二階建ての、長い家の一階で自転車屋を開業したのである。哲門はそこで自転車の販売と修理だけでなく、ハーレーダビットソンやトライアンフといった外国製の自動二輪車を仕入れてリース業にも手を出した。当時、金沢で外国製のオートバイを扱う店は他になく、当初はものめずらしさも手伝って、レンタル業は大いににぎわった。近くの北鉄の従業員たちがひんぱんに利用したこともあって、店は繁盛して生活も少しずつ上向いていった。哲門はこのころから長男の英才教育を考えたのか、近所の藤花女学校付属の幼稚園に内山を入学させている。九歳でお寺の小僧として総持寺に出された哲門にとって、せめて自分の子供たちには満足な教育

一男は次のように評する。* 戦前、労働組合が解散させられ、産業報国会運動に呑みこまれていった時期までの労働運動の姿といってよい。

〈……大正期における労働運動の場合にも、大衆から浮き上った指導者だけの急進主義になってしまっていたり、また場合によっては、大衆的組織が潰滅したり霧散してしまっているのに、綱領や宣言だけがある、といった傾きのものが少なくない。こうした形での労働運動、すなわち大衆的基礎の脆弱《ぜいじゃく》と消失、指導者の浮き上りと急進主義、そして労働組合的基盤と結びつかない、またそうした基盤のないところに開花する「社会主義運動」としての労働運動、そこに、弾圧に明け暮れた日本の労働運動史の一側面がある。

……鈴木文治の友愛会も、穏健すぎるスローガンとキリスト教的粉飾や社会事業的外皮を十二分にまとって出発しながら、数年ならずしてサンジカリズム的な傾向のものにその色彩を塗り替えてしまい、組合運動の陣営の中からすらも「方向転換」の必要が叫ばれなければならないほどであった。そしてこうした根のな

を受けさせたいという思いがあったのだろう。そんな父の心中など知るはずもなく、幼少の内山は店の三輪車で元気に幼稚園に通った。

ある日、やんちゃ盛りの内山は、修理に持ち込まれた自転車をいたずらしている最中、誤って車輪に右手親指を突っ込み、爪の半分をち切《ぎ》られるという事故を起こしてしまった。泣きながらかつぎ込まれた近くの医院で治療を受けたが、指先の傷は完治することなく、幼い日々の苦い思い出として後年になっても疼《うず》いた。


い急進主義は、ついに大正十二年、関東大震災に際しての「亀戸事件」や、大杉栄虐殺・「甘粕《あまかす》事件」をもってピリオッドを打つにいたるのである。……

だから、日本の場合には、あくまで、十八世紀的な「働く貧乏人《レイバリング・プーア》」は、それ自らの前期的な型を打ち破ることができなかったし、明治三十二年の『下層社会』（横山源之助）は、大正を越え、昭和にいたっても、依然として「下層社会」から抜け出すことができなかった。ここにイギリスと日本との差異があり、日本の生活における「暗い谷間」が存在していた。そして、このことこそ、同時に、日本における労働組合、および労働組合運動の性格理解にとって、基本的な事実なのである。〉

■三度の転校■

元号は昭和と代わり、内山は自転車屋の息子として一九二七（昭和二）年の春、金沢市立材木町小学校に入学する。だが、わずか一年で転校するはめになってしまう。開店当初は順調に売上げを伸ばしていた自転車業だったが、おりからの金融恐慌の波は、北陸の小さな自転車屋にも容赦なく襲いかかってきたのだ。手先は器用でも商売の経験のない哲門に、その大波を乗り切れる器量も資金もなく、自転車屋はついに閉店へと追い込まれたのである。

次男の良雄を養子に出すという話が出たのはそのころだった。哲門の修業時代からの知り合いである富山県高岡市の瑞竜寺の住職に引き取ってもらうことになり、ある日、良雄はその人に対面する。事情がよくわからぬまま、父母に手を振られ家を後にした。そのおじさんに手を引かれて歩き、市内電車のホームが見えたその瞬間、良雄は突然その手を振り切って家に向かって駆けだした。もう二度と家に帰れない、と幼いながら直感したのだ。ひょっこり帰ってきた良雄を、きぬは何も言わず抱きしめた。

一家は、今度は長土塀の長屋に移り、内山は二学年から長土塀小学校に通うこととなった。哲門としては、もはや伯父に頼ることもできず、そうかといって新たな商売を見つける自信もなかった。二度の挫折で途方に暮れた哲門に残された道は、ひとつしかなかった。一度は脱いだ袈裟を再び着ることである。かつて修行した総持寺の門をたたき、傭僧《ようそう》といういわばパート僧侶で一家の生計を支えることを決断したのだ。

総持寺の典座《てんぞ》を務めながら金沢市内にある曹洞宗の寺院から法事や葬式に傭僧として列席する日々が始まった。だが、正式な僧侶ではなく、寺から毎月決まった収入が入らないという不安定な生活がつづく。しかたなく、仕事のない日は托鉢行脚《たくはつあんぎゃ》をしてその日の飯《めし》の糧《かて》とする、ぎりぎりの生活が始まった。家々を一軒一軒まわり、念仏を唱えてわずかばかりのお布施《ふせ》をもらうのである。一家の食事も三食が白粥《しらがゆ》という日もあった。内山はきぬに「米一升買ってきて」と、近所の米店によく使いに出されたのを覚えている。きぬ自身が少しだけの米を、毎日のように買いに行くのはつらかったのだろう。

雪の日も風の日も托鉢に出かけていった哲門だったが、無理がたたりついに倒れてしまう。持病の扁桃腺炎が悪化したのである。入院生活は三カ月にも及び、一家の生活はいよいよどん底になる。そんな生活を支えたのが、一台のシンガーミシンだった。きぬはこのミシンで内職に精を出した。朝から晩までミシンを踏んで、夫の入院費と一家の生活費、長屋の家賃を稼いだのである。

ある朝、こんな事があった。次男の良雄が目を覚ますと、あたり一面真っ赤に染まっているではないか。「火事だ」と夢中で跳ね起き、逃げようとして目をこすりながらよく見てみると、なんとそれは赤い運動帽の海だった。きぬが、夜中じゅうミシンを踏んで部屋いっぱいに広げていたのである。その場にへたりこんだ良雄を、みなが大笑いをしたが、内山はその時、きぬの苦労に頭が下がる思いがしたのを覚えている。

こんな事もあった。一九二五（大正一四）年に生まれた三男の康夫が外で遊んでいる時、誤って近所の用水に転落して流されてしまうという事故が起きたのである。泳げない康夫はどんどん下流へと流される。一キロ近く流され、急流に呑まれようとする一歩手前で、叫び声を聞き付けて駆けつけた近くの交番の巡査に、ようやく救助されて事なきを得た。きぬは、内職のミシンと格闘していて、息子の悲鳴に気づかなかったのである。巡査に抱きかかえられて、ずぶぬれで帰ってきたわが子を見て、きぬはその場にしゃがみこんでしまった。「すみません」と、一命を救ってくれた巡査に何度も頭を下げながら、それでもすぐ気を取り直してミシン台に向かうきぬの姿があった。「お母さんはいつ寝てるの」と、昼夜聞こえてくるミシンの音に近所の人から一九二七（昭和二）年に生まれた次女志希《しき》はよく尋ねられた。そんなきぬに同情して、近所の人たちはやさしく手をさしのべた。「宮永メリヤス店」はきぬにいろいろな内職を世話し、「高坂屋米店」は食べ盛りの子供たちに毎日の米を確保してくれ、長屋の大家さん神保太一県会議員は日常の世話を焼いてくれたのだった。

■父が再び住職に■

やがて哲門が退院すると、八坂町の松山寺の住職から、通いで浄見山一閑院《じょうげんざんいっかんいん》の住職をやってみないかという話が舞い込んだ。檀家が一軒もないという元尼寺の寺院だったが、きぬの苦労を見ていた哲門は、二つ返事でこれを引き受けたのである。大本山総持寺の認証を得て、当時の金額で三〇〇円を工面して寺を買い、正式に第二九世浄見山一閑院住職に就《つ》いたのは一九三二（昭和七）年のことだった。内山光雄一一歳、小学校五年生に成長していた。

そのころ日本は昭和大恐慌を経て、経済危機を乗り切るために軍部と財界の一部が結託し、海外侵出への道を進み始めていた。一九三一（昭和六）年には満州事変を引き起こし、時代は長い戦争の道へと突き進むこととなる。

だが、少年光雄は、そんな時代の空気や一家の貧困生活とは関係なく、すくすくと成長していった。父の住職就任とともに金沢で四度目の転居を行い、石引町小学校に転校する。三回も小学校をかえたが、すぐ環境に慣れ、今で言ういじめなども経験しなかった。体格にも恵まれ、健康優良児に選ばれたこともあった。転校してからしばらくたって、クラスの男児が数人から殴られているのを目撃した光雄は、そこに割って入っていじめをやめさせたことがあった。後日、内山家にその男児の母親がわざわざお礼に見えた。弱い者いじめは許さない内山の正義感は、少年時代から備わっていたのだ。ただ、勉強の方はいまひとつで、先生からは「この成績では中学進学は難しい」と言われるほどだった。宿題を忘れた時や試験ができない時には、よく先生に叱られて懲罰として学校の掃除をさせられた。寺の掃除も嫌いで、弟妹に押し付けていた光雄にとって、それは大きな屈辱だった。

一方、姉の光可は成績が良く担任から女学校進学を勧められていた。哲門は二人の進学をめぐって悩んだ。貧しい寺院の経済状態を考えれば、二人とも進学させるのは困難だったのだ。長男である光雄に寺の跡を継がせたいと考えていた哲門は、光可より光雄を進学させたかった。その辺の事情を察したのか光可は進学を自ら断念し、和服裁縫組合の技習生として、働きながら学ぶ道を選んだ。こうして光雄は、何としても進学しなければならない状況に追い込まれていった。心配したきぬは、担任に頼み込んで若い教師を紹介してもらい、光雄が学校から帰ると進学のための特訓勉強に通わせた。その効果があったのか、光雄はみごと名門の石川県立金沢第二中学校に合格する。

担任の教師から「お前が金沢二中に受かったら逆立ちしてやる」とサジを投げられていた内山は、合格通知をもらった当日、その教師の所に赴き、「先生、逆立ちしてください」と、得意満面に言ったという。

「小学校時代の大変な激動というのは、ぼくの生涯で忘れることはできません」と、後年、内山はこの流転の小学校時代をふりかえっている。

■硬派でならした中学時代■

晴れて中学生になった内山は、学校の勉強よりも体育の部活動にのめりこむ。まず始めたのが水泳だった。ところが、入部早々トラブルを起こして数日で退部するはめになる。先輩のコーチから泳ぎ方を指導されたのに、ちょっと口ごたえをしたことで喧嘩になり、その先輩の腕に噛みついてしまったのだ。事件は「一年生が五年生に反抗した」と学校じゅうで評判になり、ばつが悪くなった内山は退部を余儀なくされる。持ち前の反抗精神はそのころすでに身についていたのかもしれない。

水泳部を辞した内山は柔道部に入った。体力にものをいわせて技を磨き、柔道の奥義を会得するために毎日猛練習に励んだ。毎朝の寒げいこで体を鍛えながら、京都の武徳専門学校出身の中川喜作先生の指導を受けてめきめきと強くなり、柔道一級の免許を取る。その一方、家に帰ればラッパの練習にも打ちこむ多芸多趣味の片鱗《へんりん》を見せはじめるようになった。

しかし、その無理がたたったのか、肺炎を患って長期に学校を休むはめになる。病気が治るまでしばらく家でぶらぶら過ごして不安な日々を送った。そんなとき始めたのがカメラだった。部屋の一角に暗室まで作って、撮ってきたフィルムを自分で現像する凝りようだった。卒業アルバムも自分で製作する器用さも見せた。このカメラの趣味は一生続くことになる。

健康を回復した後は、遅れを取り戻すべく、さらに柔道一直線をつっ走り、大日本武徳会の初段免許を取る。また、金沢商業と県立二中の有志を結集して「紫錦台クラブ」という硬派の仲間づくりにも取り組んだ。授業が終わると、人気者の内山の自宅に仲間たちが毎日のように遊びにきては、喧嘩などの相談をした。父母は、遊びにきた学生たちにご飯をごちそうして喜ばれた。背が高く、腕っぷしも強い内山は硬派の中でしだいに頭角をあらわし、対立する連中からは「トラ」と呼ばれて恐れられるようになる。

きぬはトラブルのたびに学校に呼ばれ、頭を下げることもしばしばだった。ある日、呼び出しがかかり、重い足どりで校長室に向かったきぬは、思わぬ光景に出くわす。校長室に上がる階段に、柔道着を来た学生十数人が集まっているではないか。なんと内山の退学処分を撤回させるために、直談判《じかだんぱん》にきた仲間たちだったのだ。処分理由は、前夜、学校裏の用水路に、ある教師を突き落としたというのだった。教師の証言から内山の名があがり、退学という話になったのだが、本人はそれを否定し、同情した柔道部員たちが直訴したのだ。きぬが校長室に向かうと、出てきた教師が、「話はないです」と帰そうとする。部員に尋ねると、どうやら不問に付すということになったらしい。ほっと胸をなでおろす母だった。後日、この件について、きぬや志希が聞くと本人は、「あれは俺がやったんだ」とぬけぬけとしゃべるではないか。雪の夜、自分の靴跡が残らないように尾行し、背後から突き落としたというのだ。憎い教師への仕返しだった。反骨精神と要領の良さ、それに人を引き付ける風格は、すでにこのころから備わっていたのだろう。

学内では体育会系の応援団長を務める一方、学外では硬派の大将として暴れながら、内山は好きな柔道を極めるべく、尊敬する指導者・中川先生の出身校武徳専門学校への進学を志望するようになった。だが、これを聞いた哲門は激怒する。

「大学へ行きたいというのはいい。だが、お前は寺の長男で跡を継ぐため、駒沢大学へ行くというのなら檀家も信徒も納得し、経済的にも援助してくれるだろう。しかし、柔道をやりたいからそういう学校へ行く、というわがままは許されまい」

ふだんから子供の礼儀作法に厳しく、着物の着方、靴の脱ぎ方、掃除の仕方まで教え、教育にも人一倍熱心だった哲門としては、光雄のこのわがままを許すことはできなかったのだ。「子供は蔵だ」とよく言っていた哲門である。子供がいくつ蔵を建てるか。特に長男である光雄へ、大きな期待をかけていたのだった。ゼロから始めた寺運営だったが、毎月の講話や市内地蔵めぐりなど地道な布教活動により、信徒もしだいに増え、収入も少し上向きになっていた。そうはいっても、息子を東京の大学にやるのは大きな負担である。

ふだんは温厚で無口な父から出た厳しい口調に、光雄は返す言葉がなかった。食い下がったものの、経済状態から専門学校は無理だとあっさりあきらめ、条件つきで駒沢大学へ進むことを承諾する。当時、駒沢大学は三つのコースがあり、予科は二年、学部は三年、専門部は三年で卒業することとなっていた。内山の条件は、専門部ではなく、予科から学部へ進むことであった。柔道も続けたかったし、専門部を卒業して寺の跡をすぐ継ぐ気持ちにはなれなかったからである。経済的に不安ながら、駒沢大学ならと、哲門も内山の希望を聞き入れた。

■「上司に反抗」――卒業間近、大学から退学処分■

進学組に入った内山は受験勉強に励むこととなる。県内でも有数の進学校である金沢二中では、就職組、実業高校組は一級下に見られ、内山たち進学組はエリートとして特別視された。中学三年になると、受験優先のために好きなクラブ活動も中止させられ、しかたなく勉強ひとすじの生活となる。親に啖呵《たんか》を切った以上、落ちるわけにはいかなかった。

そのかいあって、内山はストレートで駒沢大学に合格する。それまで金沢市内から駒沢大学の学部へ進学した者は皆無で、この年、「貧乏寺」の内山と「裕福寺」である桃雲寺の前田昌範の二人が、初めて入学したのだった。下宿代と生活費は寺の収入では賄いきれず、母と姉が裁縫の仕事で捻出しながら仕送りすることになる。「子供には苦労させたくない」と、父母はよく口にしていたのだ。

一九三八（昭和一三）年四月、内山は家族の期待を背負いながら東京へと旅立った。前年七月、中国蘆溝橋《ろこうきょう》で日中両軍が衝突して日中全面戦争に突入、日本国内もいよいよ戦時体制色が濃くなっていく。近衛内閣は戦争遂行のために国民精神総動員運動を提唱、「八紘一宇《はっこういちう》」「挙国一致」「ぜいたくは敵」というスローガンをかかげるようになる。この年の四月には国家総動員法が公布され、労働争議の禁止をはじめ出版、印刷、報道の統制が全面的に行われるようになった。

だが、入学当初の駒沢学内はそれほど緊張感はなく、文部省の指令による

戦時下の統制…◇

まず、蘆溝橋事件から敗戦までを、歴史に追っておく。戦時下の国家統制をたどる意味をも含む。

一九三七（昭12）年
七月　蘆溝橋事件、日中全面戦争に拡大
九月　二五億円の臨時軍事費予算、統制三法成立

陸海軍の時局講演会が何度か開催される程度であった。約七〇〇人ほどの学生は、遊び半分の者と寺院出身者の真面目組とで二分されていた。そうした雰囲気にとまどいながらも、内山は学業の一方で柔道を続けて二段を修得、三段への挑戦に意欲を燃やしていた。その合間に酒や麻雀も覚え、渋谷や新宿の街に仲間と繰り出して、ヤクザと喧嘩することもあった。社会主義という言葉も知るようになる。

夏休みや正月には金沢に帰省し、家族に元気な姿を見せた。父の勧めを断れず、光雄から僧侶名の龍添《りゅうてん》へと改名したのもこのころである。得度式という僧侶の「襲名披露」の式で内山は、参列した僧侶たちの度肝《どぎも》を抜く。習わしに従い、雲龍寺の住職と禅宗問答の試験をした際、内山のあまりにもすばやい的確な答えに居並ぶ和尚たちの向こうをうならせたのだ。式後、参列者からは「さすが東京の大学に行っているだけある」と賛辞が述べられた。みごと「龍添」と襲名した内山をながめ、きぬは「うちの光雄はちがう」と目を細めるのだった。

そんな息子の東京生活を支えるため、きぬと光可は裁縫の仕事に打ち込み、内山への毎月一五円の仕送りを欠かさなかった。一五歳で小田原の富士フイルムに就職した次男の良雄は、寮住まいをしながら、月給八五円のうち二五円を毎月金沢の実家に仕送りして家計を助けた。一九四二（昭和一七）年に川崎の東京航空計器（株）に就職した三男康夫も、毎月の給料四五円から一

一〇月　企画院創設、物資動員計画作成開始
一九三八（昭13）年　この年以降、経済統制強化の一途をたどる
四月　国家総動員法、電力国家管理法公布
一九三九（昭14）年
一月　平沼内閣
九月　阿部内閣成立、第二次世界大戦勃発
一九四〇（昭15）年
一月　米内内閣
七月　第二次近衛内閣
九月　経済新体制問題化、日独伊三国同盟成立、物資不足が深刻化して外貨が底をつく
一九四一（昭16）年
六月　独ソ戦勃発
七月　日本軍南部仏印進駐、アメリカ対日石油輸出を全面禁止
一〇月　東条内閣
一二月　太平洋戦争開始（日本軍、半年で南方諸地域を占領）
一九四二（昭17）年
六月　ミッドウェー敗戦

五円を金沢へ仕送りした。

一度、良雄は東京の兄を訪ねていったことがある。

駒沢大学近くの下宿を住所を頼りに探していると、向こうから兄と友達が手に何かをぶらさげながら歩いてくるではないか。良雄が声をかけると、「おう、いいところに来た。これからこれを質草《しちぐさ》に入れてメシを食おうとしてたんだ」と、持っていたふろしきを見せながら言う。中に入っているのはたぶん衣類、「ゆかたや帯」のたぐいとにらんだ。しかたなく一緒に質屋まで行き、その安藤という大柄な友達と三人でメシを食った。お世話になったその質屋には、用心棒がわりに店番に立つこともあったという。川崎から訪ねてきた三男康夫にも、さかんに「金ないんだ」とこぼしていたという。夏休みには、近くの多摩川で子供たちを相手に水泳教室を開いてアルバイト代を稼いだこともあったが、生活に窮して借金することもあった内山だった。

卒業が近づくにつれ、内山は卒業後の進路の事がしだいに心にのしかかってくるようになる。

「やはり、父の希望通りに金沢へ帰って寺の跡を継ぐしかないか」と思いながらも、「東京で教師でもするか」と、将来の事を考えると言い知れぬ絶望感が押し寄せてくるのである。

戦争の波はひたひたと大学を覆《おお》い、それまで学生の自主組織としてあった学友会は学長を団長とする報国団へと改組された。一九四〇（昭和一五）年

八月　ガダルカナル戦が始まり、以後戦勢が傾く
一九四四（昭19）年
七月　マリアナ群島失陥、東条内閣総辞職
一〇月　米軍フィリピン上陸
一九四五（昭20）年　内地空襲激化し、大中都市灰燼《かいじん》に帰す
四月　米軍沖縄本島上陸
八月　広島・長崎に原爆投下、ソ連参戦、敗戦

戦後の、日本の動向を定めたともいえるのが、日中戦争から太平洋戦争終結までの時期である。

以下に、経済学の重鎮《じゅうちん》の一人、中村隆英《たかふさ》の市民セミナー*から、その講義を聞いていくこととする。いうまでもなく、その一部をである。

〈戦争が始まったことは、難局にたっていた国内経済に大きな衝撃を与えた。それが経済統制、政府による直接統制の開始になったわけです。……

資本主義への批判と統制と計画化への志向は、社会主義者だけのものではなく、たとえば軍部や官僚の中にも、そのよう

一二月二〇日、「建学の精神に基づき、臣道を実践し高度国防国家体制の建設につき負荷の大任に堪ふべき人材を練成する」という目的をかかげた「駒沢大学報国団」の結団式が行われている。報国団は団長の下に、「総務本部」「国防本部」「鍛練本部」「行学本部」「厚生本部」という部で構成され、それぞれの本部ごとに教職員と学生の役員が任命された。「駒沢大学新聞」によれば、二〇歳の内山はこの日、国防本部の「防訓」担当の副幹事に任命されている。

この結団以降、「報国隊」という名で、学生の軍需工場への勤労作業が報国団の指揮の下に行われるようになった。また、夏休み期間中には、「学生義勇軍」「学生選抜軍」「学生視察隊」という名称で、国内各地はもとより、中国や南方へ学生が派遣された。文部省からは年一回の靖国神社への遥拝命令が下り、構内には天皇・皇后の写真「御真影《ごしんえい》」の奉安所が設置されるようになる。正規の授業時間は大幅に削減され、そのかわり陸軍将校による軍事教練が行われて、いやがおうにも戦争の足音はしのびよってきたのである。

一方、挙国一致の嵐は宗教界にも及び、曹洞宗は一九四一（昭和一六）年に「曹洞宗報国会」を結成し、航空機「曹洞号」を政府に献納するなど、戦時協力の姿勢を前面に押し出すようになる。

一九四一（昭和一六）年一二月八日未明、日本海軍はハワイ真珠湾米軍基地を奇襲、ついに太平洋戦争の火ぶたが切られる。四二（昭和一七）一月一

な計画経済論者や、統制経済論者が数多く存在していた。国家総動員のもとで戦争をするためには、経済の計画化が必要だというのは当時の中央部で実権を握っていた軍人たちの思想であった。……

大規模な統制立法が急速に通過した。臨時資金調整法、輸出入品等臨時措置法、軍需工業動員法の適用法の三つの法律が、以降の経済にとって大きな影響をもつことになる。……

わかり易くいえば、……（輸出入品等臨時措置法は）軍需産業に関係あるようなものを一般向けに生産したり使用したりすることも禁じたり抑えたりできる。……配給、譲渡について命令できるから、価格の統制などもできるし、原料を切符制で生産業者に割当てるということも、できるようになったのです。……ほとんどの物資についての統制が自由にやれる……。

臨時資金調整法は、……産業を大きく三つに分け、軍需ないしそれに直接関係するような緊急産業を甲類、……軍需に関係ない（繊維産業や商業など）ものを丙類、乙類はその中間に入る産業ですが、

五日の「曹洞宗報」新年号巻頭には、「必勝の信念と実践」と題して、谷口曹洞宗総務が「皇軍将兵の武運長久を祈念」と年頭所感を述べている。その結びはこうだ。

「今や一億総進軍の秋《とき》、勝に驕《おご》らず益々必勝の士気を昂揚し、断固として邁進せねばならぬ。何が何でもやりぬく決意を固める事こそ年頭第一の緊急事である」

この年の四月二日には、宗教界の各派代表が一堂に会して、「興亜宗教同盟」を結成している。採択された綱領には「崇高なる宗教的信念に基づき、熾烈なる宗教思想運動を展開し、以て大東亜建設の精神的基礎たらしめんとす」とあり、「神道、日本仏教、日本基督教、日本回教のもつ興亜運動的機能を結集して之を構成す」と謳《うた》っている。人類平和をめざすはずの宗教者たちが、なだれをうって人類殺戮の戦争へと大結集していったのだ。やがては、寺院の象徴ともいえる梵鐘《ぼんしょう》や半鐘さえも国防のための金属類回収の一環として提供していくようになる。

一方、曹洞宗大学を前身とする駒沢大学の教授の中には、こうした流れに危機感を抱く者が出ていた。表だった非戦の声は出さなくても、旧態依然とした、絡子《らくす》（略式の袈裟）を着て教壇に立つ教授たちを批判し、宗教大学からの脱皮、学問の自由を声に出す教授が出てきたのだった。教授や講師数十人が宗門支配に反発して文部省前に座り込みに行ったり、一斉に退職する動

場合によるという規準で統制が進められることになった。

第三の法律は、軍需工業動員法の適用法というものです。……工場や鉱山、その他の設備を、軍部が管理、使用、収容することができるという法律である。……

これらの法律によって、日本の経済は、政府の命令で、大幅な統制ができるようになり、まもなくそれが現実に発令されて直接統制下におかれることになったのです。

……企画院は戦時下における経済政策の参謀本部の役割を果すのが使命だったと思います。……

その次に国家総動員法が成立する。これは国家総動員体制をつくるために必要だと……制定された法律であった。……

この他にもう一つ付け加えたいことは、この同じときに電力国家管理も行われるようになったことです。……

なお、後の昭和一六年になると、個々の電力会社は全部解散させられ、地域別の配電会社がつくられた。……東京電力や関西電力などの九電力会社となった。

きも出ていた。こうした騒動は学生にも波及し、おりからの戦時体制による授業削減と軍事教練への反発も重なって、学内を二分する雰囲気がしだいに形成されていった。

そんなとき、内山の人生を大きく変える事件が起こった。一九四二（昭和一七）年一二月のある日、内山の大学卒業まであと三カ月余を残した年の暮れの事であった。

その日、駒沢大学では報国団の全学集会が講堂で開かれていた。内山たち学生有志は、大学自治の尊重を述べたため辞任させられた宇井学長の留任を訴えたビラを参加者に手渡した。内山と同期の相原実英をリーダーに、安藤元祐、小館衷三らとともに、宗門による大学介入に反対する行動を学生に呼びかけたものだった。有志たちに反戦、非戦という思想的な背景はなく、いうならば純粋な行動派グループであった。当時、学友の中には『社会学原論』という本を所持していたために警察に連行される者もいたが、内山は社会矛盾についての関心はあったものの、左翼運動にはかかわりあいを持つことのないノンポリ学生だった。

ビラまきを終えた内山らのもとへ、その夜二子玉川の料亭で教授会が開かれるという情報が寄せられた。血気盛んな内山、安藤、小館の三人は、「よし、抗議に行こう」と夜、多摩川の河畔にある料亭に行き、樹木の陰で教授会の終わるのを待っていた。料亭から最初に出てきたのは、宗門派の実力者

現在の日本の電力会社はこのときの地域別配電会社の後身であるといってよろしい。……

……同時に賃金や給与の上昇も、コストの上昇、ひいては製品価格の上昇につながるというので、賃金・俸給も公定された。そのとき、年功賃金がはっきりと入れられて、全国に普及していったのです。〉

中村教授は戦時下の国家統制を上述のように述べ、ついで太平洋戦争突入後の日本の情況、対外対内状況をわかり易く解説していく。そして「戦争の帰結」で第三回講座を締めくくっている。要約していこう。

〈戦争中の経済過程は、戦後経済の直接の出発点になった。そこで、戦争は戦後の日本に何を残したかを整理してみると、次のようなことがいえそうです。……

重化学工業の設備が残存し、その技術者や労働者が残っていたことが、戦後の経済復興が重化学工業を中心にして進められる条件になったことは重要な事実と思います。

もう一つは制度の問題です。……戦時

と見られていた仏教学の増永霊鳳教授ではないか。相撲部所属で腕っぷしの強い安藤が飛び出して教授と取っ組み合いになった。真っ暗闇の中での格闘はすぐ勝敗がついて、安藤は瞬く間に姿をくらまし、あたりは何もなかったかのように静寂となった。あっと言う間のできごとで、内山ら二人は何が起きたかわからず、ただ木の陰に隠れているだけだった。

しかしその三日後、世田谷警察署から三人に呼び出しがかかった。内山は一晩《ひとばん》泊められて事件についての事情聴取を受けたのである。この「お仕置き」で事件は済んだと思っていた矢先に、突如として学長名で「学則第九七条違反」「多数を扇動して上司に反抗せり」という理由で自主退学処分という通知書が三人のもとに郵送されてきたのだ。事件には直接加わらなかったはずの内山だったが、同期の学友からの情報をもとに大学は一方的に処分したのだった。

「勤労青年の教育問題」というタイトルの卒業論文まで書き上げ、あと数カ月で卒業するはずだった内山のショックは大きかった。大学側は不穏分子として追放したのであろうが、権力の不条理を身にしみて味わわされた事件だった。やむなく一二月一八日、内山は「諭旨退学」の届出を大学に提出し、一〇日後の二八日に正式に受理されて退学となった。大学中退という烙印《らくいん》は、大きなコンプレックスとなって内山の心に暗い影を落とすこととなる。

一方、内山らを追放した張本人、増永霊鳳教授はその後、神風特攻隊の学

中に下請制度が発達した。……戦後になっても、たとえば自動車産業などが代表的ですが、一般に下請制がとられるようになった。……その制度的な基礎はやはり戦時に築かれた。……

……一つの金融機関を中心に多くの企業が結びつく、金融系列といわれる企業グループができたのも、この時期からであった。……また、いわゆる行政指導が戦後の日本で行われたのは、その原型は戦時期にできたといっていいと思います。……

あるいは戦後の労働組合は企業ごとにつくられている、いわゆる企業別労働組合の形をとっています。これも戦時中に前からの職業別労働組合が解散させられて、労資協調のために各会社ごとに産業報国会がつくられたが、戦後に組合をつくるときに、報国会から経営側が退陣して、いわば衣替えしただけで企業別組合ができたのです。

さらに、……現在の社会保障制度の一つの基礎になる健康保険や、年金制度も戦争中に拡充された。……

戦争中の物価と米の統制のかげで、農

生について、「無我の悟りの境地を開いた者」として称え、学徒出陣の旗振り役として名を馳せる。あたかも特攻隊員を殉教者のように崇め、侵略戦争を聖戦と言いくるめたのだった。その彼は敗戦後、戦時中の戦争賛辞から一転、手のひらを返すように平和を唱え、のちに駒沢大学の副学長に就任している。

年は代わり、一九四三（昭和一八）年を迎えていた。この冬、全国の街のあちこちに、陸軍省が配布した「撃ちてし止まむ」のポスター五万枚が貼られ、レコードを含む米・英の音楽の演奏が禁止され、野球用語の日本語化も行われていた。六月、政府は「学徒戦時動員体制確立要綱」を決定、勤労動員命令により学徒は学業を休止して軍需生産に従事することを規定した。一〇月二一日、神宮外苑競技場では、出陣学徒の壮行会が行われ、激しい雨の中、徴兵猶予停止の学徒七万人が行進した。学生服を軍服に、そして法衣さえも軍服に衣替えして、青年たちは次々と戦場へと旅立っていったのだ。

■海軍航空隊で九死に一生■

駒沢大学を追われた内山は、途方に暮れた。

中学、大学を通じて、尊敬できる教師と駄目な教師を目の当たりにし、教育関係の道を考えてもいた。だが大学中退では思うにまかせず、それなら同

地制度の実質的な変化を進めていった。これが戦後の農地改革の基礎になったのです。……

戦争は、経済の構造から国民生活に至るあらゆるものを大きく変えてしまったといえましょう。〉

この引用で特に着目したいのは、戦後日本の経済が、高度成長を終焉《しゅうえん》させた一九七三年のオイル・ショック、そしてその後数年を経ても長く政治経済の官僚主導が続いたこと、その根が戦時下の〝統制〟にあったことである。換言すれば、戦後の長きにわたって「官僚主導」が続くが（見ようによっては政・官・財の癒着《ゆちゃく》など今も継続しているが）、その基礎と根は戦時下の統制、これに淵源《えんげん》が求められるということである。そしてまた年功賃金、労働組合が企業別に結成されていった謂《いい》も。

じ人間相手の仕事ということで刑務所の教戒師になろうと真剣に考えた。そして、当時「塀のない刑務所」として知られていた横浜刑務所に行き、所長に直訴して体験入所させてもらった。だが、実際の教戒師の道は険しく断念するしかなかった。

毎月の仕送りだけでは足りず借金も抱えており、行くあてもなく結局、金沢に向かうしかなかった。退学となった経緯を黙って聞いていた哲門は、ひとこと「それはお前、しょうがないだろう。自分がやったことで首になったんだから、自分の始末は自分でつけなさい」と突き放した。手塩にかけて育て、苦労して最高学府までやった長男が、ボロボロになって帰ってきたその姿を正視できなかったのだろう。「何を学んできたんだ」とその夜、家族には吐き捨てるように言ったという。

しかし、母きぬはやさしかった。実弟の親戚で赤坂にある高級洋服店を経営する上原種次郎を紹介したのだ。海軍軍令部に友人を持つ上原は内山に同情し、海軍への志願を前提に、日本鋼管鶴見造船所への就職を世話してくれた。

一九四三（昭和一八）年四月、日本鋼管鶴見造船所の厚生課に所属できた内山は、徴用工の寮で舎監を務めるかたわら、養成工の指導・監督にあたった。ある日、海軍の技術中将だった所長は、内山の大学退学の経緯を知ってこう言った。

「お前、こんな履歴を持っていたら殺されてしまうぞ。すぐ海軍へ行け」
戦時下でますます厳しくなる特高の取り締まりを心配して、所長は個人の思想経歴をあまりやかましく問わない海軍行きを勧めたのだ。内山は二つ返事でこれを受けて海軍入隊を志願、第一三期飛行専修予備学生として茨城の土浦航空隊に入隊した。この一期下には、故俳優の西村晃や鶴田浩二がいた。兵役検査は金沢で受けたが、同じ日、次男の良雄も共に「甲種合格」となっている。

土浦で航空についての基礎知識を約一年間学んだ内山は、海軍少尉となって静岡の大井航空隊に配属となる。ここで操縦と偵察の訓練を受けた後、予科連の分隊士として松丸三郎分隊特務大尉のもとで分隊長の補佐役を命じられ、天測航法をみっちり学ぶことになる。天体観測の権威であった大尉は、内山に星や星座を見て機体の位置を測定する航法を教えたのである。アンタレス、シリウス、カシオペア、オリオンといった星座を教えられ、天測航法を体で覚えていった。海軍の飛行隊搭乗員たちにとって、天体観測は生きるための武器であり、一等星級の惑星、恒星を知らないで空を飛ぶことは、命を捨てることになる、とさんざん叩きこまれた。のちにこの知識が実戦に活かされ、内山の命を救うこととなるのである。

一九四五（昭和二〇）年に入り、戦況はさらに敗色濃厚となっていったが、大本営は事実に反して「大戦果」を喧伝し、国民を鼓舞しつづけた。前年暮

東京大空襲…◇

一九四五年に入って、日本の敗戦はい

れには米軍Ｂ29による本土爆撃が始まり、学童疎開も開始、政府は「一億国民総武装」を決定して、本土決戦に備えての竹槍訓練が本格化した。

前年のマリアナ沖海戦での惨敗について、レイテ大海戦で大量の戦艦、空母、航空機を失って事実上壊滅した日本の連合艦隊にとって、残された道は玉砕しかなかった。海軍はレイテ沖で初めて神風特攻隊による米艦船への体当たり攻撃を行ったのである。

緊迫する戦況の中、内山は一九四五（昭和二〇）年一月一四日、大井航空隊から千葉の香取航空隊への配属を命じられる。辞令には「第七六二海軍航空隊」とあった。海軍では、七〇〇の数字のつく航空隊は陸上攻撃隊のことを指し、搭乗の機種は「銀河」か「一式陸上攻撃機」となっていた。

「特攻隊か、しょうがないな」。いよいよ来るべき時が来たと、漠然と死を覚悟した。翌一五日、寝食を共にしてきた同僚の鈴木少尉も同乗した飛行機とともに、大井基地を飛び立って香取へと向かった。ところが、任地の飛行場が眼下に見えたその瞬間、鈴木少尉の機体が着陸に失敗し、火をふきながら内山の目の前で地上に激突したのだ。エンジントラブルが原因だった。

「人の死というのを初めて目前で見た。ショックだった」

この戦友の死は、後の内山の人生に大きな影響を与えることとなる。

香取基地にあったのは見たこともない軍用機「キ六七（飛龍）」、おまけに隊員はカーキ色の陸軍の制服を着ていた。これが後に、「青春を賭けた陸軍

よいよ濃厚となってきた。

二月、米軍は硫黄島に上陸（三月二二日、二万六〇〇〇人の守備隊玉砕）。そして翌三月九～一〇日にＢ29およそ三〇〇機が首都東京を大空襲した。

この無差別夜間爆撃による被害は二三万戸焼失、死傷八四万人、罹災者一五〇万余人を数えた。首都が焼かれたことで、国民は敗戦がすぐそこに迫っていることを、いやがうえにも実感させられたのだった。

作家の早乙女勝元*は、その惨状をつぎのように綴っている。

〈昭和二〇年三月一〇日、わずか二時間半の空襲で、無残にも、無人の町と化してしまった本所。昨日まで、この町に生きていた人びとは、どこに行ってしまったのか。／隣り組の防空・消火訓練も、毎日のようにおこなわれたが、手押しポンプやバケツリレーによる敢闘精神も、Ｂ29の無差別爆撃の前には、手のつけようもなかった。／爆撃のあとでは、埋没死体を探さねばならなかったが、異臭は鼻をつき、死体は原形をとどめていないことが多かった。昭和一九年一一月二七

飛行第七戦隊」となる混成部隊との出会いだった。

　戦況の悪化にともない、空軍組織を持たなかった日本軍は、近づく本土決戦をくい止めるため陸軍と海軍の混成による雷撃航空隊を編成した。雷撃隊の主たる任務は、敵艦を発見したら、その手前一キロ～八〇〇メートル付近から魚雷を発射して沈めることにある。当初、雷撃は昼間に作戦が行われていたが、米軍の迎撃にあい苦戦を強いられたことから、夜間に出撃するようになっていった。レーダー設備を持たない航空機で、自分の位置を確認するのに唯一役立つのが天測航法だった。すでに海軍内で、夜間航法と発着能力の技術を称賛されていた雷撃隊メンバーに白羽の矢が立ち、陸軍の飛龍機のナビゲーター役として派遣されたのである。

　赴任してみると、内山の隊は隊長を除いた海軍士官全員が第一三期予備学生の出身という顔触れで、特殊な隊の中でも異色な海軍一家となった。分担は、航法、天測、写真が海軍で、操縦、攻撃、無線が陸軍ときっちり決められていた。赴任当初、陸軍との協同作業に大きなとまどいを感じた。長髪も許される海軍と比べ、陸軍の規律は厳しく、すべての面において厳格そのものだった。

　配属初日の夜、さっそくその洗礼を受ける。食事が終わり、営舎で持参した宮本武蔵の『五輪書』を読んでいた内山は、巡回に来た陸軍の上官にいきなり本を取り上げられ、殴られたのである。理由も告げられず、「陸軍は怖

日、神田栄町にて。／本所菊川橋附近の焼死体は路上に山積し、衣服もなく、男女もわからぬ一片の炭になっていた。断末魔の人びとは、みなよりそったのか。三月一〇日空襲直後の惨状。／江東地域の人びとは、あらそって運河へ逃げのびたものの、助かった人はすくなかった。水中の死体は、ウインチで陸揚げされる。三月一〇日の本所菊川橋附近。／四月一五日、焼け残りの町にはりめぐらされた警視庁の公示。度重なる空襲で、東京の大半が無残な焼土と一変してしまったのに、起ち上る秋《とき》は今だ、という。／罹災者の群れは、わずかばかりの荷物を手に、それぞれの縁故先をめざしていくが、これから先に、どんなしあわせが待っているのだろうか。三月一〇日、浅草にて。〉

　各章扉に載せられた早乙女の写真説明文である。敗戦は時間の問題になっていた。

　翌四月に米軍は沖縄本島に上陸。「鉄の暴風」は六月に日本軍を殲滅《せんめつ》、非戦闘員の島民を戦闘の坩堝《るつぼ》に投げこんで、ひめゆり部隊など数々の悲劇を生んだ。死者は軍人一二万人、一般一七万人に及んだ

いところだ」という第一印象をもつことになる事件だった。内山としては、戦《いくさ》の書として勉強のつもりで読んでいた本を取り上げられて納得できなかったが、ぐっと胸の中に怒りをしまいこむしかなかった。「役に立たぬ事をせざる事」「物事の損得をわきまふる事」と論じる策士、宮本武蔵の合理主義が、陸軍には気に入らなかったのかと内山は考えた。目をつけられたのか朝のミーティングで、軍人勅諭の復唱を言い違えた時など、すぐ鉄拳が飛んできた。

　人だけでなく、陸軍は飛行機も違っていた。洋上の長距離飛行に不可欠な天体観測用の窓もなければ、座席も機器も海軍機とは異なっていたのだ。そのうえ呼称も違い、とまどうばかりだった。当時、海軍では英国式の伝統が残っていて、ハンモック（吊り床）、ビーム（梁）、フック（鉤）、チェスト（収納箱）といった身の回り用品からエンジン用語、兵器用語にいたるまで英語を使用していたが、陸軍ではそれらすべてが敵性用語として日本語に替えられていたのだ。だが、そんな苦労にも慣れ、内山は「航法を担当して飛行機を預かる」という誇りと使命感を持って、出撃準備や機器の整備に集中するようになった。上官とは相変わらずそりが合わなかったが、現場で作業する下士官同士では打ち解け、互いを「陸さん」「海軍さん」と対等に呼び合い、付き合いが深まっていった。

　香取飛行基地への赴任の知らせを聞いた母きぬは、いつ大空へ散るかも知

といわれる。

　八月、ついに広島と長崎に原爆投下。六日の広島が一四万、九日の長崎七万（いずれも推定）と、一瞬にして無辜《むこ》の民の命を奪ったのだ。天皇出席の御前会議がポツダム宣言受諾（無条件降伏）を決定したのは一四日である。

　一五日、天皇の詔書（玉音《ぎょくおん》）放送で国民は「終戦」を告げられる。

れぬ長男を一目見ようと、軍の許可を取りつけ、六歳になったばかりの末妹貴通《きつ》の手を引いて香取基地の光雄に面会に行った。わけも知らずにはしゃぐ妹貴通の頭をなでながら、伏し目がちなきぬに「お国のためにがんばります」と敬礼して別れを告げる内山だった。

初出撃の日が来た。一九四五（昭和二〇）年三月二六日、作戦名は「天一号」、沖縄沖の米艦隊を攻撃するものだった。出撃拠点となる宮崎の大淀基地への赴任命令がくだると、隊員たちには特別の休暇が与えられた。内山は金沢の実家に向かった。軍装りりしき息子を、父母は何も言わずに迎えた。ともに交わした目が「これが最後」と覚悟していた。

初出撃の夜、漆黒の闇をついて、隊長の岡田大尉以下、内山機長ら八人が搭乗した飛龍は大淀基地を飛び立った。緊張しながらも内山らは、順調に飛行を続ける。やがて暗黒の水平線のかなたに敵艦を発見、接近しようと降下を開始したその瞬間、あっと言う間に魚雷が発射されてしまった。操縦席と攻撃手とを結ぶ伝声管でのやりとりが、エンジン音にかき消されてよく伝わらず、発射命令を聞き違えるという初歩的なミスだった。内山らは初の実戦ですっかり舞い上がってしまっていたのである。

しかし、その後出撃を重ねるうちにチームワークも鍛えられ、戦果をあげるようになった。米艦隊の砲火や曳光弾を見ることで遠近感も身につき、魚雷発射のタイミングも取れるようになっていった。陸軍作成の「飛行第七戦隊戦闘詳報」によると、四月一一日の「天一号作戦」において、内山機は沖縄沖で「駆逐艦一隻を撃沈」と記録されている。この戦果は「武功抜群者氏名」として載り、これにより内山は中尉に昇進、六月七日の出撃記録には内山龍添中尉と名が記されている。

しかし、レーダーもない目視を頼りにした雷撃で、圧倒的な火力とレーダー網を誇る米艦隊に太刀打ちできるはずもなかった。こちらの動きを瞬時に察知して迎撃してくる敵機と激しい艦砲射撃の前に、僚機は次々と被弾して暗黒の海中に消えていったのである。さらに修理する部品もないままの強行出撃の連続により、飛行中の機械トラブルが相次ぎ、途中帰還や未帰還事故も急増した。内山も危うく難から逃れる体験を何回も味わっている。

ある日、喜界島上空を飛行中に突然エンジンがストップしてしまった。機体は急降下して海面が目の前に迫ってくる。あと一五〇メートル、「もう駄目か」と腹を決め思わず数珠《じゅず》を握りしめて拝んだその時、やっと故障箇所を発見、スイッチオン。エンジンがかかりプロペラが勢いよく回転、機首を上げて上昇することができて九死に一生を得たこともある。また、釜山への飛行中に車輪がパンクしていることに気づき、急遽宮崎の大淀基地に引き返し、胴体着陸に成功するという危機一髪の体験もした。予備機で出撃したところ、気流による飛行機の片寄り角度を測る偏流測定器がないことを離陸直後に気づいて慌てたが、天測航法によって目的地上空へピタリと達し、面目をほどこしたこともあった。

そんな危機の連続の日々の中で、忘れられぬ思い出がある。その日、出撃直後に敵機の総攻撃に遭遇、僚機は全て被弾して未帰還となり、内山機も高知基地への不時着を余儀なくされた。ボロボロとなった愛機を残し、内山は汽車を乗り継いでほうほうの体で大淀基地に帰ってきたのだった。基地ではみな出撃隊は全滅したものと判断していた。命からがら歩いて帰還した内山を、基地近くにあった廓《くるわ》の幾春という源氏名の女性がびっくりした表情で迎えてくれた。出撃から四日後、幾春は命を捧げて空に散っていった若者たちを悼《いた》み、線香をあげていたのだった。その日の奇跡の生還を心から喜んでくれた幾春との一夜は、生死をかけた青春の鮮明な記憶として内山の胸の中にずっと残ることとなる。

当初約三〇機あった第七戦隊所属の飛龍だが、六月段階にはその半数以上を失っていた。太平洋戦争において、最も激しく悲惨な地上戦を繰り広げた沖縄戦。「鉄の暴風」と評された米軍の猛攻撃にあい、日本軍は敗走しながらも最後の抵抗をこころみていた。第七戦隊の任務は、この地上軍の戦いを洋上から支援することにあった。

「俺たちが沖縄沖に通うことで、両親や国民が蹂躙される日が一日でも遠のくなら、生きている限り沖縄沖へ通う」

内山はこう心に誓い、闇をついて満天の星を頼りに、沖縄の空を一路めざしたのである。

魚雷が発射できない時には、敵艦の頭上に照明弾を放った。闇の中、その光を目印に特攻機が敵艦に向けて体当たり攻撃をしかけていく。若い戦友たちが次々と散っていく光景に後ろ髪を引かれる思いを残しながら帰還し、再び沖縄の空に舞い戻る日々が続いた。

既婚者の営内居住が認められていた陸軍の戦友たちの最期を、残された妻に報告するときほどつらい事はなかった。前夜二時一〇分にグラマン機に撃墜された瞬間を目撃した内山は、帰還したその足で営内に住むその隊長の家を訪ねた。妻は白無垢《しろむく》姿で内山を迎えた。聞けば、出撃の際にはいつも飛行場で見送っていたが、昨夜、隊長機が飛び立ったすぐあと、夜空に流れ星が見えたという。そして就寝後二時ころ、枕元でお父さんが来たと。隊長の妻は気丈に内山を迎えたのだった。

この年の二月、米・英・ソ三国によるヤルタ会談が行われていた。五月にドイツが無条件降伏、七月にはポツダム会談が開かれた。地球の裏側で、日本の無条件降伏を前提にした戦後の世界体制に向けての話し合いが行われていたのだ。内山たちには知る由もなかった。

六月二三日、ついに沖縄の日本軍が全滅する。この直前に第七戦隊は沖縄沖から撤退している。陸軍上層部ではすでに五月末に沖縄戦に見切りをつけ、「天一号作戦」から本土最終決戦を想定した「決号作戦」への変更が練られていた。結局、沖縄は本土作戦の捨て石とされたのである。

本土決戦を前に、敵の進攻を食い止めるべく決定された「決号作戦」は、持久戦と本土直接上陸の二段階に分けられていた。内山ら第七戦隊は、この作戦に基づく持久戦を展開するため、沖縄戦終結直前の六月二一日の出撃を最後に、「九州・朝鮮海峡方面」の任務に就くことになる。基地は朝鮮半島の金浦に移動することとなった。

すでに本土周辺の制空権を完全に掌握した米軍は、日本各地の軍事施設を中心に徹底した空襲を展開し、東京、大阪をはじめ主要都市は焦土と化していた。しかし、日本政府は七月二六日のポツダム宣言を黙殺し、戦争継続の強硬姿勢を崩さなかった。本土決戦に備え、国民勤労動員令により労働力の根こそぎ動員が行われる一方、男一五～六〇歳、女一七～四〇歳の者を国民義勇戦闘隊に編成するという「国民義勇兵役法」が公布され、上陸決戦は秒読み段階へとさしかかっていた。

そんな時、人類史上初の原爆投下が行われた。八月六日広島、同月九日長崎へと落とされた原爆は、一瞬にして二〇万人以上の市民の命を奪ったのだった。長崎投下一日まえの八月八日には、ソ連が宣戦布告して満州への進撃を開始した。

そんな緊迫した情勢も知らないまま、八月一三日、内山ら第七戦隊の二機は「本土帰還」の指令を受け、正午過ぎに京城の金浦基地を飛び立った。すでに戦隊所属の雷撃機の大半を損失し、半数近くの隊員が散華《さんげ》していた。離陸してすぐ、一番機の内山は五〇〇〇メートル上空でチカチカという光を感じ、機体を振って二番機に危険を知らせた。内山の一番機が旋回して低空飛行に入ったその瞬間、二番機は米軍のP51戦闘機に撃墜されてしまったのである。

内山らはただちに金浦基地に引き返し、撃墜された僚機の遺体収容作業にあたった。わずか数秒の差で命を落とすこととなった戦友の亡骸《なきがら》を、涙をこらえながら必死に集め、一日で全遺体を収容することができた。そして翌日午後には、重爆撃機に乗せた遺体を日本本土の家族の下に返すこととなった。

翌八月一五日正午、内山は金浦基地内で終戦を告げる「玉音放送」を聞いている。ラジオから聞こえる天皇のくぐもった声はよく聞きとれず、「終戦の宣告」と言われても隊員たちはすぐには信じられなかった。それでも、放送終了後、指示により重爆撃機から一三ミリ機関銃と二〇ミリ機関砲が降ろされ、武装解除した機で伊丹基地に向かうこととなった。

機は予定通り午後六時頃、日本の出雲上空に達した。内山はやれやれという安堵感と虚脱感から、不覚にも居眠りをしてしまった。目を覚ますと操縦士が交替しているではないか。時計を見ると、そろそろ大阪上空にさしかかっている時間。ところが「星の位置が違う」のだ。なんと機は、大阪とは逆方向の下関上空を飛んでいるではないか。燃料はあまりない。引き返す余裕はないと判断して南下、瀬戸内海沿いに東へ進むこととした。ようやく大阪上空に達した。翼の下には街の明かりが煌々と灯っているではないか。灯火管制で暗いはずの大阪の街が輝いていたのだ。「戦争は終わったんだ」眼下の街の灯を、みな複雑な思いでながめていた。

伊丹基地に着陸、燃料はあと三〇分しかなかった。ナビゲーターの不注意で、危うく終戦の日に命を落とすところだったのだ。

時計の針は一六日零時をまわっていた。そこで内山らは「終戦」が本当だったことを正式に知らされる。終戦という実感が湧かないまま、全員が持っていた拳銃と軍刀を隊長に手渡した。

振り返れば、沖縄戦で同期の予備学生出身の戦友三八人の半数以上が還《かえ》らぬ人となっていた。中でも目に焼き付いているのは、布張りの練習機の胴体に二五〇キロ爆弾をくくりつけ、ドラム缶一本の燃料を補助タンクにして米艦隊に突っ込んでいった予科練習生や、燃料は片道で、電気溶接した爆弾とともに死出の旅に向かった特攻隊員たちの姿だった。一パーセントの生還の可能性可能性もなく飛び立っていった彼らに比べ、内山たちの部隊は一〇〇分の一でも生きて帰れるチャンスがあった。「俺だけは生きて還る」という道を探ることのできたのが第七戦隊だった。「それは単に戦運が良かったということではなく、長い歴史を持つ第七戦隊の経験が、隊員の犠牲を最小限にくい止めることになった」と内山は思った。

第七戦隊隊長の高橋猛少佐は回想録でこう述べている。

「我々は他の特攻部隊と異なり、一撃必殺ではなく、何回でも相手を沈める。命ある限り攻撃を反復し、着実にねばり強く戦い抜く」

第七戦隊の戦いの基にはこの方針が貫かれていたのである。指導者の考え方の違いによって部下の生死が分けられる、戦争の不条理であろうか。

わずか一年足らずだったが、この陸軍飛行第七戦隊での体験は、その後の内山の人生に大きな影響を与えることとなる。

「早朝の雷撃は太陽を背にして突っ込め」「月夜は月に向かって突入せよ」という戦訓は、人生において地の利や天の時がいかに重要であるかを教えてくれた。また、死を前にしての無欲無我な戦友たちとの付き合いから、天の時や地の利よりも、人の和と協力の大切さを身をもって学びとることができた。

一方、機長として数人の部下を任されることによって、指揮官や指導者のあり方についてもさまざまに教えられたこととなる。指導者は、部下の後を追随するのではなく、ましてや部下を見下ろして勝手に動くのではなく、皆の真っ只中に立ち、共に生きるということを戦闘の中で知らされた。また、指導者はどのようなことにも自分の意見を持つこと、決定的な場面で意見を持つことのできない者は指導者としての責任を果たすことはできないということを確信したのである。

この貴重な体験は、のちの労働運動指導者としての心構えや、「職場闘争」「幹部闘争から大衆闘争へ」の実践に活かされることとなる。

第2章
仏陀を背負って労働運動へ

■おつり銭の人生■

伊丹基地で武器を捨てた内山に行き場はなかった。死線を彷徨《さまよ》った仲間の多くは「あっちの世界」へ行ってしまった。若い特攻隊員の最後の顔も目に浮かぶ。故郷の金沢へ帰って父の寺を継ぐ気にもならず、焼け野と化した東京には戻る場所もない。「これから、どう生きるか」という自問の中、内山は「いっそ、亡き戦友の霊を弔うために、宮崎の大淀基地の近くに寺院を建てようか」とも、真剣に考えたりもした。

考えたあげく、とりあえず父母のいる金沢へ舞い戻ることにした。戦友との約束を果たす任務もあった。

終戦一週間後、着のみ着のままの煤《すす》けたシャツ姿で寺の門をくぐった。しばらくぶりで戻る実家だった。戦火に見舞われなかった金沢の街は以前と変わらず、寺の佇《たたず》まいも同じだったが、一つ失われていたものがあった。梵鐘である。戦時体制で政府の金属供出命令により、寺の象徴でもあった鐘も奪われていったのだ。きっと、父は断腸の思いで供出したのだろうと内山は胸がしめつけられる思いだった。

本尊《ほんぞん》の前で念仏を唱えている父の前に正座し、内山は深く頭を下げた。

「ただいま帰りました。ご心配をおかけして申し訳ありませんでした」

苦労して入れた駒沢大学を追われ、勝手に海軍に志願入隊し、明日《あす》をも知れぬ命となった長男が、ひょっこり帰ってきた。だが、父は何も言わず帰還を喜んでくれた。

家族へのあいさつもそこそこに、内山は近くの家を訪ねた。日体大から学徒出陣で特攻隊員になって散った戦友の最後の言葉を遺族に伝えるためである。出撃直前、内山が小学校同学年だった良雄の兄であることを知ったその戦友は、住所氏名と父母への遺言を託し、飛び立って行ったのだ。内山は、生きて帰ることがあったら必ず伝える、と彼に約束していたのだった。線香をあげ、遺言と彼の最後の様子を家族に伝えて帰路についた。自分の身代わりになって散っていった戦友の死をむだにしないために、これからどう生きるべきか、贖罪《しょくざい》と葛藤《かっとう》の日々が続いた。

数日後、内山は金沢大学病院に入院する。病名は「脊椎《せきつい》カリエス」だった。雷撃機での胴体着陸や不時着を繰り返すうち、負担が腰にきたのだった。病院のベッドで独り考えるのは戦争中のこと、そして、これからの生き方だった。

やがて、台湾から次男良雄、中国から三男康夫が帰還する。さっそく戦争中のことを尋ねられたが、内山は「話したくないんだ」といって避けた。澱《おり》のように深く沈んだ戦争体験は、弟にも語れない、内山の心の芯《しん》を深く傷つけていたのだ。

父は、やはり内山に僧籍を継ぐよう求めてきた。しかし、敗戦で心にぽっかり穴のあいたような内山にとって、引け目はありつつも父の誘いにすぐ乗る気持ちにはなれなかった。封建的でしかも葬式仏教に偏《かたよ》り、戦争にも加担していった仏教界のあり方に不審を募らせてもいた。内山にとって、素直に僧侶の道に踏み出すことには大きな抵抗があった。だが一家の状態を考えると、父は病弱で三男の弟はいまだ戦場から戻らず、大きな生活不安をかかえていた。無碍《むげ》に断ることのできない悩みの日々が続いた。

世間では「人生五〇年、軍人半額二五年」と言われており、二四歳で生きて帰ってきた内山に、「あとはおつり銭の人生」との思いが強く、この先、寺の生活に埋まる気にはどうしてもなれない。

その日の食う物に困り、着るもの住む家にも困る人々の惨状を見ると、「宗教で何ができるのか」という思いも募《つの》った。今苦しむ生者でなく、死者だけを相手にするだけの仏教のあり方への疑問は深まるばかりだった。

■労働運動への道■

八月三〇日、マッカーサー元帥が厚木飛行場に降り立ち、アメリカ占領軍による日本占領政策が始まった。敗戦につぐ占領という事態に直面して、国民の受けた衝撃は大きく、虚脱状態がしばらく日本全体を支配した。「終戦内閣」として成立した東久邇《ひがしくに》内閣は国民に「一億総懺悔《ざんげ》」唱えたが、天皇の戦争犯罪に触れることはなく、国民に戦争責任をすべて転嫁するのみだった。その一方、差し迫る食糧危機に対し、「食糧増産」「国民皆農」を訴え、復員者や徴用から解除された人たち約九〇〇万人が、帰郷して農業に従事するよう、あるいは市街地でも空き地を利用して農業を営むよう呼びかけたが、焼け石に水だった。政府は戦時中の供出・配給制度を継続して食糧危機を乗り切ろうとしたが、遅欠配が続き、飢えた人々は闇市や農村を彷徨《さまよ》い歩いた。

終戦から約一カ月後の九月一七日、西日本の穀倉地帯を襲った枕崎《まくらざき》台風は、これに追い打ちをかけるように、明治以来と言われる壊滅的な米作被害をもたらした。こうしたなか、戦火の被害を直接うけなかった金沢でも食糧危機は深刻となり、冬を迎えて人々は寒さにふるえながらその日の糧《かて》を追い求めた。内山一家も、食いぶちを求めて買い出しに明け暮れる日々を送った。インフレは深刻化し失業率は二〇％に達して、巷《ちまた》では「二月危機説」までさ

読売争議…◇

終戦から一三日目の一九四五年八月二八日、マニラから沖縄に移動した米・マッカーサー軍の日本進駐（占領）先遣隊一五〇人の部隊を経て、マッカーサーは、例の葉巻を燻《くゆ》らせる姿で神奈川の厚木飛行場に降り立った。同月三〇日のことである。ちなみに、占領当初の一カ月間に日本に進駐した米軍兵力は、本州だけで約一一万人。一年後の四六年秋に「一六万の将兵と二〇〇〇人のシビリアン（民間人）が日本の土の上にいた」と記録されている。

連合国軍総司令部（ＧＨＱ）の、〝マッカーサーの日本〟の時代が始まったのだ。以降、マッカーサーの時代（ＧＨＱ統治下の日本占領時代）は対日講和・日米安保条約発効、ＧＨＱ廃止の一九五二年四月二八日までつづく。マッカーサー総司令官自身は、朝鮮戦争の拡大を主張して米大統領・トルーマンの逆鱗《げきりん》にふれて朝鮮戦争の最中、五一年四月に解任される。やがて「老兵は死なず、ただ消え

さやかれるようになった。

一方、一〇月一一日のマッカーサー指令「男女同権、労働者の団結権、教育の自由化、専制の廃止、経済の民主化」のいわゆる五大改革をきっかけとして、労働組合の結成が各地で相次いだ。この年の暮れには全国で五〇九組合、三八万人が組織され、翌年六月には一挙に一万二〇〇〇組合、三六八万人（推定組織率四一・五％）にまでふくらむ。これにともない労働争議が多発した。経営者が生産サボタージュを行っていた当時の情勢のもとで、争議の形態は労働組合による生産管理、業務管理という戦術が多くとられ、闘いは読売新聞、京成電鉄、日本鋼管鶴見製鉄所、東宝撮影所、三井美唄《びばい》炭鉱へとひろがった。この闘いの中で労働者は、待遇の改善ばかりでなく、旧経営陣の戦争責任の追及と社内機構の民主化を要求した。

第一次争議に勝利した直後の一二月一二日付読売新聞は「読売争議の解決」という社説でこう述べている。

「今日以降、読売新聞は真に民衆の友となり、永久に人民の機関紙たることを、ここに宣言する」

同じ時期、全重役総退陣を実現した朝日新聞も一一月七日に「国民と共に立たん」という宣言を掲載、戦争中の「罪を天下に謝罪」し、「いまや狂瀾怒濤の秋《とき》、日本民主主義の確立の途上来るべき諸々の困難に対し……あくまで国民の機関たることをここに宣言する」と訴えたのである。

去るのみ」の名文句を残して引退するのである（同月の米議会演説）。

マッカーサーの日本は、ポツダム宣言の忠実な履行をめざしたGHQ内の日本改革派（ニューディール派）によって、一連の非軍事化と民主化政策が断行されていく。労働組合についても保護育成、奨励策がとられていくのだ。

読売争議は総同盟（日本労働組合総同盟、四六年八月結成）、産別会議（全日本産業別労働組合会議、同年八月結成）結成以前の労働争議である。物情騒然とした混乱期の争議だった。

読売新聞従組（鈴木東民《とうみん》委員長）は会社の民主化を決議、いわゆる「生産管理闘争」に突入していく。敗戦と米軍進駐のその年、一九四五年一〇月のことだった。大争議の嚆矢《こうし》となったストライキである。

柴田秀利《しばたひでとし》は会社側の人物である。一九四八年一一月から五一年八月までNHKの嘱託としてニュース解説者としても活躍、二・一ストの全官公庁共闘議長・伊井弥四郎のスト中止放送にも立ち合っている。柴田は当時を回顧して語る。*

毎日の食糧調達に追われながらも、過去の戦争への贖罪《しょくざい》と将来の生き方について答えを見いだせぬ日々を送っていた内山にとって、新聞紙上で展開される民主化の論調は刺激的で大いに共感をよぶものがあった。そんな時、たまたまNHKの放送記者募集の広告を目にし、直感的に記者の道を進もうと密かに決意するようになる。そのころには、もはや過去の戦争加担への謝罪もないまま、手のひらを返すように平和建設を唱える仏教界に身を置くことはできない。そう思うようになっていたのである。亡き戦友の霊を真に弔う道は、仏陀に向かって念仏を唱えることではなく、日本が再び戦争への道を歩まないよう街頭に出、民主主義を確立するために行動することだと思い始めていたのだ。

だが、学業を離れてかなりブランクがあり、記者試験に臨むにはある程度勉強もしなくてはならない。そうはいっても、生活を支えるためには仕事をしながら勉強するしかない。姉の光可に勤めていた北陸鉄道株式会社を紹介され、「とりあえず働く」ことにした。

一九四六（昭和二一）年一月一八日、この日が内山の将来を決める北鉄との出会いとなった。内山は僧名「龍添《りゅうてん》」を捨て、再び光雄を名乗ることになる。

北陸鉄道株式会社は、戦時中の一九四三（昭和一八）年一〇月に石川県内の鉄道、軌道、バス事業の七社を合併して発足した統合会社である。戦時統

〈読売八十年史も百年史も、ともに占領政策のお蔭で、第一次争議では正力社長を戦犯に指名して巣鴨に放り込み、共産党の支配下となり、新聞が急激に左傾したため、今度はGHQが逆に反共政策に変わり、警察やCID（憲兵隊の犯罪捜査部）まで動員して弾圧、検挙し、馬場社長を応援して勝利を与えた——と記している。なるほど、大筋に間違いはないが、事実はそんなに簡単なものではなかった。〉

以下に、柴田の語る読売争議を要約する。断片である。

〈社幹部は（GHQの）インボデン新聞課長に何度も呼びつけられ、……プレス・コード違反を犯した責任者を処分し、新聞の中身を変えないと閉鎖するぞ、と脅された。……編集局長鈴木東民一派は、何としても責任をとろうとしない。そこで馬場社長はやむなく責任をとって、辞表を出し、インボデンに……辞表を渡した。……もう閉鎖命令を待つばかりとなった。〉

第一次争議は一九四五年一二月に決着し、この柴田の言は第二次争議（翌四六

合での寄り合い所帯ゆえに経営陣の派閥抗争が絶えなかった。のちに参議院議員となり、国務大臣まで務めることになる林屋亀次郎社長は、当時、対立していた加南支社出身の松木幸一専務を抑えるために労働組合を利用することを思いつき、一九四五（昭和二〇）年の年末ころから社員幹部に話を持ちかけていた。組合結成である。

一方、こうした社長の思惑にかかわらず、戦後の民主化の流れを受けて、まだ独自の労働組合づくりも進んでいた。組合結成をめざす本社職員らは、まだ労働組合に警戒感をもつ従業員が多い状況から、逆に社長を利用して結成準備を進め、社長公認という形で一月一五日に準備会を発足させた。

おりから石川県内の他企業でも労働組合の結成が相次ぎ、早くも一九四六（昭和二一）年一月二〇日には、県下の労働組合を束ねる「石川県労働組合連合会」が結成されている。

当日の模様を「北国毎日新聞」はこう伝えている。

「働く者の夜明けがきた。解放の鐘が、自由の旗がひたひたと鳴り響き、働く者の歓喜と希望の合唱が敗戦のどん底から勇ましく湧き出てきた。四万の労働者、二六既成単位労働組合、一四準備組合をうって一丸とする石川県労働組合連合会結成大会は、二〇日金沢市西町公会堂で傘下組合員一千名が参加して挙行、若い女性をまじえて赤い組合旗をひるがえした『われらの会場』を汗と決意と興奮で働く者一色に塗りつぶした」

年七月一二日～一〇月一六日―岩波・日本史年表）のことである。共産党色の強い産別会議、その時代に入っていた。

〈社長を見送ったあと、……争議派は、閉鎖命令などどこ吹く風と……編集局で軍事訓練を始めていた。……衆人環視の中で、「おいッ、柴田ッ、お前などくたばってしまえッ」と、後輩記者の一人が大声で（私を）怒鳴りつけた。

ＧＨＱに出入りし始めて私の課題となったことは、最低一二〇万トンの食糧援助を仰がないと、八〇〇〇万国民が餓死するという問題だった。食糧配給課長で後にスタンフォード大学教授となったブルース・ジョンストン君を……毎日のように攻め上げた。

宮城前広場では、メーデーに続いて、米よこせ運動が盛り上がって、（二五万人参加の）食糧メーデーと銘打った大デモが展開され、林立する赤旗の波が怒濤のように渦巻いた。……

（争議を）ここで食い止めなかったら、言論の自由はもとより、革命の暴力を待つばかりとなる。決心はついた。……老重役たちはもとより、東民自らも（馬場北鉄労組の準備会が発足した三日後に入社した内山は、本社の運輸課事故係に配属された。ちょうど本社は組合結成の渦中にあり、東京の大学に行ったうえに元海軍中尉の肩書を持つ内山は、発足したばかりの青年会の会長役に推されていた。

何もわからずに引き受けた青年会会長だったが、事故係の仕事の方は、電車やバスに轢《ひ》かれたり、ぶつかった人の始末をしたり、被害者と掛け合うというもので閉口していた。軍隊時代に着陸に失敗してトンボ返りをうって亡くなった戦友の始末などを経験し、「事故の始末なんか金輪際いやだ」と思っていた内山にとって、この事故係はとても耐えられそうもなかった。入社後一週間で、「もうワシ、会社辞めるわ」と音《ね》をあげてしまっていたのだ。

そんな時、数日後に正式結成する組合の仕事をする書記をやらないか、という誘いがあった。「まあ、いずれ会社は辞めるんだから、事故係より組合の仕事を二、三カ月くらい手伝ってもいいか」と、内山は二つ返事で引き受けることとした。

会社の仕事はわずか一週間しただけで、臨時の書記として労働組合の世界に入ることとなった。内山光雄は二四歳、これから生涯付き合うこととなる労働運動との出会いであった。

二月五日、市内電車車庫の中央部に古枕木を積み重ねて作った演壇を前に約七〇人の組合員が集まり、北鉄労組の結成大会が開かれた。

恒吾の）辞表撤回を願い出ていた。……（馬場は）だれが（住居の逗子へ）行こうと、二度と戻る気配はなかった。……スト派も困るが反スト派も困る。錦の御旗を失っては、読売新聞そのものが消えてなくなるからだ。……私の結論もそれだった。……この人を前面に押し立てて、司令部を動かす他はない。

……独り呻吟《しんぎん》すること三日、私の戦略構想はまとまった。……最高司令官への至近距離は、いうまでもなく吉田総理をおいて他にない。……福田秘書官を訪れた。

「よーし分かった。総理にいわせることをここに書きたまえ」……私は次の三カ条を大きな字で書きなぐった。

一、天皇制を確立すること。

二、占領政策の基本を容共から反共へハッキリと転換させること。

三、マ元帥の名において馬場社長を呼び戻すこと。

……総理はいうべきことを英文で書きしたためて、非常な決意をもって出掛けてくれたとのこと。「ＧＨＱ渉外局長のフレイン・ベーカー代将に元帥の代行をこれは県下での一つのニュースだった。

「民主輸送をスローガンに、現業員、職員一千二百名を一丸とする北陸鉄道労働組合結成大会は、五日午後一時から金沢市胡桃町の本社車庫内で開催。高野金蔵氏を議長に議事を進め、組合員より提出の『労使同数よりなる経営協議会の結成』『八時間労働制の実施』『女子乗務員の新規採用復活』『賃金大幅引き上げ』ほか八件の待遇改善案を満場一致可決、近く常任委員会、評議委員会を開き会社側に要求することとなった」（二月六日付「北国毎日新聞」）

大会では、「結成宣言」と「綱領」を採択した。

宣言

我々は解放されたのだ
あらゆる支配階級の圧政の下より解放されたのだ
そして我らの輝かしき将来への道はまさに開かれんとしている
我ら北鉄従業員は民主主義新日本建設の主動力は労働運動にあるを自覚し一致団結して強固なる自主的労働組合を結成し自権擁護すなわち労働条件の改善を期すとともに民主的産業経済の発展に寄与せんことを期す

昭和二一年二月五日

北陸鉄道労働組合

命じた、すぐベーカーのところに行け」というお達しであった。……

副官がすぐ連絡し、代将室に案内された。「マ元帥の命令だといって、明朝十時に馬場社長を連れて来たまえ」といった。ただそれだけだった。……

梃子《てこ》でも動こうとしなかった社長が、さすがにマッカーサーの命令と聞いては従わざるを得ない。「……このことを武藤君か小林専務に伝えて、二人で今後のことをよく相談してくれないか」

翌朝、忘れもしない六月十二日の十時五分前、……ベーカーの部屋へ入った。

「ミスター馬場、マッカーサー元帥はあなたが辞職したことを遺憾に思っておられる。……読売の改革に当たって欲しい。

……解雇を必要とする社員は誰ですか」

……馬場社長は、「マッカーサー元帥は私を全面的に信頼し、支持してくださると解してよろしいのですか」と迫った。

……

私が吉田総理に会うのはこの時が初めてだった。……葉巻をくゆらしながら、ニコニコと満面に笑みをたたえて出迎えてくれた。

組合結成の渦中に飛び込んだ内山がまず始めた仕事は、古本集めだった。なにせ物資がない時代、労働者は書籍を手にする余裕などなかった。それでも、新時代にかける希望を持ち人々は活字に飢えていた。組合の呼びかけに応え、各家から集まった予想以上の本を金沢市内線の乗務員控室の隅の棚に揃え、「北鉄文庫」と銘打って私設図書館を開設したのだった。内山は午後になると、そこに座って貸本屋の店主よろしく、組合員に本を貸し出した。

労働組合に加入したといっても、そのイロハも知らない組合員ばかりである。この北鉄文庫に集められた戦前の労働関係や社会主義の本を回し読みしながら、青年会のメンバーたちは、賃金、労働時間、人事、雇用など労働組合の基礎的な知識、社会主義思想を徐々に身につけていった。のちにレッドパージで職場を追われることになる後の書記長原俊道は、こう語る。

「私が労働運動の道に踏み込むきっかけは、あの北鉄文庫で河上肇著の『貧乏物語』を読んだこと。そして内山光雄という偉大な指導者に出会ったことだ」

おりしも前年の一二月に労働組合法が公布されており、四七（昭和二二）年には労働基準法など七つの労働関係法規が順次施行され、その条文を読むだけでも大変だった。内山は本貸し出しの仕事のかたわら、それら労働関係の書籍を貪るように読み、少しずつ理解できるようになっていった。

組合はこの「貸本業」だけでなく、「貸ボート」「貸浮輪」から「海の家」

総理は、「馬場さん、……元師の意を体して、徹底的に大掃除してください」といって、呵々《かか》大笑した。……争議中はもとより、以後数年間、ほとんど毎日のように総理と話し合う関係が始まった。……

当時の共産党は、……力を発揮していた。……その背後に新聞単一所属の全組合ばかりか、国鉄、全逓、電産をはじめ、代表的巨大組合がすべて応援態勢をとり、代々木の指令一下、次々と攻撃の矢を向けてきた。……工場を占領され、新聞発行が不可能となったときなど、従業員もよく戦い、決死の覚悟で突入して奪還するという英雄的な特攻精神まで発揮し、見事な戦果を挙げてくれた。しかし、私はここで今さらその闘争経過を振り返るつもりはない。……

戦後最初にして最大の読売第二次ストは六月に始まって、十二月二十日に幕を閉じた。五カ月余、実に一五〇日に及ぶ長期戦だった。……鉄壁の軍事占領下で、正面切って最高司令官の意志に刃向かい、戦い抜いたことは、見方によっては天晴れといってよかろう。〉

まがいの仕事まで何でも扱った。資金づくりのため、近くの粟ヶ崎海岸まで古い電車を運び、海水浴客の着物預かり所にした。そこで、小松の海軍基地跡から仕入れた一式陸軍攻撃機の古いチューブを膨らまして「貸浮輪」、須崎の倉庫にあった所属のはっきりしない小型ボート二〇隻ほどで「貸ボート」も始めた。ところが、ボートはあってもオールがない、やっとの思いでオールを調達したまではよかったが、いざ進水という瞬間沈没してしまった。浸水である。「これじゃあ、カチカチ山どころか、タヌキの泥舟だ」と一同大笑いする一幕もあった。その後、内山たちは早朝から弁当を持って海岸まで通い、ボートのパテ詰め作業をしたが、努力の甲斐なく「営業中止」となってしまった。

北鉄労組の一九四六年の会計報告を見ると、収入内訳の欄に「塩水売上金一四五三円八〇銭」という記述がある。その年、執行委員長が組合員各位に出した組合文書には「塩水汲みに関する件」として、「今後、左記の代議員の方の指導により『塩水汲み』の木札を回し、晴天の際に自発的に行って戴きたいと存じます故ご協力願います」とある。食糧確保の一助として、海水に含まれる塩分の利用を考え、粟ヶ崎海岸から兼六園間に「海水運搬電車」を走らせて市民に海水を販売していたのだ。その他、組合員から仕入れたたくわん漬けを会社のトラックで販売したりもした。この年の六月に、組合は福利厚生活動の一環として「北鉄相互会」を発足させ、日用品の廉価販売を

柴田も語っているように、読売争議での労働側の敗退の要因は、ＧＨＱの労働組合対策、この生産管理闘争の否認にあった。

生産管理闘争は、この読売争議のほかに、京成電鉄、池貝鉄工、日本鋼管鶴見製鉄所などと広がりをみせていくのだが、やがて「生産管理は非合法であり、危険なもの」とされて姿を消していくのである。

マッカーサーの日本、その第一の画期は一九四七年一月三一日、マ元帥による「二・一スト中止声明」に示される。対日政策が転換していくのである。東西対立の「冷戦」時代に突入していく。

労働政策は、産別会議の戦闘的運動を否定し、ＧＨＱ後押しによる総評（日本労働組合総評議会）結成へと向かわせていくのである。日本の労働運動も、これに呼応した形で、産別会議の解体へと歩を進める。

旗印は産別主要労組に胚胎《はいたい》した民主化同盟運動（民同運動）である。政党（共産党）によるフラクション活動、引き回しを理由とした、産別民主化運動の興隆

始めたほか、風呂屋、理髪店、靴修繕なども手掛けている。このような助け合いの精神に基づく福利厚生活動を展開する中で、組合への求心力は急速に強まっていったのだ。

■入社七カ月後に書記長■

内山が組合業務に慣れ始めたころ、組合はいくつかの大きな問題に直面していた。一つは加南、能登支社従業員の組合加盟問題、二つ目に金沢市内電車運賃値上げ問題、そして林屋亀次郎社長留任運動である。

二月五日に結成された北鉄労組に対して、「能登支社、加南支社を除外して本社従業員だけで作られた重役擁護の天下り式結成である」と、二月一六日に能登、加南両支社従業員の代表が本社に来訪して北鉄労組高野委員長らに抗議、全従業員組合の結成を要請したのだった。だがその後、本社への依存志向が強い能登支社では、三月七日に組合を結成して北鉄労組へ合流することになる。

一方、会社が計画していた運賃値上げに関して、二月下旬の「北国タイムス」に、突然労組名による「一般市民に三十銭の値上げを納得してもらいたい」という新聞広告が掲載された。記者からの取材を受けた高野委員長が催促されるままに、独断で承諾したものだった。ただでさえインフレで苦しい

だった。労働運動を主導してきた産別会議は後退し、結局解体に追い込まれることにより、やがてその座を総評に譲り渡していくのだ。

生活を強いられている市民、労働者にとって、基本運賃を三倍に引き上げるという案に、労働組合が賛成広告を出したのだから大変。新聞掲載の二日後には、石川県労働組合連合会の市民大会後のデモ隊員約五〇〇人が会社と組合に抗議に押しかけてきたのだ。参加者は「北鉄の組合は御用組合だ」「組合員に何ら徹底していない広告を出すとは何事だ」と口々に叫び、高野委員長を見つけると、乗務員の控室の机の上に立たせて回答を迫った。

組合内でもこの運賃値上げに関しては意見が分かれた。狂乱物価のなかで、「運賃値上げがなければ労働者の賃金も上げられない」という声も多く、組合討論では激しく意見が対立し、「カネが無ければ北国銀行へデモをかければいい」という意見も飛び出した。こうした混乱の中、就任間もない初代執行部はわずか一カ月半で退陣することになる。

実際、祭りあげられた形で初代委員長を引き受けたものの、高野委員長にしてみれば、労働組合が何たるかほとんど理解していなかったのだ。高野委員長はこう述懐する。

「組合を結成したが、さて何をしたらいいのかさっぱりわからない。当初は目的があって組合を作ったというよりも、とにかく作るのが目的という感じだった。組合の旗の色を青にするのか赤にするのか、真剣に議論した記憶がある。最初はそんな程度の意識だった」

組合執行部総辞職の騒動は会社経営陣まで波及した。戦前の「官選重役」

の性格を色濃くひきずっていた林屋社長以下一四人の重役は三月一九日、経営の民主化をはかるためという理由で総辞職したのである。この突然の辞任発表に、従業員の一部から林屋社長留任運動が起こった。彼らは金沢市内電車になんと「林屋社長絶対支持」というプラカードをつけて走らせるという示威行動も行った。就任直後の北鉄労組渋谷委員長にしてみれば、専務派閥ではない気心の知れた林屋社長を、なんとしても留任させたかったのだ。しかし、旧役員・株主・組合代表による役員選出諮問委員会は、清水幸次社長以下新役員を選出して新体制がスタートすることとなる。

■初めてのメーデー■

一九四六年五月一日、一一年ぶりに開かれたメーデーに続き、一九日には東京の宮城前広場で食糧メーデーが開かれ、人々は「米よこせ」と口々に叫んで初めて皇居内に入った。プラカードに書かれた「国体はゴジされたぞ、朕《ちん》はタラフク食っているぞ、ナンジ人民飢えて死ね」という文字が人々の目を引いた（後に不敬罪で起訴）。

金沢でも一一年ぶりの復活メーデーが兼六園内で開かれ、北鉄労組も参加した。当日は、時々小雨が落ちてくる曇天ながら、石川県内三カ所（金沢、小松、七尾）の会場には一二〇組合、約四万人の労組員、農民、文化団体員のほか、社共両党の代表も参加し、演説を行った後、街頭デモを繰り広げた。金沢では、生活物資処理への人民の参加を決議し、県・市、県農業会、県食糧営団へ決議文を手交した。

内山にとっても、もちろん初めてのメーデーだった。前日から組合で綿密な打ち合わせをし、高鳴る気持ちを抑えながら当日八時半、車庫に集合した。一〇時、組合員とともに会場の兼六園に向かう。赤旗がなびく会場、長い冬の時代を耐えて復活したメーデー。参加者はヤミやインフレの生活危機も忘れ、みな歓喜の表情を見せていた。正午、デモ隊列が出発。初めてのデモだ。

街頭では市民たちが出てきて手を振る。三時半にデモ終了、内山ら組合員十数人は本社三階に戻り、盛大に打ち上げを行った。解放の酒で内山は大いに溜飲《りゅういん》を下げた。わくわくするような運動の楽しさを初めて味わった一日だった。

内山にとって、組合活動は未知の経験だったが、人を動かすことについては学生時代、海軍時代の経験がものをいって、組合員はよくついてきてくれた。今までと違う自分が発見できたような気がして、内山も徐々に組合活動にのめり込んでいくようになる。

■組合指導者への第一歩■

新社長による会社の機構改革が行われる中で、組合もこれに対応するために一九四六（昭和二一）年八月一二日に組合大会を開き新役員を選出した。この大会で内山光雄は青年会に推されて書記長に就任する。入社七カ月目、弱冠二四歳の新書記長の誕生だった。内山の組合指導者への第一歩はここから始まることとなる。戦中の産報時代を経験した組合創始者に代わり、内山たちの「アプレ」（アプレゲールの略語。それまでの思想や生活習慣に縛られずに考え行動する、戦後派のことを言った当時の流行語）が組合指導部に登場したのである。

書記長就任の一カ月前、内山は北鉄労組の機関誌「車窓」（第三号、一九四六年七月一五日発行）に「労働組合の教育的使命」という論説を書いている。この中で内山は、「戦時中における神秘的、天下り的産報運動が日本の産業をして今日あるがごとき混乱に陥らしめ、冷厳なる敗戦の現実に直面したる時に、我々労農大衆特に私たち青年に精神的虚脱と混迷との以外の何物をも与え得なかった」と戦前派を批判した後、「我々に真摯《しんし》に学び働かんとする意欲を与え、政治と社会とに対する興味と自覚とを与えるものは我々労働者の真に自主的組織である組合運動を除いてはほかに無い」と労働組合の

十月闘争…◇

一九四六年の十月闘争は、首切り絶対反対、賃上げ、完全雇用のほか、生産復興は人民の手で、吉田首切り内閣即時打倒などをスローガンに、大ストライキへと発展していった。東芝労組を皮切りに、一〇月末現在で要求提出組合は一三単産・五六万一九五七名、スト参加者は三一万九二九一名を数えた。

注目されたのは、全日本新聞通信放送労組（新聞単一労組）と電産労協の二つの闘争だった。

読売新聞と北海道新聞では不当解雇撤回、統一団体協約、賃金引上げを要求するスト態勢をとり、「一〇月五日午前零時を期してゼネストに突入すべし」と指令された。しかし、指令を一〇〇%消化できたのは放送支部一四支部で、他は総崩れとなった。

電産の賃金闘争は、新聞単一（全日本新聞通信放送労働組合）と並んで、十月闘争の主柱だった。

一〇月二三日から主要工場の午前中停

重要性を説き、最後に「日本民主主義発展途上における労働組合の教育的使命が存するのであり、私はむしろ、労働組合運動の最も重要なる指標の一つが常にここに置かれるべきものと確信する」と述べている。その後の内山にとって、ライフワークとも言うべき「労働者教育」の重要性を、すでにこの時から「確信」していたといってよい。

北鉄労組書記長に就任して間もない内山が、組合で最初に取り組んだことは賃上げの闘いだった。日本経済はさらに破局状態に陥り、政府の「金融緊急措置令」によって、旧紙幣を新円と交換する際の預貯金引出額は五〇〇円で凍結された。

組合では、組合員同士の連帯感、団結を深めるため、さまざまなレクリエーションも行っている。メーデーの約一カ月後には青年部主催で素人演芸大会、一一月には家族慰安会、社内弁論大会を開いた。

一一月二一日、本社車庫で開催された出版宣伝部・政治部共催の弁論大会には一四人の組合員がエントリー、「産業復興と労働青年の反省」という演題でスピーチした内山は、みごと一等の栄冠を獲得した。審査員には、会社から広瀬専務、組合からは委員長らが顔を揃えたが、内山の弁舌は他の参加者を圧倒したという。

「労働者のイニシアチブによる産業復興のための一大救国運動を展開し……日本の青年労働者の一人として民族再建への責任と使命を強く自覚し……労

電、一二月二日からは全国停電の指令となった。

この闘争は、賃金を科学的に検討した電産型賃金体系（労働者の生計費実態調査から算出された生活費を基礎に、これにエンゲル係数を乗じて理論生計費を算定した生活給を基礎とした賃金体系）を打ち出した点で意義をもっていた。

十月闘争は賃上げをかちとり、労働大衆を激励した。しかし一方、これを指導した産別会議と共闘を呼びかけられた総同盟との溝は、深まりをみせたのだった。

食糧は日々に高騰し、闇物資の横行に苦しめられ、やむなく三倍の賃上げ、五倍の賃上げを要求して荒々しいストライキ、生産管理、デモが繰り広げられた時代だった。

国鉄労働組合と全逓従業員組合の共同闘争は、飢餓突破資金職員につき一五〇〇円、家族一人につき五〇〇円即時支給、実収入額五倍引上げ、退職手当五〇倍引上げ、封建的官僚制度撤廃を要求して闘われた。前年の一九四五年一二月のことである。

働青年の深き反省と決意を要請する。日本の民主化といい、復興といい、偽装民主主義者や古い指導者達の手によっては決して成し遂げられない。未来は我々青年のものである」と高らかに訴える内山に、つめかけた組合員から大きな拍手が沸き起こった。聴衆を魅了するその語り口は天性のものだったのかもしれない。

そのころ、日本の労働運動には新たな動きが始まっていた。戦時中の組合弾圧に耐えてきた組合指導者たちが、おりからの民主化の流れを受けて、戦前の連合組織の再建に乗り出していたのだ。一九四六（昭和二一）年一月、日本労働組合総同盟（総同盟）の結成準備大会が開かれ、八月一日に一六九九組合、八六万人を結集する総同盟が結成される。一方、共産党の路線下にある全日本産業別労働組合会議（産別会議）も、八月一九日に二一単産、一六六万人が参加して結成された。

こうした流れの中、交通関係労働者も、戦前の「日本交通運輸労働組合同盟」（日交同盟）の再建をめざした戦前の活動家を中心とする動きが急ピッチで進んでいた。関西が先行して行われた組織化は、一九四六（昭和二一）年一月一日に京阪神、京阪神三市電、山陽電鉄などが参加して結成された「関西交通労働組合共同闘争委員会」が母体となり、二月一九日には「日本交通運輸労働組合関西地方協議会」（日交同盟関西地協）が発足し、四、五月にかけての基本給是正の取り組みを行った。そして関西から始まった動き

翌四六年三月一七日、突如五〇〇円の枠がはめられ、新円による飢餓突破資金の支給が不可能なことが判明する。

国鉄、全逓の共同闘争委員会は、「国鉄は二五日零時より八時まで全国の汽車電車の運転を中止する。逓信では二五日より新円発行業務に協力しない」と共同声明を発表した。

驚いた総司令部コンスタンチーノ大尉らは、事業の公共性を重視して、即日、ストの全面的禁止を通告し、斡旋にのりだした。

結局、この闘争は期末賞与の二〇〇円増額、退職手当を一一月本俸の三倍ないし四倍に増額、恩給制度の改善という微温的な妥協で決着がつく。

十月闘争の前年にたたかわれた国鉄、全逓の闘争を付記したのは、総司令部の指示さえぐらつかせていたほどの一般的な食糧危機が当時伏在していたことを告げたかったからだ。食糧危機突破民主協議会、食糧危機突破協議会などが結成され、「……東京の配給は二合一勺、味噌醤油野菜を含めても千二百―千五百カロリー。……寝ている時使

は全国組織結成へと向かった。

　北鉄労組には四月二〇日付で「日本交通運輸労働組合同盟準備会」より結成大会への参加招請状が届いた。検討した結果、オブザーバー参加とすることにする。その前段で準備会の会合への誘いがあり、組合書記をやり始めたばかりの内山に、「お前、勉強しにいってこい」という声がかかった。組合の会合など出たことはなかったが、興味本位の軽い気持ちで大阪に向かう。ここで受けた大きなショックが、内山を労働運動の道へとつき動かすことになる。

　天神の森の大阪市営交通寮で行われた日交同盟準備会には、東京交通労組（東交）、大阪交通労組（大交）、京阪神などから戦前の日交同盟の運動を経験した活動家が参加していた。夜半までの会議が終わり、内山は参加者と風呂に入った。何の気なしに彼らの背中を見てびっくり、みんな体中に傷跡があるではないか。聞き耳を立てていると、「どこどこ警察の特高Yは……」とか、「俺が入っていたN刑務所は……」とか戦時中の拷問や監獄の話をしている。その生々しい背中の傷を眺めながら、内山は「俺が魚雷を抱えて戦争をやっていた同じ頃、全く違う人生観、世界観を持って刑務所の中に入っていた人間がいたんだ」と衝撃を覚えたのだった。

　さらに翌朝のこと。八時からの会議に出向くと、なんと机の上には昨夜の会議結果がガリ版の議案書となって置かれているではないか。夜中一二時過

っているカロリーが大体千二百カロリー、……三百カロリーが起きて働くのに役立つ原動力で、ラッシュ・アワーにもまれて通勤すると、あとは役所や会社で働きうるカロリーは実に僅かなものになるわけです。……甘藷、野菜、水産物のほか、副食物をいれて、今の二合一勺を二合三勺として、大体二千万トン輸入すればしのげる」（「実業之日本」食糧危機座談会─一九四五年一一月号）と、鳩首《きゅうしゅ》会談された時代背景が存在していたのだ。そして五月一九日、米よこせの「食糧メーデー」が繰り広げられる。……

ぎまで議論した内容をその後、誰かが一字一字ガリ切りして印刷し、ちゃんとまとめていたのだ。内山はこんな神業をやってのける戦前の人たちの気概と能力に、二度ショックを受けたのである。みんなほとんど高等小学校しか出ていない労働者、それでもこの力量を身につけている。「俺なんか大学に行ったが、何にもないんだな」との自己嫌悪とともに、「刑務所が労働運動の大学だったんだ」と新鮮な発見をし、心の中に新しい道が開けてきたような気がして内山は帰路についた。なお、この会議には、戦前の労働運動指導者である島上善五郎や重盛寿治らが出席していたことを内山は後日知ることになる。

島《しま》上《がみ》善《ぜん》五《ご》郎《ろう》　二〇〇一年一月没、97歳。

戦前、東京市電を軸に労働運動、社会運動に活躍。共産党弾圧の三・一五事件で検挙され、三二年一一月の判決で懲役二年・執行猶予五年の刑。東交の書記局に入り、三四年九月の東京市電大ストライキでは地下指導部で活躍。三七年一二月の人民戦線事件で検挙され、未決拘留二年・懲役二年の判決、控訴中に敗戦を迎える。

戦後、東交を再建。総同盟を高野実、山花秀雄、松岡駒吉らと結成、主事に就任。五〇年の総評結成では初代事務局長に就任。四七年四月、衆院選（東京六区）で初当選。四九年落選、五二～六九年までは連続当選。通算八期約二〇年間、衆院議員。

重《しげ》盛《もり》寿《とし》治《はる》　一九九七年一二月没、96歳。

戦前、島上善五郎同様、東交の組織活動に尽力。

戦後、四五年一一月の東交再建大会で委員長に就任。四選（四七年一一月まで）。並行して四六年六月、東京都労連執行委員長を四期つとめ、同年八月の総同盟第一回大会で副委員長に就任。社会党左派に属し、五〇年六月参院選（東京地方区）で初当選、五六年再選。六三年、衆院選に当選。六七年の美濃部亮吉都知事実現に貢献。

四月二五日、東京の日赤講堂で開かれた日交同盟結成大会には、オブザーバー参加した北鉄労組はじめ全国二九の労組が参加した。私鉄、都市交通、貨物など幅広い交通運輸労働者の全国的大産別組織としてスタートした日交同盟はこの年の末までに六五組合、一〇万人を超える組織に成長する。ところが、組織が大きくなるにつれ、内部の組合間で経営形態や職種、組織事情の違いが顕在化しはじめ、一九四六年一二月には「全国貨物自動車労働組合連合会」「全国旅客自動車労働組合同盟」が相次いで結成される一方、私鉄関係でも最大組織の東急労組の呼びかけで、私鉄独自の結集体づくりが進んだ。こうして一九四七（昭和二二）年一月九日、大阪市北区天六市民館で「日本私鉄労働組合総連合会」（私鉄総連）の結成大会が開かれ、北鉄労組も参加した。

第3章 二・一ストと結婚式

■越冬資金に除雪手当を加える■

日本の経済危機はさらに深刻さを増し、国鉄運賃・郵便・電気・映画・酒・たばこなど、物価は倍々ペースで上がり続ける一方、食糧不足もいっこうに改善されなかった。歌舞伎の片岡仁左衛門一家五人が、食糧を独り占めし分け与えなかったと使用人に「食べ物の恨み」で殺される事件や、東京地裁の山口良治判事がヤミ物資を拒否し配給生活を守ったため、栄養失調で死亡するという事件が大きな反響を呼んだ。ヤミ取り締まりのため、列車に武装警官が乗り込む事態にもなっていた。ヤミ屋摘発のためである。ヤミ列車は、載せられた米などの重量で、車体が幾分沈んだという。

二人の弟が戦地から相次いで帰還して大世帯となった内山家も例外ではなく、少ない配給米をひじき、芋、豆などで増量したまぜご飯が毎日の主食となった。時には大根や芋の葉っぱも混ぜ、漬け物だけがおかずとしてお膳に並ぶという日もあった。そんな中、母と三男康夫は毎日のように買い出しに出かけた。近くの海でとれた魚の干物や海草などを背負い込み、山間部に行っては米や野菜と交換するのである。きぬはタンスにしまっていた着物を引き出して、食糧と交換したこともあった。近隣農家に出掛けた買い出しの都会人は、持参していった着物などを買い叩かれ、「そんなもん」と相手にされず、農民を怨嗟《えんさ》の目でみつめたのだった。餓死は他人事《ひとごと》ではなかった。

哲門《てつもん》は、毎日早朝五時過ぎには起床し、本尊に向かい、鐘、太鼓を鳴らしながら読経、その後は檀家の法事があれば出掛け、合間には寺の空き地に植えた芋、カボチャ、キュウリなどの野菜の手入れをした。だが、大家族の炊事洗濯などの家事を一手にこなしながら、重いリュックを背負って皆の食いぶちを仕入れに走りまわるきぬから見れば、哲門は「楽してる」と映るのだった。食い物にからむ諍《いさか》いがしばしば起こり、きぬから「働かない人は食う分も半分ね」と、きつい言葉を投げかけられることもあった。哲門としては、持病で体の具合が悪くて外に出歩けないという事情があったのだが、妻からのきつい一言に、沈黙するしかなかった。さらに、それに追い打ちをかけるように、朝の願行《がんぎょう》である鐘太鼓の音に関して、家族中から「始まりが早すぎるし長すぎる」と苦情を言われたこともあり、疎外感は募《つの》るばかりだった。

そんな中、老朽化した寺院の屋根の雨漏りがひどくなり、修理しなくてはならない事態となった。応急処置は施したものの、早急に建て直しする必要に迫られた。伽藍《がらん》の修理について相談する相手は長男の光雄しかいなかった。

檀家からの寄付も考えられたが、ふだんから多大の世話を受けている檀家衆から、これ以上の浄財をいただくことは忍びない。子供たちの給料と哲門の稼ぎで資金を集めるしかないとの結論に達した。

そんなおり、近くの北鉄停留所の切符売場の販売員をしてみないかという話が舞い込み、哲門はこれを受けることにした。毎朝五時半から六時ころに切符売場に出勤し、昼食や夕食は寺に寄って済ませ、たまの法事で出掛けるほかは、毎日夜一〇時ころまでボックスの中で市内電車の切符や映画のチケットを売る生活がしばらく続くことになる。この手当により、伽藍の修繕を済ませ、哲門は再び寺の仕事に専念することができるようになった。

一九四六（昭和二一）年冬、北鉄労組は、食糧不足にインフレというダブルパンチの中、必死の思いで賃金要求を掲げたが、会社は拒否回答。組合は要求解決までの生活補塡措置として、越冬資金最低二五〇〇円（現行賃金一カ月分）の要求を決定したが、これも会社側に拒否されて交渉は暗礁に乗り上げる。

そんなある日、前夜から大雪で社員総出の除雪作業をしながら内山にふとひらめくものがあった。越冬資金要求と合わせて除雪手当の増額を要求し、交渉の先議事項とすることだ。

さっそく次の交渉の冒頭、内山は「除雪は本来の仕事ではない。賃上げもしない会社は、まず除雪手当を増額するのは当然」と会社に迫った。

当時、労調法により、交通関係等の公益性の高い企業でのストライキは、労働委員会に調停を申請してから一カ月を経過しないと実施できないことになっていた。内山は労調法との関係で、「除雪手当増額」を団体交渉の先議事項として時間稼ぎすることを考えたのだった。

この思いつきともいえる除雪手当増額要求を会社はのみ、越冬資金闘争はひとまず終止符を打つことになる。内山の交渉テクニックは大いに注目されることとなった。

この越冬資金闘争の勝利で、新組合執行部は組合員から大きな評価を得ると同時に、この中心として活躍した書記長・内山の株も大いに上がることとなる。内山自身もこの会社側とのかけひきは大きな糧となり、その後の交渉にも役立っていく。

■二・一スト前夜■

一九四六（昭和二一）年秋から翌年の冬までの約半年間、日本の労働者は列島全土を揺るがす闘いに波状的に立ち上がった。戦後の廃墟から湧き上がったその息吹《いぶき》は、革命前夜と呼ぶにふさわしい熱気をもって各地を席巻した。

八月から九月にかけての海員組合と国鉄労組による首切り反対闘争を端緒に、一〇月には産別会議の指導による電産、東芝、全炭など民間組合のスト

二・一スト…◇

「連合国軍最高司令官として私に託された権限にもとづき、私はゼネストを実行せんとする労働組合の指導者に対し、現下の如く窮乏にあえぎ衰弱した日本の実状において、かかる致命的な社会的武器に訴えることを許さない旨を通告し、かかる行動をとらざるよう指令した。私はこうした問題で、かかる限度まで干渉し

ライキ、「一〇月闘争」が全国で吹き荒れる。闘争に参加した組合は一三単産五六万人にのぼり、電産労組はこの闘いで、生活給理論と実態理論による賃金要求案、いわゆる「電産型賃金体系」を確立し、その後の賃金闘争のひとつのモデルをつくった。従来、経営者が一方的に作成して労働者に押し付けていた賃金体系を、労働組合が労働者の立場から根本的な検討を加え、その実施を迫ったところに意義があった。電産労組はこの賃金体系を「五分間の送電停止ストと重要工場への送電停止」の闘いによって、一一月三〇日獲得したのだった。「電産型賃金体系」はのちに、内山の賃金理論にも大きな影響を与えるものとなる。

「一〇月闘争」を転機としてGHQの対日労働政策は大きく変化した。当初、労働者の生産管理闘争までをも肯定したGHQだったが、その闘いが政治的色彩を帯びて倒閣運動、さらには社会主義を志向するに及んで、露骨な弾圧政策を取るようになったのだ。それまでの「示唆」「勧告」の域を越えて、「命令」という介入、干渉が多くなり、時には武器や戦車によって威嚇するまでエスカレートしたのである。事実、のちに一九四八（昭和二三）年四月から約七カ月闘われた映画の東宝争議では、戦車を伴った占領軍部隊が出動した。東京地裁の仮処分執行（撮影所占有解除）の監視だった。「来なかったのは軍艦だけだった」といわれた争議である。

一九四六（昭和二一）年一〇月一三日労働関係調整法が急遽施行され、運

なければならないことを遺憾とする。……現在日本は敗戦国として連合国の占領下にあり、国民の大部分は飢餓をようやくまぬかれている実状である。……現在でも米国民は日本の飢餓状態を救うために、その乏しい食糧の中から多量の食糧資源を放出している……。」

マッカーサーの「二・一スト中止」声明（指令）である。一九四七年スト前日の一月三一日午後二時半に出された。午後六時四五分、大ゼネストのクライマックスがやってきた。マーカット少将と全官公庁共闘議長・伊井弥四郎との〝対決〟である。

GHQの記録によると、伊井の「抵抗」のあとはない。伊井はマッカーサー声明を通訳に読みあげられ、マーカット少将から詰められる。「で、君はどうするのか」と。

伊井は、「組合の委員長らにはかって、必要な処置をただちにとるつもりです」「この問題を民主的に話し合いたいのですが、これが命令とあらば、仕方がありません」と答え、マ少将に「ではどうするか？　聞こう」と追い詰められて、

輸、電信、郵便などの公共事業の争議行為に三〇日間の冷却期間を設けるとともに、非現業公務員の争議権を剥奪する。

この一〇月闘争で民間産業の労働者が賃金引上げなどで大きな成果をあげたことから、官公労組も賃上げの闘いに突入することとなった。一一月には全官公庁共同闘争委員会を結成し、越年資金の支給、最低賃金の確立などを要求した。この闘いには勤労所得税や労調法の撤廃などの要求も含まれており、民間労働者も呼応して闘いに参加することとなる。一二月二六日、産別会議、総同盟、日労会議、国鉄労組、全逓などが参加して全国労働組合共同闘争委員会（全闘）準備会が発足し、社会党、共産党も加わって闘いのうねりは空前の勢いをもって全国にひろがっていった。

石川県においても、労働者の結集は急速に進んでいった。中央の動きを受けて、一九四六（昭和二一）年九月一日には総同盟石川県連合会が結成される一方、同年一一月一日には産別石川地方会議が発足した。こうした中、中央での共同闘争の進展の動きを敏感に察知した内山は、一一月二九日に開催された石川県民主戦線協議会主催の労農大会で、「産別と総同盟の無条件合同による労働戦線統一を」と提案して注目された。中央で産別と総同盟が共闘組織発足に合意する一カ月も前に、労働戦線統一を訴えた内山の先見性は特筆に値するといえよう。その後の、内山の労働戦線統一論の原型は、すでにこのころから形成されていたのである。

「参加組合を集め、これを伝えます。ラジオを通じて伝えます」「私自身には、スト中止を命ずる権限はないのです。しかし、中止のために全力を尽くします」と。

かくして午後九時二〇分、伊井議長は有名な「涙の放送」を行い、ゼネストは決行の二時間半前に回避された。この放送の現物に居あわせたのがニュース解説者の柴田秀利だった。柴田は以下のように語る。*

〈「マッカーサー司令部の命令ですから、やむを得ません。ゼネスト中止の放送を先にやりますから、しばらくお待ちください」といわれた。背後からナッパ服に眼鏡をかけ、興奮に紅潮した面持ちの、見るからに労組のリーダーらしき者が入ってきて、私に丁重に頭を下げ、「すみません」と一言だけいうと、マイクに向かって、半ペラぐらいの原稿を読み始めた。「マッカーサー司令官は二・一ゼネストを禁止しました。このラジオ放送によって、明日のゼネストを極力防止するよう、各組合では万全の努力を尽くしてください」

一九四七（昭和二二）年が明け、吉田首相は年頭あいさつで「社会不安を増進せしめ生産を阻害せんとする……不逞《ふてい》の輩《やから》が」と労働者を罵倒したのだった。これが火に油を注ぐことになり、産別会議、総同盟はじめ多数の組合が抗議行動に入る。全官公庁共闘は一月九日に拡大闘争委員会を開き、二月一日にゼネストを行うことを決め、民間労組もこれを支援する態勢をとる。

一月一五日正式発足した全闘には全官公庁共闘、産別会議、総同盟ほかほとんどの中立単産が加わり、その規模は三六〇万人にふくれあがった。

結成したばかりの私鉄総連も全闘に参加し、加盟組合は一月二五日一斉に最低賃金制確立、退職金規定制定の二つの要求を提出して二・一ゼネスト準備を開始した。北鉄労組も同日、本社車庫で最低賃金制要求大会を開催、要求書を提出するとともに、歴史的なゼネストに参加する決意をこめて以下の「共同闘争宣言」を採択した。

共同闘争宣言

我々労働者の生活権を否定する現社会機構ならびに現政府の政策は明らかに民主主義に逆行するものであり、この憂うべき状態においては断じて祖国再建が不可能なのである。全官公職労働者は生活権獲得の為に立ち上がった。しかし彼ら労働者の血の要求は政府の手ですげなく一蹴され、二月一日を期してゼネストに突入するを余儀なくせしめたのである。この根本原因は言う

そこまでは意外に冷静だった。しかしとたんに彼の声は高調し、やがて眼鏡の奥からとめどなく涙が滴《したた》り落ちてきた。「最後に私は声を大にして日本の労働者、農民の万歳を叫ぶ。一歩退却、二歩前進。労働者万歳、農民万歳。われわれは団結しなければならない……」と絶句して去った。〉

二・一ストの行方《ゆくえ》を固唾《かたず》をのんで見守っていた資本家陣営は、ホッと胸をなでおろしたと聞く。「これで日本は安泰だ。GHQの方針が見えた」と。

確かに、マッカーサーの日本の第一の画期だった。労働側にとっても資本側にとっても、である。以降GHQは翌四八年一月、ロイヤル米陸軍長官が「日本は共産主義への防壁」と演説、七月、マ元帥は首相宛て書簡で「公務員の争議禁止など」を要求（政府、政令二〇一号を公布施行）、レッド・パージを経て朝鮮戦争へとつき進んでいく。冷戦時代の長くて遠い道に世界は入っていくのだ。日本は「再軍備」を急ぐことになる。労働運動は総評が「ニワトリからアヒルに」変身を遂げるまで、冬の時代を迎えるのだ。

までもなく祖国民主化を阻む現社会機構に対する矛盾の現れである。今や労働者の手にする労働者の為の建設的革命の日は訪れた。ここに北陸鉄道労働組合は同志愛に燃え、革命戦線に参加する為に全員一丸となり全国労働者とあいたずさえ共同闘争に突入することを宣言する。

一九四七年一月二五日

■三兄弟の合同結婚式■

北鉄労組が悲壮な決意をもってこの二・一ゼネスト共同闘争宣言を発する一週間前、内山は自らの結婚式を挙げている。

相手は北鉄本社の会計課で働いていた山内一枝という一つ年上の女性だった。内山は青年会の活動の中で彼女と知り合い、いつしか恋心を抱くようになっていたのだ。

越年資金獲得の闘争で慌ただしい最中、内山は彼女の笑顔を見るとなぜか心がときめいた。内山家の長男だという自覚もあり、働きずくめの姉のことも考えれば、結婚を急がなければならないと思い始めていたころだった。その姉と彼女は同年だったこともあり、親近感がさらに増した。いつしか結婚するのは彼女しかいないと思い始めていた。いったん心に決めたからには、居ても立ってもいられない内山は、ある日彼女を呼び出した。越年資金の回答が出た一週間後、年の瀬の寒い日だった。

兼六公園を肩をすぼめながら歩きまわり、内山はタイミングをはかっていた。気持ちははやるが、プロポーズの言葉は口からなかなか出ない。園内の唐笠山（山の形からさざえ山ともいう）を登りつめ、頂上のベンチに腰掛けて眼下の霞ヶ池をながめながら、この時だと一気に「結婚してほしい」と大きな声で叫んでいた。「金はないが二人で働けば暮らしていける」と求婚したのだった。

しかし、彼女の口からは、「結婚はできない」という一言が返ってきた。自分のことが嫌いなのかと尋ねると、「そうではない」という。さらに問いかけると、「結婚できない事情がある」とうつむくばかりで、それ以上語ろうとしない。一枝としたら、お寺のうえに、大家族である内山家に入ることを母親が認めないだろうと思っていたのだ。

気まずさを残して家路についた内山だったが、あきらめきれるものではない。どんな家庭の事情があろうとも、彼女との家庭生活を必ず実現させてみせると心に誓った内山は、翌日さっそく先輩の渋谷委員長に打ち明け、仲立ちをお願いする。

初めは固く心を閉ざしていた彼女の心も、内山の情熱の前にいつしか溶解し、承諾の返事を受けた。

そうと決まったら事は早くと、結婚式の準備に取り掛かろうとすると、何と姉の光可と弟の良雄も結婚するという話がとびこんできた。それを聞いた内山は、合理的でいいアイデアを思いつく。三組合同の結婚披露宴だ。貧しい寺の経済事情から「費用が少なくてすむ」と考え、自分の寺で披露宴をしようと、親戚、家族と結婚相手に相談し、納得させる。

こうして珍しい三組合同結婚式が、一九四七（昭和二二）年一月一八日、浄見山一閑院の仏前で行われたのである。結婚記念写真も新婚旅行もない、慌ただしい結婚となった。参加者は二〇人ばかり、身内だけのささやかな式であった。二・一ゼネストの二週間前のことである。

■幻に終わったゼネスト■

披露宴の翌日、内山夫婦は近所に結婚のあいさつ回りをして一日を過ごしたが、その翌日からは新婚生活の余韻にひたる余裕もなく、目前に迫ったゼネストの準備に内山は取り掛かる。一枝にとっても、同じ組合員としてこれは納得ずみのことだった。

なにせ、北鉄労組にとって初めてのストライキである。執行部役員もどう闘争態勢をとればいいのか手探り状態だった。ここで内山の軍隊経験が十二分に活かされることになる。

つきつめて考えれば、労働争議も戦争も敵との闘いであり、闘争態勢をいかに築くか、その組織命令系統は長年の旧陸軍「作戦要務令」を模倣すればいい、と思いついたのだ。幸い執行部には、内山だけでなく旧陸海軍の士官出身者が多く、組織、規約、運営など、過去の経験を活かして闘争態勢はスムーズに構築された。弾圧があった時に備えて、特別の闘争組織（第二執行部）も編成した。

一月二七日、本社三階に闘争本部を設置。飯田友雄委員長以下一一人の闘争委員を任命し、庶務、財政、宣伝・情報など八つの専門部と、青年行動隊、一般行動隊を編成する。

二八日午後一時、金沢市公会堂で開かれた石川県労働戦線統一協議会主催の二・一スト共同闘争大会には、北鉄労組もふくめて県下の労働者約五〇〇〇人が大結集。おりからの吹雪をついて参加者は決起集会後、二手に分かれて市内をデモ行進した。

二九日、ＣＩＣ（占領軍民間情報局労働部）司令官宛てに「二月一日の全国的ゼネラル・ストライキと当組合の態度について」という通告文を届ける。

三〇日午後一時、闘争委員長名による「闘争指令第一号」を発出。

「別命なければ、三一日午後四時以降は食糧持参して各職場に待機する」「反動分子等による策動、切り崩しに対してはあくまでも抵抗する」などと書かれたこの「準備スト指令」は、「闘争のうた」とともに瞬く間《またたくま》に全職場に流された。

「北鉄青年歌」の替え歌として作られたこの「闘争のうた」の最後の歌詞はこうだ。

「燃ゆる　闘志の労働者
ガッチリ組んで　ゼネストへ
されば明るい　生活を
築く最後の方法だ
我らぞ　前衛労働者
我らぞ　北鉄行動隊

みんな協力　建設の
ゼネスト押して　いち早く
みんな協力　建設の
ゼネスト押して　いち早く
築くぞ　民主新日本
我らぞ　北鉄行動隊」

三〇日午後、副闘争委員長の沼崎清栄は国鉄金沢機関区の会議室で開かれた石川県共闘委員会の最終打ち合わせ会議に出席した。各組合からのスト決行か否かの態度表明を求められた沼崎は、「北陸鉄道労働組合は労働階級の責任と矜持《きょうじ》をもってスト決行を決意、すでに手配済みである」と発言、同席の他労組代表から「北鉄は共闘委員会に後から入ってきたが、最もラジカル（急進的）である」と称賛を浴びた。

三一日、ゼネスト前夜、日本列島のありとあらゆる職場で赤旗がなびき、赤いハチマキを締めた労働者の輪からいさましい労働歌が流れた。まさに革命前夜であった。全闘に結集する労働者は、スト前々日の三〇日には約四〇〇万人に達していた。

当日、朝から本社三階の組合闘争本部には、女子組合員、男子組合員が食糧や夜具をたずさえて続々と結集した。組合員は街の停留所の電柱、郊外線の各駅に、北鉄労組の「明日、電車が止まる」と印刷したビラを一斉に貼りに出た。

内山たち行動隊がまなじりを決して闘争本部に待機していたところへ、午後三時「占領軍司令官」のスト中止勧告の報道が飛び込んだ。「まさか」の突然の中止報道に、その真偽を確かめるべく、闘争委員が石川県共同闘争委員会と新聞社に飛んだ。やはり中止勧告は本当だった。しかし、県共闘委員会は、全闘からの指令があるまでスト態勢は解かないとした。これを受け、北鉄闘争本部は態度を決めかねた。事前に金沢駐在占領軍との確認があり、公共交通である電車・バスについて占領軍の命令ありしだい動かすことになっていたのだ。苦慮した結果、命令が本当である以上、スト突入はできないと判断し、午後七時、北鉄労組闘争委員長名で二・一スト中止の「声明書」を発した。

その三時間あまり後、ラジオで全官公庁共同闘争委員会の伊井弥四郎議長から「一歩退却、二歩前進」という涙の中止指令が流れたのである。

張り詰めていたものが一気に抜け、闘争本部には脱力感だけが残った。そこへ、他の労組や共産党員から「なぜ北鉄はスト中止の指令を出したのか」という抗議電話がかかる。むしゃくしゃしていた内山は、初めはおとなしく応対したが、しまいには怒鳴りつけ、相手と喧嘩するほどだった。

こうして占領期最大の労働者の決起は不発に終わったのだ。革命は幻となったのである。

後日、北鉄元委員長の沼崎清栄は二・一スト当時をふりかえり、こう述懐している。

「とくに中川君（後の委員長）、内山君あたりがその当時からノシ上がってきたというか、語弊があるんですがネ、そういう戦術といいますか、そうしたものをたててくれた。だからストライキの計画というものは二・一スト以来、以下同文でいけるようになった」

■私鉄総連中央へ引き抜かれる■

この沼崎清栄の委員長就任は、二・一スト中止後の一九四七（昭和二二）年三月一四日、渋谷委員長が公職追放令により委員長の座を追われたからである。ＧＨＱの占領政策の一環として出されたこの公職追放令は、公共性ある職務に国家主義者や軍国主義者など、特定の人が従事するのを禁止した措置で、この年の一月四日から各地の議員、公務員、財界、言論界の指導者など、全国で約二〇万人がその地位を追われた。渋谷委員長は戦時中、北鉄の産業報国会の長をしていたことで対象となり、委員長追放の命令が下ったのだった。

創設者の一人を失い、北鉄労組は組織体制の再編成を迫られていた。すでに組合は前年一一月の規約改正で、専門部を当初の三つから七つに増やしたほか、青年の自主的結集体であった「青年会」を正式に青年部として発足させていた。青年会の会長をバックに書記長に就任したばかりの内山は、「青年会会員諸君に」と題して、この発展的解消について次のように述べている。「若人の潑剌たる意気と熱との集まりである青年会が今まで歩んできた足跡を静かに顧みるとき、幾多の紆余《うよ》曲折《きょくせつ》はあったにしても、本来の目的を見失わずに進んできたことは会のために喜びにたえません。……けれども時代は我々を単に文化的方面にとどまらず、さらに政治的社会的分野にまで青年の明朗闊達《かったつ》な若々しい息吹《いぶき》を要求しております。我々はこの時代の要求に応えるべく、今こそ大同団結し、我々が労働組合と一体となり、我々の総意をもって組合を正しい方向に盛り立てて行かねばならぬと信じます」

こうして青年会は青年部へと改組され、青年部長には中川清が就任した。やがて組合創設時の指導者たち、渋谷外茂二、沼崎清栄、高野金蔵らは課長に昇進し、組合の第一線から退くことになる。かわって内山、中川ら若い世代が組合指導部を形成して世代交代が進むと同時に、執行委員の構成も事務職のホワイトカラーから現場出身者の比率が高くなっていった。

北鉄労組で徐々に頭角を現してきた内山に、私鉄総連委員長の藤田藤太郎が目をつけた。総連本部中執だった渋谷前委員長の後任人事に頭を痛めていた藤田は、若くてエネルギッシュな内山に白羽の矢を立てたのだ。

金沢に来訪したおり、藤田委員長は内山を呼んで、「ぜひ、君に本部に来てほしい」と口説いたのである。委員長じきじきの要請は光栄ではあったが、内山としては、北鉄労組の新体制がこれからという時期でもあり、個人的にも結婚したばかりで、ひとり東京へ赴任するというのはすぐに乗れる話ではなかった。それでも、「北鉄労組とのかけもちで月何回か金沢に帰ってきてもいいから」「東京に来れば労働関係の勉強がたくさんできる」という委員長の説得に、心を動かされた。こうして内山は、労働運動指導者として新天地で自分を磨くことを決意し、「ベンキョウ執行委員」として本部入りを承諾する。

一九四七（昭和二二）年八月に三重県宇治山田で開催された私鉄総連の第二回定期大会で、内山は本部執行委員に選出された。内山二五歳、駒沢大学進学から七年、二度目の上京は新妻一枝を金沢に残しての単身赴任となった。一枝は内山の熱意にほだされ、東京行きを承諾し、執行部の仲間たちも東京で一回り大きくなって帰ってこい、と激励してくれた。

東京の品川駅から坂を上り、一〇分ほどにある高輪の私鉄総連本部に、情報宣伝部担当の執行委員として着任した内山は、新米執行委員として一から実務を教えられ、徐々に本部業務になじんでいった。本部の寮に寝泊まりしながら、夜は中央労働学院の夜学に通い、労働法を勉強する日々を送る。労働組合法をはじめ労働基準法、労災保険法、失業保険法など七つの労働関係法規を学ぶとともに、ウェッブの『労働組合論』など外国の書物から、『日本資本主義発達史』『日本社会政策史』『資本主義論争史』などを読破していった。

駒沢大学時代は「社会主義」はもちろんのこと、「独占資本」などの用語も禁句で、黒く塗られたその箇所を鉛筆で埋めて回し読みした戦時中の体験を持っていた内山にとって、隔世の感があった。それらの書物を持っているだけで警察に連行された学友を知っていたからだ。おおっぴらにこれらの本を読むことができる民主主義の時代が到来したことを実感しながら、内山は貪るように本を読み、がむしゃらに知識を吸収していった。砂地に水が沁み入るように、活字が内山の頭の中に入っていった。

■世間を驚愕させたハンスト戦術■

おりから北鉄労組では、結成直後に会社と結んだ労働協約が労働者宣言的なものだったことから、新しい役立つ協約を締結しようという声があがっていた。

一九四七（昭和二二）年一二月四日の臨時大会で懸案だった加南労組との統一が実現し、北鉄労組は完全な一企業一組合として新たなスタートを切った時期でもあり、新体制発足に伴う新労働協約の制定が迫られていたのだ。私鉄総連の第二回大会でも、全国の私鉄・バス労働者の労働条件と諸権利を統一的に引き上げるための中央労働協約の締結と、傘下組合と各社の間で締結すべき労働協約の基準案を決定することが確認されていた。内山は東京で学んだ労働関係の知識を活かし、北鉄の労働協約の立案、審議の中心的役割を担うこととなった。

内山は新労働協約の立案に際し、他労組の協約内容を詳細に研究し、それぞれの長所を取り入れていった。まず、賃金関係は先の「電産型賃金方式」

を採用、解雇権の濫用《らんよう》を抑止するなどの人事約款条項は国鉄労働協約を参考にし、苦情処理手続きや政治活動の自由原則などの条項は東宝の労働協約を取り入れた。

この労働協約案は経営協議会で協議されたが、経営側は対案提出よりも組合案を承認する方向で話し合われ、一九四七（昭和二二）年一二月一日、改訂労働協約が締結された。私鉄総連の中央労働協約締結の五カ月前のことである。全体を通して、「協約なくして労働なし」という北鉄労組の労働協約重視の精神が随所に見られるこの協約は、各労組の折衷案的な内容ではあったが、当時、その水準の高さは私鉄総連傘下の労働組合から大いに注目された。

後に労働法学者の藤田若雄は北鉄の労働協約について、「法対部長の特殊専門統括事項となっている労働協約を、専門家のクモの巣理論から引きずり出して労働者のものにした」と、内山の功績を高く評価している。

本から得た理論を頭の中だけでこねくり回すのではなく、実際の労働現場に生かす術《すべ》を内山はすでに身につけていたといえよう。こうして東京と金沢を往復する中で、理論は試されて深化する一方、それを武器に現場の運動はますます鍛えられていったのだ。

買出し客の人いきれで蒸せ返る夜行列車は内山にとって走る書斎であった。行き帰りの車内で、先達《せんだつ》の著作を熟読してノートに書き写したり、北鉄労組の機関紙の原稿や協約案を執筆した。車窓に写る駅の灯をながめながら、時には北鉄での新たな戦術アイデアがひらめくこともあった。

北鉄の組合員は、内山がもたらす中央の労働戦線問題や政治関連などの最新情報を心待ちにしていた。内山が提起する新しい方針は組合全体に受け入れられた。一方の内山も、現場、地方で起こっている現実と組合員の心情を中央の方針に反映させる媒介役を務めていたのである。

中央での執行委員をしながら、半分は北鉄労組の書記長として闘争指導にあたる二股生活がしばらく続いた。

そんな中、一九四七（昭和二二）年の年末、金沢の人々をあっと言わせるハンスト事件が起こる。前年にひきつづき年末、北鉄労組は越年資金要求を会社につきつけていた。しかし、相変わらず会社側の姿勢は頑《かたく》なだった。一二月二〇日に組合は越年資金獲得臨時大会を東別院で開催する。ちょうど年末で金沢に戻っていた内山もこれに出席していた。組合員の要求は切実を極めていたが、ストライキはすぐ打てない。ここで、内山が思いついた戦術がハンガーストライキだったのだ。

それは、組合員全員ではなく、二〇人の全執行委員によるハンストである。内山はすでにこのハンストという戦術を文献で知っていた。

大会で内山が「要求貫徹のためにハンストをしよう」と提案すると、組合員は割れるような拍手で「異議なし」と叫び、ただちに決行することが決まった。大会会場の東別院から二〇人のハンスト隊が本社に移動し、その夜から清水社長室に座り込み、無期限のハンストに突入したのである。当時は、ハンストという言葉は世間にあまり知られておらず、突然出たハンスト宣言に、組合員からも「ハンストというのは半分（半日）のストライキのこと」と勘違いする者もいたくらいだった。後日、「ハンストが断食だとわかっていたら、させるんではなかった」と振り返る組合員もいた。

食糧不足の中、この断食ストは衝撃的だった。新聞にも大きく報道され、組合員だけでなく、近くの労働者、市民も兼六園前にある本社に見物（激励）に駆けつけた。

同日、組合は地労委へ調停申請するが、ハンスト突入に対して、石川県地労委は会長名で「ハンストなる戦術はフェアプレイではない」と組合に中止を勧告してきた。一方、元委員長経験者の部課長たちでつくる「くるみクラブ」は、「人道上の問題でこのまま看過できない」と、清水社長宅を訪れて早期解決を要請した。

こうした騒然とした雰囲気の中、ハンストは二日目に突入。組合員は実行者の生死を心配するようになる。そうでなくてもやせ細っていた従業員の体を心配し、社長もついに折れた。「数字は言えないが、ハンストは中止してもらいたい。明日の交渉には栄養補給して元気な顔でのぞんでもらいたい」と言明し、元委員長はその伝言をハンスト隊に報告した。

「要求はギリギリいくらなのか」と尋ねる元委員長に、内山は即座に「越冬資金の原資は五〇〇万円」と答える。この伝言を受けた社長は、「越冬資金として五〇〇万円貸し付ける。賃金スライドとは別個に能率給を改正する。ハンストごとき交渉方法は今後絶対にやらぬこと」と回答してきた。

組合の要求は正確にいえば四八〇万円、ハンスト戦術により満額回答を上回る内容を獲得したのだった。

三日目、一二月二二日、ハンストは突入五〇時間で中止された。内山の発案によるハンストがかちとった大勝利だった。情にもろいという清水社長の性格を十分に見抜いた内山のゲリラ戦術が、ものの見事に当たったのである。

■左右対立の中で■

一九四七（昭和二二）年五月末、初めての社会党首班となる片山哲連立内閣が誕生する。しかし、連立ゆえの政権基盤の脆弱さのうえに、社会党内の左右対立が表面化してわずか八カ月の短命内閣で終わることとなる。

二・一スト後、社会党首班内閣に期待して、一時鳴りをひそめていた労働運動だったが、片山内閣が賃金を抑えようとする姿勢を見せ始めたことから、七月から八月にかけて民間組合は危機突破資金と賃上げを要求して各地で闘争を開始した。一方、全逓など産別会議傘下の労働組合は、共産党の指導の

全労連の結成と解散…◇

二・一スト後、全労連（全国労働組合連絡協議会）が結成された。三月のことである。「戦線統一をめざす、強力広汎な共同闘争の展開が何より必要である。これがなしとげられることが、一切の問題の解決の鍵であると信じる」との声明が発せられた。

二・一ストを築きあげた日本の労働者の力量を結集し、全労連のもとにその力を発揮させようとしたのだ。しかし、情勢はトルーマン米大統領の〝封込め政

もとに地方権力奪取に向けた政治闘争と労働運動を結ぶ地域人民闘争に入っていった。しかし、産別会議内では組織運営を無視した共産党の政治的ひきまわしに反発する単産から批判が出始め、いわゆる民主化運動（民同運動）が台頭してくる。「自由にして民主的な労働運動」を合言葉に、一九四七（昭和二二）年一一月に結成された「国鉄反共連盟」（後の国鉄民主化同盟）につづいて、翌年には産別民主化同盟（四九年一二月に産別会議を脱退して新産別を結成）が発足し、いわゆる民同派の運動がひろがっていった。

私鉄総連は一九四八（昭和二三）年五月一八日から、賃金スライド要求で初めての統一ストライキを決行した。破滅的なインフレ進行の前には、たびたびの危機突破資金や給料前払いも焼け石に水であり、組合としては物価の上昇に応じて賃金が上がる「賃金スライドアップ」を求めることにしたのだ。

北鉄労組も一九日の第二波ストライキに、賃金スライドを求めて他の一四組合とともに突入している。スト態勢の確立に向け、北鉄労組は「賃金スライドアップ闘争戦術要綱」を取りまとめて組合員に周知した。ストの形態、宣伝活動方針、非常事態に対する幹部補充計画、防衛隊の編成、組合員の出退勤、食事・宿泊手配、救急措置、スト決行時の通信連絡方法、連合軍（GHQ）・友誼団体に対する措置、スト解除後の措置、闘争組織などを具体的に定めたものだった。先の二・一ストの際に作成したものをさらに詳細にしたこの要綱は、内山ら将校経験者が、旧日本軍の作戦要務令をもとに練り上

策〟となり、マーシャル・プランとなって西ヨーロッパをアメリカに取り込み、日本は反共の防壁と位置づけられていく。一方、労働側は時の片山哲内閣をめぐり、支持・静観・打倒に分かれ、分裂していくのである。

国際的な労働組織・世界労連をめぐる態度の違いもあり、全労連は、こうして結成の当初から、思想と指導の不統一を内包していた。やがて産別会議が全労連を引き回すことによって、産別会議自体も孤立していく。

片山政権下、労働争議も激発していく。東洋時計、日立、日電、日本無線、日本タイプ、東芝労連、川崎重工葺合工場、東宝争議が引き続いて勃発する。そして一九四八年二月一〇日、史上はじめて社会党首班として成立した片山内閣はわずか八カ月で倒壊した。

続く芦田均内閣も長続きしなかった（約七カ月）。政府は四八年七月三一日、マッカーサーの指令による政令二〇一号を発し、公務員のストライキ権、団体交渉権を奪った。国鉄、全逓などは非常事態宣言を発して〝暴圧〟と闘うことを鮮

げたものだった。

スト当日、組合員はこの要綱に基づいて整然とストに突入し、午後七時すぎの中央からの中止指令後、全員が冷静沈着に職場に復帰した。

北鉄労組尾崎四郎闘争委員長は初の全社ストの翌日、「中央の指令によって闘争本部の指導のもとに組合員一人ひとりが真に労働者の自覚と責任に燃え、闘争規律を厳守し、整然円滑一糸乱れぬ態勢にてストに突入し、また中央のスト中止の指令に接しても、乱れることなく事故一つ生ぜず平常運転に復帰したことは組合員各位の冷静沈着にして真に労働者責任を自覚した姿であることを信じて誠に感激のほかありません」と、組合員に感謝の辞を述べている。

このストライキの成功を受けて、北鉄労組は六月七日に会社との間で四月～六月期賃金について仮協定書を締結、以降三カ月ごとに賃金について協議することを確認した。

■私鉄総連副委員長に■

民同運動の動きは私鉄総連内にも波及し、一九四八（昭和二三）年八月、四国琴平町で開催された第三回定期大会では、情勢分析や賃金要求をめぐって民主化同盟派と反民主化同盟派との間で激しい論戦がたたかわされた。大

明にした。

国鉄松山機関区は「政令違反」理由解雇の三名を守って一八〇日の無期限スト（三〇〇名の武装警官で鎮圧）。国鉄旭川支部の闘いは〝死の抗議〟にまで発展。国鉄当局の発表では、逮捕状を受けた者一四八九名、検束者五八四名、免職一〇〇二名、減給者三二〇名、列車運休四〇四六本となっている。

公務員のスト権剥奪は、対日理事会でソ連代表からポツダム宣言違反として訴えられ、その廃棄が勧告されている。しかし、総同盟はじめ多くの「民同組合」は、「占領下日本の冷厳なる事実をみよ」と繰り返すのみで、大衆的抗議運動を起こそうとはしなかった。大衆討議にさえ、付そうとはしなかったのである。

一九四九年五月二八日、電産第四四回年次大会が開かれた。東北、九州から〝産別会議脱退〟が提議された。五時間にわたる激論が交わされた。脱退は二六七対三〇三の僅差で否決された。このときから、電産は組織分裂に向かっていたのだ。

産別会議はそのころ、拡大執行委員会で「経営権力に対する職場闘争に出発し

会では、七月〜九月賃金闘争方針案について、輸送復興を第一義としつつも、国民消費生活水準一九四七カロリーに実態生活費を加味した現実主義的なA案と、地域闘争に基礎を置きながら、理論生計費二四〇〇カロリーをもとに要求額を算出したB案をめぐる論争が、左右両派の間で最も火花を散らした。この要求案については、北鉄労組内部でも二度にわたる臨時大会を開いて、ようやくB案の理論生計費でいくことを決めたほど論議を呼んだものだった。

採決の結果、A案二七八票、B案一一五票で消費生活水準に基づく要求額とすることに決定したものの、左右の対立は役員選挙に持ち込まれ、無投票の委員長を除く三役人事が競争選挙となった。藤田藤太郎委員長は副委員長に内山、書記長に中部地連の大倉万磨を推薦、関東地連の後藤甲吉、九州地連の千住勇次との対立選挙となる。開票の結果、副委員長は内山二三四票、後藤一五九票、書記長は大倉二二一票、千住一五九票となり、内山は副委員長に選出されたのである。

大会の模様を北鉄労組機関紙「北鉄労働」（一九四八年九月二〇日）は、この開票結果を報じた後、「副委員長に当組合副委員長の内山光雄氏、書記長に名古屋鉄道の大倉万磨氏が当選、三役はすべて右派の手に握られることになった」と記している。

当時、客観的には内山は藤田委員長の秘蔵っ子として共産党系代議員からは民同派の若手右派の顔として見られていたのだろう。内山自身も、東京の

て、地方権力への地域闘争に発展させ、広汎な共同闘争によって……孤立化した中央権力に迫り、吉田内閣を一挙に打倒する」ことを決めていた。徳田球一書記長らの共産党政局判断が、そのまま産別会議傘下の労働組合に持ち込まれていたといってよい。いうならば、「地域人民闘争」への方向である。

七月四日、国鉄第一次三万七〇〇〇人の馘首《かくしゅ》を当局が発表。同月五日下山事件、一三日国鉄第二次六万二〇〇〇人の首切り、一五日三鷹事件、一八日国鉄共産党系中央闘争委員一七人の首切り、と続くのである。

全逓は九月一二日、上諏訪で中央委員会を開く。共産派と民同派の対立は、この上諏訪中央委員会が決定づけたとみられる中央委員会であった。翌一三日の最終日、民同派の闘将・宝樹文彦委員（のちに再建派全逓の委員長）が熱弁をふるった。「全逓発足以来、組合は共産党員諸君によって育まれてきた」と熱弁は始まる。しかし事ここにいたっては「全逓は共産党の諸君を切るべき段階にきた。……われわれは、全逓四十万の幸福と平

私鉄総連書記局に一年余りいて、共産党系役職員の目に余る公私混同に辟易《へきえき》することがしばしばあった。共産党フラク（党員組織）の文書を、組合の紙と印刷機で堂々と刷るなど、我が物顔で書記局を利用する一部党員の言動には腹に据えかねるところがあったのだ。当時、共産党が展開した「伝動ベルト理論」（党が労働組合を一体の両輪のように動かす）の悪弊が、私鉄総連内部にも浸食してきたと内山は警戒感を深めていた矢先の大会での対立劇だった。

　はからずも私鉄総連の三役に就任した内山は、金沢から妻一枝を呼び寄せて一緒に暮らすこととなる。世田谷深沢の駒沢大学近くの小さな借家での新生活が始まった。駒沢大学の小沢教授が大家で、その敷地内に建てられた借家は、トタン屋根で雨漏りのする平屋だった。家財道具など何一つなく、ミカン箱をちゃぶ台代わりにして、配給される小麦粉をためてコッペパンやうどんと交換する慣れない土地でのひもじい生活だったが、一枝は、やっとスタートした二人きりの新婚生活に満足していた。内山は「いずれすぐ金沢に帰るんだから」と、満足な家財道具は揃えなかった。北鉄労組の同僚が訪ねて来たので、狭い部屋に泊めたところ、翌朝、「こんな所二度と来るか」と言って帰っていったこともあった。

「馬の足みたいなものだった」と自嘲する一年目の教宣担当の執行委員時代と違い、本部三役となった内山は多忙を極めた。私鉄総連大会で決定した

和を願うがゆえに、……もう諸君とは話し合うことはなくなった。再建同盟は退場する」と。古い全逓は崩れ去ったのだ。

　共産党―産別会議―全労連と結んできた極左勢力への反撃は、「国際自由労連への参加を通じ、民主的労働組合の国際的統一戦線へ直接日本の労働運動が結びつくという途が開かれたことが、我々の戦いを有利に導くために大きな要因となったことも事実である」ということとなり、日本の労働運動は総評の結成へと進んでいくのである。

　ここで国際労働戦線についてふれておく。一九四五年結成の世界労連（ＷＦＴＵ）は、アメリカの欧州復興計画＝「マーシャル・プラン」をめぐり、「英米労組とソ連労組とに分裂、英米労組は国際自由労連（ＩＣＦＴＵ）を結成する（一一月）。

　さて、この年秋の年次大会では、かくして総同盟、国鉄、日教組、日労会議、全鉱、海員、新産別、炭労が国際自由労連の加盟を可決、炭労、私鉄、全鉱、全印刷庁、国鉄、日教組、海員、電線、全日通、全通従組、都労連などが全労連を

「七〜九月賃金闘争」に全力をあげて取り組んだのだった。私鉄経営陣との交渉は不調に終わり、私鉄総連は一〇月八日中労委に調停を申請、スト準備に取り掛かる。その間に北鉄にも足を運び、一一月の北鉄労組臨時大会では再び副委員長に選出される。

一一月三〇日付の「北鉄労働」には、「新役員のプロフィール」として内山光雄の横顔をこう紹介している。

「組合の大黒柱として組合員が崇拝しているのは、氏の理論の正しさと全く私心のない人格であろう。考えがまとまらなければ、徹夜してまでも結論を出し、見通しがつかなければ発言しないほど真剣であるだけに考えが深い。しかし、氏はインテリ出身であることに人知れない悩みを抱いているので、いかにしていわゆる労働者になるかについて相当苦心していることは否めない。自称して、右往左往派であるという氏の理論は常に一貫性があり、我らの組合運動に重要なる方向を与え、報いられることを期待しない階級闘争の指導者としての今後の活躍が大いに望まれている」

この年の七月三一日、「政令二〇一号」によって国家・地方公務員の団交権とスト権を否認させたGHQは、一二月二〇日に賃上げ闘争中の電産、炭労、全石炭、海員組合、全繊同盟と私鉄総連の代表を呼んで、ヘプラー労働課長が「ただちに闘争を中止せよ。もしストをするなら君たちもスト権を失うおそれがある」と警告した。

脱退していく。全労連は産別会議とその直系のほか、全造船、全銀連ほか四、五組合を残す、一〇〇万にも足らぬ組織となってしまったのだ。

全労連は朝鮮戦争勃発後の一九五〇年八月三〇日、団体等規正令によって解散を命ぜられ、主要幹部は追放処分された。

これに連動して中労委は私鉄労使に調停案を示したが、双方とも拒否、対立のままスト前夜を迎えた。一二月二一日午後五時、副委員長の内山は藤田委員長とともにGHQに呼ばれ、労働課のエーミスと会談した。

エーミス　ただちに交渉に入ってもらいたい。私は自分の立場から干渉することができるがそれをやらない。直接交渉によって解決してもらいたいと思う。二四時までに何等かの結論を出すことをのぞむ。これは私の最後的意見である。二四時までに妥結点に至らない時はスト中止の指令を出せ。そして一週間延ばしてこの間に交渉を継続して何とか妥結してもらいたい。このことをラジオを通じて放送せよ。

藤田・内山　それは命令か。

エーミス　マッカーサー書簡を読めばそんな質問は出ないだろう。日本の将来についての私の意のあるところを汲んでただちに交渉に入ってもらいたい。

藤田・内山　ラジオ放送について援助されたい。

エーミス　必要があれば深夜でも、いつでもやれるよう手配する。このことについても組合員諸君に伝えてもらいたい。私は一二時まで寝ずに待っている。いつでもホテルにいるから結果を知らせてもらいたい。（私鉄中闘作成マル秘B文書「藤田藤太郎・内山光雄と労働課エーミス氏との会談要旨」より）

このＧＨＱの強硬姿勢を受けて、私鉄中闘は一七対七で調停案受諾を決定して数時間後に迫ったストの中止を全国に指令したのだった。

初めて対峙したＧＨＱの幹部、その居丈高な態度に組合としては屈せざるを得なかったが、目の当たりにした内山の心中には、リベンジ（報復）の思いが湧いていたのだった。

「右往左往派」を自称していると書かれた内山だが、実際一九四九（昭和二四）年三月、「組合の自主性と民主的運営を守り、これを破壊するすべての勢力に対してたたかう」ことを目的に結成された「私鉄自主性擁護同盟」には加わらず、同年六月に開かれた私鉄総連第五回大会では、右派の主張する共産党色が強い全労連からの私鉄総連脱退方針に真っ向から反対する演説を行うのである。

一見、左右にぶれているように写るかもしれないが、北鉄新聞のプロフィールで「理論は常に一貫性があり」と評されていたように、内山は一言でいえば労働組合主義、「組合活動と政党活動との区別を明確にすることこそが労働戦線分裂を防ぎ統一を可能ならしめる」という、私鉄総連第三回大会での基本三大原則を一貫して守っていたのだ。この第五回大会で、私鉄総連は全労連からの脱退を再採決のすえ僅差（賛成一五三票、反対一四二票）で決定するが、対立となった書記長選挙で内山は一六二票を獲得（対立候補一三四票）、新書記長に選出されることになった。

第4章　レッドパージ

■総評の結成■

一九四八（昭和二三）年から一九四九（昭和二四）年にかけて、アメリカは日本経済立て直しのための「経済安定九原則」を指示し、この遂行のため、アメリカから来日したドッジ公使がこれに基づいた「ドッジライン」を策定した。超均衡型の予算編成を行い、一九四九年四月に一ドル＝三六〇円の為替レートを実施する。しかし、この「ドッジライン」によってインフレは収束に向かったものの、予算削減による国家需要の減退で深刻なデフレ不況が発生した。

全産業にわたって企業整備、人員整理が行われ、公務員には定員法に基づく大量の人員整理、民間企業でも指名解雇による事実上のレッドパージが吹き荒れた。労働省調査によれば、一九四九年二月から一二月までの間に、民間では四三万五四六六人、官庁では七万一五九三人の、計五〇万七〇五九人が人員整理されたとしているが、四九年の一年間に、少なくとも一〇〇万人

総評の結成とニワトリからアヒルへ…◇

〈総同盟は、一九四八年一月十五日の中央委員会において、「労働組合民主化運動を促進する」ことを決議した。その翌月十三日、産別会議の中で苦杯をなめていた細谷松太（九〇年八月没）らが、産別民主化同盟を旗揚げした。われわれは、国鉄反共連盟と結んで、全国労働組合議準備会を組織した。しかし、職場大衆の側からはいっこうに歓迎されなかった。それは、理屈は色々あるにしても、分裂主義だという直感があったためであろう。総司令部との関連の臭いがしたのもたしかであろう。総同盟がキモ入り役をつとめているのは、なおさらいけなかったのかも知れない。〉

引きつづいて高野実（第二代総評事務局長。七四年九月没）の、総評（日本労働組合総評議会）結成に至る経過を聞いていく。＊

〈一九四九年夏頃から、総司令部労働課は反共労働戦線の統一にのりだした。……いわゆるレッド・パージの強行のあ

前後が整理されたとする説もあるくらい大規模なものだった。

　一九四九年四月に、政府はＧＨＱの指示に基づいて労働組合法と労働関係調整法の改正案を国会に上程したが、産別会議はこれを改悪だとして「死力をつくして闘う」との声明を出し、全官公は行政整理に対して非常時宣言を行うなど、反対行動を強めていた。五月三〇日、東京では都公安条例案に反対する行動中、東交青年部の活動家が死亡する事件が発生（五・三〇事件）、六月九日には国鉄の人民管理を宣言して国労組合員による「人民電車」が走行（六・九闘争）するなど各地で労働者による激しい闘争が起こり、警察官との衝突にまで発展した。

　そんな中、下山、三鷹、松川事件が相次いで起こるのである。事件の真相はいまだ明らかではないが当時、政府・マスコミによる「共産党の陰謀」という宣伝が流され、労働運動内部での共産党の影響力は急速に低下していくことになる。

　これにかわって民同派が台頭する。一九五〇（昭和二五）年はじめには、一時五〇〇万人を擁していた全労連は二〇〇万人前後に、一六八万人が結集していた産別会議は七六万人にまで減少していた。一方、世界五六カ国六六〇〇万人の労働者を組織していた世界労連も、東西冷戦のあおりによる内部対立で、反共主義と労使協調をかかげる国際自由労連が、一九四九（昭和二四）年一一月に新たに結成されていた。ＧＨＱのエーミスはロンドンで開か

と、総司令部労働課から国際自由労連に日本代表を送る積極的な提議をうけた。どういう順序で、加藤閲男（国鉄）、原口幸隆（全鉱）、荒木正三郎（日教組）、武藤武雄（炭労）らを送ることにしたかは全く知らない。……結局、滝田実（全繊同盟）が加わって、この五名が、エーミス労働課長つきそいで、ロンドンに出発した。〉
　高野は、ＧＨＱの関与を具体的に述べていく。労働課の一室に、石炭、鉄鋼、港湾などと資本家団体代表を集め、隣室にそれぞれの単産代表者を呼び出しておいて、統一労働協約の締結を働きかけたり、主要組合の全国オルグを労働課がしたともいう。実例として、三菱造船に出張して臨時大会を開かせ、造船労働者の全国的な統一、新造船労働連合を結集せよ、と指導したと。総評結成への地均《じなら》しをし、布石を着々と打っていったのだ。
〈……私鉄総連を世話役とする「戦線統一懇談会」が、総同盟第四回大会（一九四九・一一・三）の終了をまってひらかれた。そこでは、われわれの全労会議を解消して統一懇談会に合流することが承

れた結成大会に国労の加藤閲男、全繊の滝田実ら五人の民同幹部を日本から連れていったのだった。

この国際自由労連結成に先立つ一一月一日、新たな労働戦線統一の母体としての「民主的労働組合の統一懇談会」がもたれている。これを提唱したのは私鉄総連であった。「産別民同と総同盟左派が相談して私鉄総連書記局の津脇喜代男に『私鉄が提唱した方がいいだろう』と持ちかけ」てこの懇談会が発足したという（師岡武男・仲衛監修『証言構成　戦後労働運動史』）。懇談会は一一月二一日の会合で「全国労働組合統一準備会」を発足させた。この準備会では、国際自由労連加盟を指向するという意見が強かったが、私鉄から参加した内山は、全逓の宝樹文彦、新産別の細谷松太とともに国際自由労連加盟を前提とはしないよう主張した。

このころ来日したアメリカ国務省極東労働顧問のサリバンは、各組合の代表と再三会合をもち、「我々は長くは待てないのだ。日本での一大中央組織の結成は急を要すのだ」と、「総評結成」の緊急性を説いてまわった。彼の目的は、日本の労働戦線統一を、台頭してきた社会主義国に対抗する武器として利用したいというものだった。

一九五〇（昭和二五）年三月一一日、神田教育会館で日本労働組合総評議会（総評）結成準備大会がひらかれ、一七単産四〇〇万人を代表する二〇〇人が参加した。大会では呼びかけ組合として私鉄総連肥田副委員長が経過報

認され、一九五〇年三月をめざす日本労働組合総評議会（総評）の結成へとすすんだ。……

朝鮮戦争が勃発した直後、一九五〇年七月十一、十二両日、東交会館において、総評創立大会がひらかれ、……議長には武藤武雄、事務局長には島上善五郎が当選した。〉

総評が紆余曲折《うよきょくせつ》して結成に至った経過が述べられている。いずれにせよ、GHQの肝煎《きもいり》は明白である。総評は、反共労働戦線の結成であったのだ。それが〝ニワトリからアヒルへ〟と変身を遂げる。契機は総評の第二回大会である。

一九五一年一月一九日に開かれた社会党の年次大会は、平和三原則（全面講和、中立堅持、軍事基地反対）と再軍備反対を大激論の末に決める。左右は激しく対立した。講和をめぐって、論争は白熱化したのである。

総評第二回大会を前に、労働界も激震する。日教組、国鉄、全逓などは「平和三原則」の確認を総評執行部に迫り、海員、全繊、日鉱などは単独講和やむなし、自衛権の軍備ならやむなしと譲らなかっ

告を行っている。

　そして七月一一日、総評が結成されるのだが、準備大会に参加した私鉄総連はこの総評結成大会には参加していない。結成大会の一週間前に大分県別府市で開かれた私鉄総連第六回定期大会で、総評加盟が保留となったからである。内山はこの大会で中央を去り、再び北鉄労組に里帰りすることになる。

■北鉄に里帰り■

　北鉄の組合員は内山の復帰を切望していた。会社側に押されぎみの組合運動の停滞状況を打破するため、組合員の間から内山の強力な指導力を求める声が自然と出始めていたのだ。

　一九四九（昭和二四）年三月に清水社長にかわって新社長に就任した井村徳二（大和デパート社長）は、自動車路線の拡張を行うと同時に、会社機構の改革、合理化に着手した。おりから交通産業は鉄道重点から自動車・バス輸送への転換期にさしかかっており、井村社長は「自動車時代の到来だ」を口ぐせに、社内整備を急ピッチで行った。その一環として、労務管理を強め、同年九月に実施した北鉄労組の三役選挙の際には、職制の一部が投票に干渉する不当労働行為事件まで起こしていた。さらに、一九五〇年四月に元国鉄官僚の北敏を専務に迎え入れたほか、労務担当重役として旧満州国副県長の

た。新運動方針は、大会前に至るも、本部提出議案を決定するに至らなかった。

　混乱のなか、総評第二回年次大会は三月一〇～一二日に開かれた。

　大会は三つの原案を、ナマのままで討論に委《ゆだ》ねた。高野は以下のように整理する。

〈A案（原案）われわれは非武装平和憲法の主旨に則り、再軍備に反対し、中立堅持、軍事基地提供反対、全面講和の実現を期して日本の平和を守り独立を達成するために闘う。

　B案（新産別）われわれは全面講和、中立堅持、軍事基地反対を日本労働者階級の立場とみなし、平和と独立を貫くために再軍備に反対して闘う。

　C案（総同盟刷新派―日鉱）われわれは、全面講和の締結を促進し、自由と平和の保障とすみやかな独立達成のために闘う。

　これら三案は採択の結果A案八六、B案一〇八、C案二七で、何れも三分の二に達せず、全逓修正案が別途提出され、「われわれは再軍備に反対し、中立堅持、軍事基地反対、全面講和の実現により、

竹下佐一郎、労務課長に関西経営者協会の天野三郎を雇い入れて本格的な労組対策を始めようとしていたのだ。

会社の機構改革という名の合理化攻勢に、組合も特別委員会を設けて組織強化に乗り出した。職場の実態調査に取り組む一方「輸送復興対策を進める経営協議会」、職場運営委員会を活用して経営の民主化をめざすことにした。この職場運営委員会は、自主組織である「職場常会」で出される職場の声を吸い上げることを目的につくられ、この活動の経験と蓄積は、のちの職場闘争の組織化への道につながるものとなった。

職場常会では、井村社長が推し進める機構改革によるさまざまな労働協約違反の事実が噴出した。定員削減による労働強化、賃金差別の実態も浮き彫りにされた。なし崩し的に後退する労働条件を改善させるためには労働協約の改訂が急務であると、内山は金沢との行き帰りの列車に揺られながら、協約の改訂内容を思索した。また、組合規約の改訂も検討した。こうして大会に提案した規約改正には、「組合は北陸鉄道株式会社の従業員および組合の認めた者をもって組織する」という新たな一文が加わった。主として馘首《かくしゅ》による退職者を想定してのこの条項は、のちのレッドパージ闘争で生きてくるのである。

だが、井村社長は攻勢の手をゆるめず、配転や賃金配分で組合員間に分断を持ち込もうとしていた。こうした現状について、内山自身も遠く離れた東

日本の平和をまもり、独立達成のために闘う」（いわゆる平和四原則）が二〇二票を得てきまった。この間、A案は民間労組、B案は官公労がそれぞれ圧倒的に支持していたが、……新産別、日教組、国鉄、全逓がその結束ぶりを示し、これに対し炭労、全鉱、海員が対決を求めていた。島上事務局長らは、これら二つの勢力の調整と統一行動をはかるよう努めた。

国際自由労連への一括加入に固執して炭労、全鉱、海員、全繊、日鉱らと正面きって論争したのは新産別であった。新産別の落合書記長は、「再軍備に賛成するものは資本家の手先きだ」と脱線したため、会場は大混乱をみた。その結果、国際自由労連については、「総評第二回大会の名をもって未加盟組合にたいし国際自由労連に加盟促進を決議する」の国鉄案について賛否を問うたが、これも三分の二に達せずA案B案とともに、何れも廃案となった。この間、炭労、海員、全鉱の三組合は代議員を引揚げて協議するなど重大段階におちいったが、結局、総評は基本方針などに国際自由労連（加

京で常日頃耳にし、「実家」北鉄労組の立て直しをしなければと考えるようになっていた。中央では労働戦線統一をめぐって相変わらず不毛とも思えるような感情的な左右の論争が続き、その調整役として緊張する日々を送っていた内山にとって、再び北鉄の気心の知れた仲間とともに現場の運動をしたいという復帰願望は密かにあったのだ。

そんなおり、一九五〇（昭和二五）年五月の北鉄労組の役員選挙に、委員長として立候補してほしいと懇願されたのだ。「戻ってほしい」という組合員のラブコールは正直うれしいものの、私鉄総連の書記長という要職にありながら、それを「途中下車」して戻ることは許されない。「金沢へ戻る意思はない」と断ったところ、同じ時期、今度は会社が使者をたてて内山に接触してきたのだ。会ってみると、何と現金を包んで「戻ってきたら課長として迎える」とぬけぬけと言うではないか。北鉄労組の懐柔に内山を利用しようというのだった。

「俺も見くびられたものだな」と思いながら即座に一蹴、金もつき返した。

これが、内山を翻意《ほんい》させた。「北鉄労組委員長となって徹底して会社と闘う」と、組合員からの要請を受け入れることにしたのである。

その二カ月後、別府市で開かれた私鉄総連第六回定期大会では、共産党の組合支配排除をかかげて、国際自由労連加盟を打ち出した民同系組合の大同団結を指向する総評を、どう評価するかで激しい論戦が展開された。採決に

入）をかかげているが、単産の自主性を確保することになった。

かくて、議長武藤武雄（炭労）、副議長今村彰（日教組）、原口幸隆（全鉱）、藤田藤太郎（私鉄）、事務局長高野実（全国金属）らの役員を選出しておわった。〉

以降、総評は「平和四原則」を闘うにおいて変貌を遂げ、日本の労働運動のみならず、社会運動の前面に躍りだしていくのである。高野総評の船出である。なお、高野の言に出てくる日鉱とは、炭労から分裂した総同盟系の日本鉱山労働組合同盟（のちの全炭鉱）のことである。

先立って賛否両論の代表演説が行われ、書記長の内山光雄は加入反対の立場から意見を述べた。

「私鉄は運動方針の基調さえ一致できれば、最大公約数での統一を行ってきた。総評はイデオロギーの統一を求めている。これではあらゆる組合をイデオロギーで左右に二分することになる。搾取者のいない貧しさより、搾取階級のいる豊かさがいいというのは社会主義（社会）実現の自信のないことを示し、資本主義（社会）万歳を唱えるものだ。政治・経済、あらゆる面で自主性を失った日本の現状をなんとみるか。これを救う道が中国との提携であるのに、反共を叫んでは（日本の）復興はできない。祖国の重大な危機にたって、われわれは過去の汚辱と過ちを二度と繰り返さないために、総評には絶対に加盟すべきではない」

自らの戦争体験をふまえ、大会直前の六月二五日に勃発した朝鮮戦争という緊迫した情勢を受けて、再軍備化への道を歩み出した日本の現状への危機感を必死の思いで代議員に訴えたのである。

しかし内山の思いは届かず、採決は賛否いずれも過半数に達しなかったために、総評加入は保留扱いとなった。この演説を最後に内山は私鉄総連書記長を辞し、三年ぶりに北鉄労組に戻ることとなる。

はじめは好奇心もあり、「勉強」のつもりで飛び込んだ私鉄総連中央だったが、あれよあれよというまに副委員長、書記長にまで押し上げられてしまった。しかし、若手で中立、弁がたつというだけでは所詮無理があった。部内の激しい左右対立の矢面に立たされただけでなく、他単産の猛者たちの政治的かけひきは、まさに「初年兵」の内山にとって魑魅魍魎《ちみもうりょう》の世界といえるものだった。本から吸収した知識や理論だけでは、とても太刀打ちできない。内山は自身の労働運動の経験不足を痛感せざるをえなかった。だが、戦後の激動期、きら星のごとく現れた戦後日本の労働運動創始者たちの個性的な素顔とすぐれた指導力にふれることができたことは、その後の内山に貴重な財産となった。

■労働協約で画期的なスト■

初めて委員長として復帰した北鉄労組で、内山がまず取り組んだことは、労働協約改訂闘争であった。一九五〇（昭和二五）年六月一三日、組合は労働協約改訂について会社側に団交を申し入れて交渉を行った結果、六月三〇日に会社案が提示された。そのあまりにひどい内容は、井村新体制の攻勢に沈黙していた組合員の怒りに火をつけた。

「賃金は日給時間制、休暇の振替えは会社の自由、女子の産前産後休暇は却下、有給休暇は削減、病休は無賃金、首切り・異動も会社の自由、経営への組合の参加拒否、組合活動は会社の許可制、政治活動は一切禁止」というこの協約改訂案の中身を組合は組合員に訴えた。さっそく会社案と組合案の争点と問題点を明らかにした文書を作成し、これをもとに全職場で改訂案の問題点について組合員オルグを開始した。

七月一九日以降行われた連日の団交でも埒《らち》があかず、組合は七月二八日、地労委に「解雇、異動、採用の場合の取扱い」「組合を除名させられた者の取扱い」「従業員の雇用条件に重大な影響を及ぼす経営上の事項」「日給制と月給制の問題」の四項目にしぼって、意見不一致として提訴した。

内山は機関紙「北鉄労働」で、「職場闘争はこうして闘え」と題してこう訴えた。

「職場闘争は、まず順法闘争から始められるべきである。どんな立派な協約ができて、紙の上でどんな約束をしても、そのまま職場で完全に実施されるとは言えない。……我々の労働協約でも会社ができるだけ都合のよいようにしたいと週休も与えず、賃金も協約通りに払わないで、組合員の知らないことをよいことにして適当にやっている。職場の委員は委員会や大会の決定を組合員に伝えるだけでなく、こういったことを監視し、どんどん職場長に提示して（要求を）組織しなければならない」

地労委の調停作業の中で、ユニオン・ショップ（採用後の組合加入を前提とし、除名など組合員資格をなくしたら解雇となる）と解雇事前協議制に問題が絞られたが、会社側は人事権、経営権を主張して、無協約状態も辞さずという強硬姿勢を崩さなかった。八月二二日、地労委から調停案が提示されたが、その内容は焦点となった解雇の事前協議制について、従来の「従業員の解雇はすべて組合の同意を得て行わなければならない」協約を、組合の同意なしでも解雇できるという会社側寄りのものだった。

内山はここに及んで、譲れないものがある、と腹を決める。

さっそく「最後の一線を守るために」と全組合員にアピールを発し、「八月三一日までに新協約ができない時は、全員職場を放棄する態勢を整えよ」と具体的行動を指示、「今日の情勢はテーブル一つ叩いて賃金引上げの通った時とはまるで異なる。全員が執行部を信頼し、一致して行動するところにこそ要求の貫徹は期し得られる」と訴えた。

いよいよ、北専務が陣頭指揮をとる会社側と内山新委員長が檄《げき》を発する北鉄労組との一騎打ちが始まったのだ。局面は組合結成以来、かつてない労使激突へと向かった。

会社側も北専務の指揮のもと、新聞紙上やチラシで労組批判を展開する。内山は、根拠のない会社の主張について具体的に批判してそれらの虚偽を暴露していった。物量による宣伝戦で優位に立とうとする会社側に対し、内山は家族の動揺を見越して、今の協約闘争の意義と争点をわかりやすく書いたチラシを作成し、組合員家族に配布する活動も忘れなかった。さらに内山は、会社が社外へ向けても意図的に組合の悪宣伝を行って孤立化させようという戦略を見抜き、地域にも積極的に打って出た。おりから首切り反対闘争を展開していた市内の電気冶金労組と連携をとり、北鉄労組が世話組合となって「馘首《かくしゅ》反対、協約締結共同闘争委員会」を結成する。共闘委員会には国鉄労組、全日通、全逓、電産、放送、大同工業、北陸通運、総同盟など地域の労組が幅広く結集し、「共闘ニュース」を発行して情報交換と激励を行い、経営側の争議孤立化に対抗した。

八月二八日に開催した臨時大会で、調停案への諾否を組合員全員投票で問うた結果、拒否一七三四票、受諾三〇票の圧倒的大差で調停案拒否を確認、スト決行方針も一八〇一票で決定する。

事態を重く見た占領軍は八月二九日、東海北陸民事部・ウォーカーが内山を呼び出した。単身乗り込んだ民事部で、内山は部屋に案内されて出されたお茶を飲みながら、通訳をはさんでウォーカーと話し合うこととなった。ウォーカーは「調停案の正当性」「会社人事権の正当性」「ストの不当性」について露骨に干渉する発言を行い、さらにはレッドパージまで匂わせる恫喝《どうかつ》を行ってきた。二年前、東京でのGHQで、私鉄総連の代表として藤田委員長に随行して恫喝された時は、意見も言えずただ悔しい思いをした内山であったが、今回は北鉄労組委員長として占領軍を相手に堂々とわたりあった。

一時間半の会談中、ふと脳裏には魚雷を抱いてアメリカの軍艦に突っ込んでいった戦友の顔が浮かんだ。「ここで引き下がるわけにはいかない」と腹を決めた内山は、「ノーコントラクト・ノーワーク」（協約なくして労働なし）という、欧米の労働運動が闘いの中で積み上げてきた合言葉を繰り返し強調し、一歩も譲ることはなかった。会談は結局、平行線で終わり、内山は毅然として部屋を辞した。

意気あがる労組に対し、会社側は北専務の名による「協約争議について」と題した社報を発行、組合員に対して「軽挙妄動を戒める」と揺さぶりをかける一方、県下各方面には「争議に際してのご挨拶」という長文の文書を配布して会社側の正当性を訴えた。

ついに九月一日、組合は本社ストに突入。組合結成以来初めての自主的ストライキは、全国的に見ても、労働協約問題での私鉄総連内最初のストとして画期的なものとなった。「ノーコントラクト・ノーワーク」という労働運動の基本精神を、内山は組合員にていねいに説き、組合として実力で守らねばならぬものがあるということが浸透していった成果だった。目の前のモノ、カネだけでなく、労働組合は労働者の将来にかかわる権利闘争にも体を張って闘わねばならないことを、組合員はストライキに決起する中で学んだのだった。

スト突入後、地労委は職権斡旋《あっせん》に乗り出し、新たな斡旋案を提示してきた。懸案の解雇条項について、「会社は組合員を解雇しようとする時は解雇の基本的事項（条件、人員、理由）を組合と協議する。但し協議整わざるときは双方とも争議行為を行わず、会社は解雇の実施を保留する」というものだった。「双方とも争議行為を行わず」という一文が挿入されているとはいえ、会社の解雇自由の意図を打ち破る組合主張に近い調停案に、組合は一二時、スト中止を指令した。こうして労働協約闘争は組合勝利で幕を閉じたのである。この労働協約が、のちの闘いに十分にその威力を発揮することになるのである。

この労働協約闘争について、内山はこの年一〇月六日、金沢市教育会館で開催された北鉄労組第三三回定期大会で、「この結果を得たことは、終始変わらぬ組合の強力な闘争態勢であり、組合員一人ひとりの労働者である自覚と、団結力からの一糸乱れざる組織力にあったことは言うまでもなく、私鉄総連大会の決定の第一弾を完遂したのである」と高らかに勝利宣言した。この労働協約ストは、私鉄総連だけでなく戦後の労働運動史上にとっても特筆すべきものだった。北鉄労組の名を全国に知らしめる最初の闘争となったのである。

内山自身にとっても、初めての本格的な争議の経験であり、この勝利は大きな自信につながったことは間違いない。決して中央での政争に嫌気がさして都落ちしたのではないと、地方の小さな組合でも大きな成果が挙げられることを身をもって全国に示したのである。まさに「幹部闘争から大衆闘争へ」の実践であった。

だが、勝利の余韻にひたる間もなく、次なる試練が内山を待っていた。

■レッドパージの意図■

一九五〇（昭和二五）年七月一一日、総評は、一七単産三七七万人の参加を得て結成されたが、内山が危惧したように、その結成宣言で「共産党の組合支配と暴力革命的方針」を排除することを謳《うた》い、「自由にして民主的なる労働組合」をかかげ、行動綱領では「国際自由労連への加盟のすみやかな実現」を盛り込んでいた。明らかに自由主義陣営の側に立つ姿勢を示していたのだ。

この大会直後、GHQから全労連に対して解散指令が出され、その後放送、新聞各社を皮切りに、全国一万二〇〇〇人を超えるレッドパージが行われることになる（時期を五一年まで含めると二万人を超えたといわれる）。「ドッジライン」により吹き荒れた人員整理についで教職員のレッドパージが先行し、言論弾圧と結びついた報道関係者のパージで本格化、さらに官庁関係者に及び、再び民間産業に戻って労働組合内での「左翼排除」が貫徹されることになる。

このような各個撃破でレッドパージを完成させた背景には、経営者と民同派の「自主的な努力」に期待するGHQの意図があった。当時、労働課長だ

レッド・パージ…◇

レッド・パージとは「赤狩り」である。広辞苑は「国家権力が共産主義者や社会主義者を逮捕・追放などして、弾圧すること」と解説する。

アメリカにおいては、一九五〇年二月、共和党上院議員マッカーシーによって赤狩り「旋風」が巻きおこされた。国務省内の「赤色分子」二百余名の追放要求を皮切りに、全米を吹き荒れた「マッカーシー旋風」だった。日本同様、赤色分子の名をかぶせられ、政敵やいわれなき濡れ衣を着せられた人々が〝追放〟の憂き目にあった（五四年一二月、マッカーシーは上院の問責決議で失脚）。

朝鮮戦争勃発に前後して、GHQはレッド・パージを断行させる。反共的態度をあらわにしたのである。共産党員および同調者の排除（解雇）を五〇年七月末、GHQは報道機関に対して「追放の指示」を行っている。

教員のレッド・パージはこれより前、二月に行われた。

ったエーミスはのちにこう述懐している。

「……私はあれ（レッドパージ）は日本の組合内部から起こったものだと思っています。実際、私はレッドパージを聞いた時、大変なショックを受け、これは一体何事だ、我々はすでに必要なパージはすべて済ませているではないか、と言った。……総評が結成される時も、私はそんなことをする必要はないと言ったのですが、組合は自分たちの意思でどんどんレッドパージをやりました。これはいろいろな組合にも飛び火し、そこで共産主義者は排除されていったのです。しかし、これは決して私が指示したのではなく、マッカーサーがやらせたのでもありません」（竹前栄治『証言日本占領史――GHQ労働課の群像』）。

私鉄総連は一九五〇年九月に開催した第二回中央委員会で、朝鮮戦争への見解について論議のすえ、三一対二三で「北朝鮮の侵略行為」として「国連警察軍支持」を決定する一方、レッドパージに関しても「時局に便乗する不当馘首」としながらも、「破壊行為およびこれを準備する行動は許されない。これに該当する者は、何人《なんぴと》たるを問わず、ある処分の対象とされることはやむを得ない」と、それを容認する姿勢も示した。

私鉄関係では、五〇年一〇月二一日、全国三七社五二五人のレッドパージが通告されたが、それに抵抗したのは北鉄、東武、広鉄、阪神、富山、静岡などに限られ、総評自体も暴力による破壊活動を企てる者が解雇されるのは

新聞・放送のパージを端緒に、電気・石炭・鉄鋼・化学・私鉄などすべての産業へ、国鉄・郵政・電通・農林などの官公庁においても、追放（解雇）が行われた。その数は、民間部門で約一万二〇〇〇名、官公庁が一二〇〇名に及んだ。

同年七月に結成された総評は、積極的な反対闘争を展開しなかった。レッド・パージは労働組合内の民同勢力の地位を安定化させた反面、その後の一時期、労働運動の停滞と後退を招来したのだった。

一九五〇～七〇年代、労働問題で健筆をふるった斉藤一郎は、次のように糾弾する。＊

〈総評はこのレッド・パージにたいしなにひとつ闘おうとしなかった。八月二三日の第二回評議委員会では……態度を決定することができなかった。九月三日になって総評幹事会は「共産分子追放にたいする態度」を決定し、労働大臣に抗議書を手交した。総評はそのなかで「……民主主義の社会秩序をうちたてようとする日本においては、暴力による破壊活動およびこれを準備する行為はゆるされな

やむを得ないとして、事実上容認する立場をとり、反対闘争がごく一部の単組で行われたにすぎなかった。

エーミスはレッドパージに関して、五〇年九月二七日に開かれた日経連の総会で、「赤追放に関して総司令部がこれを指示しているように考えている人もあるが、そうではなく、経営者、組合が話し合ってやっているのである」と述べ、経営者が「占領軍の命令」を口にしてレッドパージを行うことに釘を刺している。

民間産業の中でも最大の二一三七人に及ぶ最大規模の解雇者を出した電産のレッドパージは、「組合クーデター」と呼ばれる苛烈なものだった。

一九五〇年七月一二日、電産本部内の民同派は、「組織の破壊者たる日本共産党の指導に盲従する極左分子、およびそれらいっさいの影響を排除する必要がある」として「電産非常事態収拾に関する特別指令」を下部に発送した。全組合員からの確認書提出を求めるという、実質的な組合再登録を行ったのである。八月末において、再登録者は一一万二三〇〇人（八七・四％）に達した。

電産民同派はこうした情勢を受けて、人員整理が行われた場合、「原則的には特別指令を拒否して確認署名をしない者の反対闘争はしない」と決定し、会社のレッドパージにゴーサインを送ったのだった。

八月二六日から会社は整理者への通告を行い、職場への立入りを禁じた。

い。したがってこれらに該当するものは、なんぴとたるをとわず、処分の対象とされることはやむをえない」といっている。……総評はこうして、一方では政府をげきれいし、……反対闘争はぜんぶみおくってしまった。

新産別は九月の中執で、「……共産党員の反労働者的行為が、具体的な事実としてあらわれたばあいは別として、権力や資本家の判断と解釈による『赤追放』にたいしては、われわれは共産党員といえども、組合員として組合の基本権ようごの立場から、これをまもり実力行使を辞すべきでない」と決定した。しかし新産別はただのひとつのストライキも組織しなかった。〉

「会社側は警察を中心に、反共『民同』派や右翼団体による職場防衛隊、電源防衛同盟を結成し、MPの支援を受けて、解雇反対闘争を圧殺した。東京分会の九つの変電所には、田中清玄の手で交番が作られ、警官が常時パトロールする『戦時中の軍需工場』を再現した」（増山太助『検証・占領期の労働運動』）

田中清玄《たなかせいげん》　一九九三年一二月没、87歳。
戦前、共産党員として京浜地帯で活動。二九年中央執行委員長。三〇年七月検挙、四一年仮出獄。
四五年一月、土建業の神中組（四八年に三幸建設と改称）を経営。電産争議、王子製紙争議で組合切崩し活動。六〇年安保では、全学連の唐牛《かろうじ》憲《けん》太郎《たろう》らに資金援助、政商としての側面もみせた。

こうして電産労組のレッドパージは強行され、この年一〇月の大会で組合は産別会議からの脱退を決議し、一一月二四日、政府が電力産業の再編成を実施、九つに分断された労組は企業別労組に逆転し、大部分の組合が総評からも離脱して、一九五四年五月に結成された同盟傘下の電力労連へ結集していくことになる。

私鉄総連でもその影響を受け、一一月二一日に開催された第七回臨時大会では、保留となっていた総評加盟を大差で可決、国際自由労連と国際運輸労連加盟についても可決することになったのである。

北鉄労組は、一九五〇年九月二七日の労働協約締結後、一〇月一五日の定

期大会で差し迫るレッドパージに対し、「時局に便乗する不当馘首に対する当面の具体策」を打ち出し、翌一六日、会社に「不当馘首にはたとえ一人なりとも組織をあげて闘う」という申し入れを行った。しかし、その五日後の一〇月二一日、私鉄各社は一斉に馘首者リストを発表、個人通告を行った。全国でその数は三七社、五二五人にのぼった。

北鉄会社は「従業員の一部には破壊的言動をなし、或いは他の従業員を扇動もしくは徒《いたずら》に事端を繁くする等、法の権威を軽視し業務秩序を怠り業務の円滑な運営を阻害するがごとき非協力者又は事業の公共性に自覚を欠く者」という解雇基準と、整理人員一九人を組合に示すとともに、「この基準、人員については交渉による変更の余地はない」と付け加えることを忘れなかった。

この「馘首基準」は私鉄経協が出したものであり、これをもとに、会社は前年の団体等規正令に基づいて各政党が届け出た党員氏名に基づき、北鉄の共産党員をリストアップしたのだった。

翌日、組合は緊急委員会を招集、その席で内山は、この解雇については先に締結した労働協約をフルに活用して闘うことを訴えた。委員会は、六六対ゼロで解雇絶対反対の方針を決定して会社に団交を迫った。

しかし、会社は団交を拒否、二三日、原俊道以下一九人の解雇者氏名を発表した。

■ドン・キホーテと呼ばれて■

解雇を通告された一九人の組合員は、当日に「馘首《かくしゅ》撤回にむけて最後まで闘う」という内山委員長宛て誓約書を提出し、解雇辞令を一括返上するために全員が委員長に手渡した。

「ストライキをかけて闘った労働協約が無視された」と組合員はこの無法に憤激し、解雇絶対反対の職場決議、部課長への抗議行動が広がっていった。「破壊的言動というその具体的事実をあげよ」と、組合員は会社に迫ったのだ。残った組合員は「代務拒否」を行い、解雇者の乗務を認めさせた。婦人部は二四日の大会で社長宛て抗議文を採択して提出する一方、解雇者の家庭を訪問して家族を激励した。

解雇者が集中した市内線職場は三三〇人の組合員を擁し、労働者の大半が運転士と車掌で団結力が強く、北鉄労組の中でも最も戦闘的な職場だった。比較的共産党支持者が多い職場でもあった。会社は組合弱体化のために、この拠点を狙い撃ちしたのだった。

二四日、組合は既定方針どおり、労調法、労働協約に基づいて「人員整理に関する争議」として地労委に提訴、事情聴取では、使用者側委員から「レッドパージは超憲法的措置であり受理できない」「緊急措置であるから労働協約は適用されない」という意見も表明されたが、内山は労働協約を根拠に、「地労委で扱うのは当然だ」と反論した。結局、石川県地労委では取り扱いについて結論が出せず、中労委へ具申されることとなった。

三〇日一一時五〇分、組合大会の最中、私鉄総連本部から電報が来た。「提訴の件、石川地労委扱いとせり」と電文が読み上げられると、代議員の間から割れるような拍手が起こった。労働協約に則り、法律上の問題として解雇事件は処理されることとなったのである。組合員は先の労働協約闘争の意義をあらためてかみしめたのだった。

この臨時大会では、一六九対一の圧倒的多数で「不当馘首撤回まで罷業権《ひぎょう》を賭して闘う」方針を決定、原書記長はじめ解雇者の組合員としての地位も反対票ゼロで確認し、執行部は翌春三月の任期まで、改選なく任務にあたることを確認した。

地労委を舞台に始まった組合、会社、地労委の三者による折衝は難航したが、一一月一三日に地労委から自主的解決を促す「勧告書」が示された。本問題を「労働協約外」とした会社の見解については、「批判の余地なきを得ない」としつつも、人員整理は全国私鉄関係で一般的に実施されている「やむを得ざる措置」と述べ、地労委は双方に自主的解決を求めたのだった。

この勧告に基づいて内山委員長と北専務、地労委三由会長の三者による会談が一一月一四、一五日の両日行われた。三者会談に臨むにあたって内山は、

「今回の馘首は政治的なものである」という判断のうえに、「組合の組織を守ることを第一義」として妥協点を探ろうと考えていた。それは、組合指導者として組織力の限界を見極めて着地点を模索するという苦しい選択であった。馘首反対闘争の結論を「一九人かゼロか」という二者択一に求めるべきではない、と考えたのだ。

すでに、私鉄総連内でレッドパージを受けた三七労組のうち、大多数の単組が敵と闘わずして白旗をあげている中、孤軍となって敵の圧倒的な包囲網の中に組織を突っ込ませ、栄誉ある玉砕戦術をとることは避けねばならない。沖縄戦で目の当たりにした悲劇を想起しながら、内山は、多くの組合員とその家族の生活をあずかる労働組合の指揮官として、ここは正面突破を回避し、味方の損害をできる限り最小限にくい止める戦術をとらねばならない、と心に決めていた。もちろん、敵の前から敗走するのではなく、堂々と旗をかかげながら、粘り強い交渉で有利な戦局に持っていくというものである。問題は、組合員にこうした情勢判断をどう納得させるかである。内山は、委員長となって初めての難しい組織判断に立たされていた。

二日間に及ぶ三者会談で見いだした妥協案は、以下の四項目にまとめられた。

一、会社は一一月一三日地労委勧告書第一項（労働協約無視）を承認し、今

後このような措置を行わないことを確約する。
二、一九名は円満辞表提出。辞表は組合で責任をもってとりまとめる。解雇の日付は組合大会での決議決定の日とする。
三、一九名中三名は六カ月後に復職させる。自余の者は本人の言動が企業に復職させても何ら懸念無しと認められた時は復帰について考慮する。（新規採用）
四、退職時の基準給一カ月分をさらに支給する。

この結論をめぐって、一一月二一日に開催された第三六回臨時大会は紛糾した。四時間半にわたる激論の末、諾否は投票にもちこまれることとなった。結果は、三者会談の結論拒否が一四七票、受諾二〇票、白紙八票と、妥協案は拒否されたのだった。

大会では、会社が馘首を強行した場合にはストライキで闘うことを決議、スト権一票投票の結果、賛成一九三九票、反対二二七票の大差でスト権確立を確認した。自らがまる二日間かけて練り上げた妥協案に対する組合員の圧倒的な「ノー」の声を突き付けられても、内山は顔色ひとつ変えなかった。こういう結果は、十分織り込み済みのことだった。この結果を会社に突き付け、次のカードを引き出す、落とし所はすでに描いていたのだ。

この大会結果に、会社は「遺憾である」と、解雇を強行する構えを見せた。

組合はただちに闘争指令を発してスト準備にとりかかった。緊迫した事態の中、地労委は一一月二五日、次のような新たな調停案を示してきた。

一、両当事者は、先に昭和二五年一一月一五日双方の代表者間に了解の成立をみた妥協案を基本として、完全なる代表権限を有する代表者による協議によって解決を図る。

二、昭和二五年一二月二日までに前項の協議ととのわざる場合は、石川県北陸鉄道労働争議調停委員会の仲裁に付する。

右の仲裁裁定は労働協約と同一の効力を有するものとする。

この調停案について組合は、再度臨時大会で結論を出すことにした。大会に先立ち、内山は執行委員会を開いて執行部の態度を決めることにした。長時間に及ぶ議論でも統一した結論は出ず、投票の結果、執行部としては「受諾八、拒否四、白紙二」で受諾という結果となった。一一月三〇日の臨時大会では、この執行部の投票結果を代議員に発表した後、受諾・拒否それぞれの立場から代表意見を述べることとなった。

内山は委員長として受諾の理由をこう述べた。

「今回の問題は政治的な馘首であり、占領政策との関連なしに考えることはできない。これは組合が経営者の便乗的馘首反対、組合の組織を守れという方針で闘わざるを得ない点を見ても明白である。特に政治的性格の強い問題について、組合の組織力の限界を考えねばならない。新しい情勢を自分たちの力で作り出すといっても限界がある。一九名か然《しか》らざればゼロであるという方法をとるべきではない。ストライキ決行は現状の情勢で救える者も救えなくし、敵の術中に自ら陥る結果をもたらすだろう。指導者としては、頭を叩かれてからどうにもならなくなった、というような指導はできない。組合としては、内部的な条件、諸種の情勢を十分に考え、不満であるが一応調停案の線で努力を行うべきである」

これに対して、拒否の立場から書記長の原俊道はこう反論した。

「この首切りこそは日本の独立を脅かし、日本を戦争に追い込むもの、すなわち日本の労働組合を御用化し、日本の労働者階級を戦争に協力させるためのものと判断せざるを得ない。また、会社の第二次の首切りを予言するがごとき無反省な態度に対しても、ここで反撃を加えなければ将来に禍根を残すと思う。もうここまでくれば、政治的解決の余地はなく、基本方針通り進む以外にない。我々は、実力行使を背景に闘うために提訴して闘ってきたのであり、闘争の最後の段階で自らの武器たるスト権を放棄することは日本の労働者の恥辱である。組合員の基本的人権と民主的権利擁護のためにも、また全日本の労働者階級のためにも、この調停案は拒否して闘うべきである」

執行部二名の意見発表の後、私鉄総連本部からオルグとして来組していた堀井利勝副委員長が発言を求めた。副委員長は「金沢のＣＩＣ（占領軍民間情報局労働部）に呼ばれ、北鉄労組のレッドパージ反対のストライキは占領軍に対する抵抗と見なす、と厳重に注意された。こうした情勢であり、調停案は受諾するしかない」と、強い調子で代議員に呼びかけた。大会は異様な空気が張りつめる中、投票に入った。

受諾　九六
拒否　七五

僅差であったが、受諾と決まったのである。占領軍というもの言わぬ圧力、その影が、拒否から受諾へと組合員の心を動かしていったのかもしれないが、内山の説得力が組合員の選択を変更させたのもまた事実であろう。

この決定を受けて、内山は精力的に会社と交渉した。その基本は、被解雇者の生活権の確保であった。交渉の結果、一二月二日に会社との間で「人員整理問題解決に関する覚書」を取り交わした。会社は「遺憾の意を表し」、調停案による三人以外にも再採用する用意があることを認める内容だった。

これを受け、一五人が解雇通告を受け入れて組合に辞表を提出、残る原書記長ら四人は解雇通告を拒否し、解雇無効確認の裁判闘争に入ることとなった。

最終的に一九人のうち、調停案での三人のほかに交渉で新たに三人が追加され、計六人が復職、六人が組合内部（相互会職員、組合書記）で救済、残る七人のうち、三人が法廷闘争、三人が転業、一人が死亡となった。当初裁判闘争の原告だった原書記長は、私鉄北陸地連の広島茂一委員長（富山地鉄労組委員長）の好意によって地連書記に採用されたが、その条件として原告から降りることを了承した。

組合は解雇された者の組合員資格を認めたほか、三人の裁判闘争についても訴訟費用のカンパを決議してバックアップした。裁判は一審の金沢地裁で一九五六（昭和三一）年二月二四日に西田常吉原告の解雇無効（他の二人は解雇承認）の判決を下したが、控訴審の名古屋高裁は一九六〇（昭和三五）年一一月三〇日、全員の解雇を承認する逆転敗訴という結果となった。

私鉄総連傘下でレッドパージ反対闘争を行ったのはごく少数の組合にとどまり、最後まで強い抵抗を続けたのは北鉄と東武の二組合だった。ストをかけて闘うとした北鉄労組は、翌一九五一年六月の私鉄総連定期大会で他組合から「ドン・キホーテ」と称され、語り草になった。だが、内山は嘲笑をよそに、レッドパージ闘争を最後まで闘ったことによって、北鉄労組の組織と運動の後退を最小限にくい止めることができたと、密かな誇りを胸に帰路についた。指揮官としてのぎりぎりの判断は誤りではなかった、レッドパージ闘争での大きな自信は、歴史的な内灘闘争へと引き継がれていくのである。

なお、この大会で、私鉄総連はレッドパージへの対処について、「レッドパージそのものの階級的本質がぼかされ、支配階級の利するところとなり、階級的立場を失わせた」と、組織として自己批判している。大会資料として配られた「赤追放に対する労政局長から各都道府県知事あての通牒」には、「……企業からの排除の対象は、共産党員及びその同調者に限るべく、かつそのいずれについても主導的に活動し、他に対して扇動的であり、またはその企画者で企業の安全と平和に実害ある悪質ないわゆるアクティブなトラブルメーカーである」と書かれている。また、「日経連の戦術」には、レッドパージについての経営者の対処方針として、例えば「団体交渉の対象となるか」という問いに、「戦術的に考えた場合は一概に言えないが、一応団交の対象とならぬという方針で進みたい。それには（マッカーサー元帥の）重大な示唆があったとすればいいのだが、エーミスの話ではそうもいかぬ。急進的な組合には総司令部よりの示唆または勧告とした方がよい。穏健な組合には社会情勢の変化としたい」と述べている。

これらの政府、日経連の指導に基づいて私鉄経協は各社に指示を出したのだが、「私鉄の場合、報道、映画関係のように共産主義者およびその同調者を解雇の対象としたのと異なり、各社共通の解雇方針としてトラブルメーカーを対象とする形式をとった」（私鉄経協編『私鉄労働争議史』）。私鉄の場合は政府通牒から「アクティブ」を取り、「トラブルメーカー」として一般の組合活動家をも対象としたのだ。

さらに、これが私鉄各社の経営者の裁量により恣意的に行われることとなる。

北鉄の兄弟組合ともいうべき、同じ北陸地連加盟の富山地方鉄道労組の広島茂一委員長は、レッドパージ当時の思い出をこう述懐している。

「秋空に群れなす赤トンボのいる運動会の日だった。急用があるので三役に本社に来てくれと言われ、行くと、待っていたものは一一名のレッドパージの名簿であった。とうとうやってきたなと思った」

このとき、会社は広島委員長に「この名簿に間違いがあれば指摘してほしい」と言い、委員長は「党員でも同調者でもない者がいる」と指摘し、こういうやり取りが数日続いた後、会社は一〇月一七日に「四人だけは認めてもらいたい」と切り出してきた。だが、「ひとりでもだめだ」と突っぱねると、二一日に二名の解雇を正式通告してきたという（『富山地方鉄道労組五〇年史』より）。

私鉄経協の解雇通告日、一〇月二一日の数日前から富山ではこうした折衝が行われ、一一人から二人へと解雇者が減らされたのである。つまり、GHQ—政府—日経連—私鉄経協—私鉄各社と降ろされるうちに、その「示唆」「通牒」「戦術」は、各自の解釈、判断に委ねられて実施されていったのだ。私鉄各社の実施状況も、時の労使関係を反映してバラバラとなり、また、私鉄総連としてもそうした背景がつかみきれないうえに、民同派の思惑もあって統一的な対応がとれなかった。

後の総評議長太田薫は、このレッドパージについて、「民同がレッドパージに反対しなかったことは決定的な誤りであり、日本労働運動全体の汚点と考えるべき」（塚田義彦・太田正史編『太田薫――太田ラッパ鳴りやまず』）と語っている。

第5章 職場闘争

■歴史的な労働協約闘争■

一九五一（昭和二六）年一二月二六日に開いた北鉄労組第三九回大会で委員長に再選された内山は、組織を直視してこう述べている。

「わが北鉄労組は、温室育ちといわれる戦後組合の一般的若さ、弱さからは十分に抜け切っていなかった。今後、資本の立ち直りが進み、攻勢が急であればあるほど、この憂うべき組織の弱点を克服しなければ、組合員の組織に対する不信と闘争に対する萎縮は取り返しのつかないものとなろう」

こうした状況に危機感を強めた内山は、組合組織の強化を第一にかかげ、「専門委員会」「企画委員会」などの設置と職場運営委員会の活動強化を打ち出し、調査部を組織部として改編し、各種協議会、職場常会の指導を行うこととした。

このころ会社側は、「科学的経営管理」を打ち出して合理化に着手し始めていた。バスの拘束時間内に貸切バスを運転させたり、ダイヤ改正の際に整

労闘スト…◇

一九五二年三月二八日、閣議（第三次吉田内閣）は破壊活動防止法（破防法）の国会提出を決定した。団体等規正法—特別保安法—破防法と、三たび名称変更された法案だった。

前年末、政府は労働三法の改悪、治安対策を目的とした団体等規正法、ゼネスト禁止法、集団示威取締法などの制定を急ぎ、秋の臨時国会に上程を予定したが、見合わせとなっていた。明けて五二年三月、中山伊知郎（経済学者。八〇年四月没）らを委員とする法令審議会の労組法の改正についての答申も出された。機は熟したとみたのだ。

GHQは前年の一九五一年五月、ポツダム政令のほか、労組法、労基法、独占禁止法など、占領下諸法規の再審を許可していた。吉田内閣はGHQのお墨付《すみつき》を得て、勇躍して労働法規の「改正」にのりだしたのだった。

三月三一日、総評と労闘（中立系労組を含めた「労働法規改悪反対闘争委員

備時間を短くしたり、人員補充をせずに有給休暇の取得を制限したりと、ひたひたと労働条件の侵害が行われていたのだ。

一年間の二度にわたる賃上げ闘争を経て、顕著になったのは私鉄企業の中の大手と中小との格差であった。大手は運賃値上げにより五割近い増収となったが、地方私鉄では旅客や貨物の輸送量減少で二割程度の増収にとどまったため、経営側は合理化に迫られたのだ。

内山はこうした状況を見据え、これに対抗するには、労働協約で闘わなければならないという思いを強めていった。しかし、その考え方は以前のような一面的、戦術的な労働協約、つまり争議条項とか組合員のショップ制、あるいは経営権など、いわば債務部分を中心にした内容の協約を結ぶことで双方の平和が維持できるということではなく、生活に直結した協約、大衆的な立案による協約づくりだった。

従来の協約立案は、小委員会にかけて行っていたために債務部分が多くなったが、「みんなの手で労働協約をつくろう」と呼びかけ、職場をまわって拾い集めた労働条件、労働環境の問題点を具体的に出し、大会運動方針で決めて協約に織り込むことにした。この調査には、先の「職種別委員協議会」が精力的にあたった。こうした中で組合員は、単なる原則的な規定にすぎないと考えていた労働協約を、自分たちの労働条件を改善させるための身近なものとして意識するようになった。

会」）の合同会議は、「破防法の粉砕、近く提案を予定されるゼネスト禁止法および労働法改悪など一連の労働運動弾圧諸法案阻止のため、一斉にストライキ権を発動する」ことを申し合わせた。これを受け、各単産は即日、スト指令を発した。

スト回避に向けた裏取引と混乱もあった。武藤武雄総評議長らと保利官房長官らが接触し、裏で動いた。炭労などの混乱も生じた。

スト前日、炭労は中央闘争委員会の採決七対六でスト中止、全鉱は夜半に至って、炭労との共同歩調を理由に脱落。賃上げ闘争中だった私鉄、全国金属、全自動車、化学同盟、昭和電工は一斉二四時間スト、日教組、国鉄、全日通、海員その他が全国一斉抗議集会を決めた。

四月一二日、労闘・破防法反対第一波ストは決行された。二・一スト禁止以来、待望してやまなかった三〇万のゼネラル・ストライキであった。史上初の政治ストである。

各紙は「労闘スト混乱」の大見出しで報道した。炭労の山元代表が五十余名、続々と上京して武藤らに詰めよる一幕も内山は労働協約闘争を提起するにあたって、初めての著作『労働協約の基礎知識』を出版している。私鉄総連の書記長時代にすこしずつ書きためていた労働協約に関する原稿をまとめたものだった。私鉄総連加盟の組合のうち、当時七〇あまりが協約の改訂期を控えており、それに何らかの手助けになればと、本部の勧めもあって出版にふみきったのである。協約というものをいかに理解するか、戦後の協約をめぐる経過と問題点、立案への心構えと団交での注意点など、実際の経験をもとに解説した。具体例をあげ、組合活動家が手引きとして活用できるようわかりやすく書いたものである。

「労働協約があって労働者の生活があるのではなく、労働者の生活があって労働協約が生まれるのである。労働条件が高められていくのは、労働者の生活が高められていくことにほかならない。したがって協約の交渉は、第一に背景となる組織の活動力、立案作業とその内容とが一体のものでなければならず……交渉を強力に進めるためには、組合を強固なものに仕立てる努力を平常から積み上げなければならない」と述べている。

内山のキーワード、「協約のないところに労働はない」は、この処女出版から一貫したものとなった。

一九五二（昭和二七）年六月六日に開いた北鉄労組第四二回定期大会で、労働協約改訂闘争の基本方針を決定し、それまでの調査に基づいて、組織部が中心となって新たな労働協約の草案づくりに着手した。連日連夜にわたる

あった。

四月一八日、第二波労闘ストが第一次の四倍の規模（一一〇万）で打ち抜かれた。

労闘ストは、こうして総評を一躍前面に押し出し、労働運動の主役の座にすえたのである。

第三波は、炭労、電産、全国金属などと私鉄、海員などが期日をめぐって調整できず、六月七日と一七日に二分されることとなった。しかし、五次にわたった労闘ストも、破防法を阻止するには至らなかった。

結果だけをみれば労働側の敗北だが、ストライキはやればできるのだ、との確信を職場大衆に植えつけたストライキだった。

炭労・電産の二大争議…◇

一九五二年は炭労と電産の争議も経験する。

七月の総評第三回年次大会は、総資本

執行委員会の討論を経て、練り上げた改訂案はじつに一七二条に及ぶ長大なものとなった。

七月三一日、組合はこれを会社側に示した。その場で、相手から示された会社側改訂案を一目見て、内山は憤激した。ある程度組合側に厳しい内容を予想していたとはいえ、会社案は、北鉄労組の存在をも否認するような挑戦的なものだったのだ。

例えば、「組合員は、会社の従業員でなければならない」といった内部干渉から、組織弱体化をねらった「非組合員の範囲の拡大」、職能的な賃金体系の導入、年次有給休暇の大幅削減、会社休日の全廃、就業時間中の組合活動の禁止、定年年齢五五歳への切下げ、女子の生理休暇の無給化、人事・採用・解雇は会社責任で行うなどと、労働条件の大幅切下げ、労働組合敵視の「労働協約改悪案」だった。「これは土性骨をすえてかからにゃいかん」と、内山は闘争の長期化を覚悟した。

■軍艦の防水区割から発想■

ここから、労使の一年以上に及ぶ労働協約をめぐる激突が始まる。団交や小委員会の場で労働協約について話し合いがもたれたが、双方の隔たりはあまりにも大きかった。組合は闘争目標として協約案を二〇項目にしぼり、完

と対決（運動方針書）することを宣明にしていた。秋季闘争の火蓋《ひぶた》はすでに切られていた。電産争議は九月末から一二月中旬まで、炭労争議は一〇月中旬から一二月中旬にかけて行われた。

日経連は炭労・電産のスト突入を、「講和発効後、最初の二大ストライキに若し屈服するようなことがあれば、日本の労働運動が左翼一辺倒に彩《いろど》られてしまう危険」ありと警鐘を鳴らした（一〇月二五日「日経連タイムス」）。総評は炭労・電産ストを先陣とする〝総資本との対決〟を打ち出した。

炭労の二〇〇〇円賃上げ要求に対して、石炭連盟は「マーケット・バスケット方式（消費物資や生活に必要なサービスを物量で表示する方式）による賃上げ要求は革命運動だから出せない」と拒否した。そして、一〇月以降の賃金は協定賃金を逆に四％引き下げたいとしてきたのである。炭労は一〇月一七日、無期限ストを宣言する。

総評は一一月七・八の両日、地方代表者会議を開いた。炭労、電産の争議団を中心に、小地区の共同闘争を強化して、

全獲得をめざして各職場ごとに「職場闘争委員会」を結成することを打ち出した。組合員五人に一人の割合で、直接無記名投票によって選ばれた四〇〇人の委員が、この職場闘争委員会を構成するのだ。

この「職場闘争委員会」と、のちにできる「家族組合」「停年切下げ反対同盟」という三本柱が、労働協約闘争を勝利に導くことになる。

三本柱の発想のきっかけとなったのは、またしても内山の海軍での経験だった。すでに説得隊をつくって組合員の切崩しを始め、各職場の各個撃破をねらった会社の戦略に対抗するため、内山は軍艦のバルジ（防水区割）を思い出したのだ。敵の砲弾が船に当たっても、防水区割で各部屋が仕切られていれば、船全体の浸水を防ぐことができる。つまり、組合を船に見立て、単一の組織ではなく、いくつもに区切られた組織の集合体とするという、内山ならではのユニークな発想である。

後年、この発想は「紙袋に入れたバクダンあられ」と言い換えて、こう述べている。

「紙袋に入れたバクダンあられのお菓子のように、袋の口が破れると中身は全部出てしまう。そうならないためには、あられを五～一〇個ずつ、小さな袋に詰め替えて、これを大きな袋に入れる。こうして、袋がひとつ破れても、となりの袋には、直接影響しない体制をつくることである」（『組合リーダー実践ノート』）

スト破りから組織を守る闘いを申し合わせる。つづく二四日の幹事会は、「すでに三十余日を家族とともにたたかい抜いている二十七万の炭労同志、十二万の電産同志のために、全労働組合の中央地方の資金を集結し、農民、インテリ、小企業者にも訴えて、米と金とを二つの大争議団に投入することをきめた。全単産の歳末闘争力と合体させてたたかうことをきめた。日本を戦争経済から救い、低賃金、低米価を打ち破って、国民生活の向上を期するための歴史的な大ストライキを、悔いなきところまでたたかい抜く決意を表明する」と宣言した。

二大争議は列車の全国的な削減、六大都市のガス供給と火力発電の制限を余儀なくさせ、鉄鋼、化学工業その他の工業に及ぶことを懸念させた。総評は「全世界の石炭、電力、運輸の労働組合に訴うアピールを発した。炭労・電産の争議支援を訴えたのだ。

一二月五日、炭労争議に中労委の第三次中山斡旋案が提示された。七日、戦術会議は「原則的に認めざるをえない」と決定。しかし、翌八日、中央闘争委員会職場闘争委員会は組合機関に直結する行動組織とし、組合員は組合決定を各職場の実情に応じて、自主的な創意・工夫により実行する。各職場委員会は執行委員会の決定をどう具体化するか討論し、「スト、サボ、座込み、ビラ貼り」といった実力行使を組織していった。

「力に応じて闘争を仕組む。一人ひとりが何らかの形で協力する。例えばビラ貼りでもいいから、やれるだけのことをやって全体の力を盛り上げていく。そして、組合員全部が闘争を身体《からだ》に感じながら仕組んでいく。こうして、下で決定したものをやるという点に今度の場合非常に注意を払ったのです」

内山は職場闘争委員会についてこう語っている。

そして、協約の交渉が一定段階進んで、双方の対立点が明らかになった時点で、二五の対立点を拾ってスローガンにし、ポスターで組合員に分かりやすく示した。

「一本の鎖で全組合員を全部つなごうと思っても無理なんです。だから、二五本の要求で幾重にも組合員をつないでいかなけりゃ闘えないと思ったんです。この要求全部に関心を持っている組合員はいないかも知れませんが、誰でも二つや三つは関心を持っているんです。これを中心に組合員が責任をもって行動し、宣伝、抗議、交渉していけば、必ず大きな力を発揮すると考え、これが出発点となって大衆闘争は高まりました」

もうひとつ、闘争を大衆化するために、内山は組合案と会社案の違いを全

は二八票対二九票でこれを拒否。九日「十七日一番方から四十八時間一切の業務を拒否せよ。但し病院、給水、配給所、送電および汽缶の業務を除く保安要員の総引揚げ」を中央闘争委員会は指令した。

ついに中労委の緊急調整が発令されることとなった。一六日夜、中山会長は一時金五〇〇〇円を追加した。中山斡旋案を炭労中央闘争委員会は満場一致で受諾ときめ、ここに炭労争議は終決をみたのである。

電産は、炭労にさきがけて電源スト第一波（九月二四日）の六時間電源スト以来、実に九十有八日の長きにわたって闘った。炭労スト中止後の一二月一七日、全面的なスト中止指令を発した。

しかし、すでに別組織だった東電労組は一二月八日、関西地方本部は一五日、中部第二組合は一六日、関東地方本部は一七日と、それぞれ妥結をみていた。中山斡旋案は、企業ごとの賃金案を示唆していた。一八日の仮協定も、北海道と北陸、中国と九州の四社については期末手当その他の臨時給与の財源をもって一時金にひきあてる、四国は別途協議するこ

部金額に引き直して組合員に示した。例えば、「労働時間を延ばすことによって一人あたり何円何十銭会社に残る」「生理休暇を無給にすればいくらになる」という具合だ。

「これは非常に効果がありました。こうしますと、仮に越年資金を一万円もらったとしても、会社の協約案をのんでベースが実質的に一カ月平均二千七百円下がったら、四カ月目にはもともとになってしまう。これじゃだめだ。——こういうふうにして行動を組織したんです」

組合は、それぞれの担当ごとにオルグ資料を作って、各職場で分かりやすく説得活動を展開する一方、家族懇談会を開いて、協約闘争の趣旨を説明して理解を深めていった。

一一月二七日の労働協約期限切れに向けて、会社とのたび重なる交渉でも進展は見られない。内山は会社へ圧力をかける戦術として、いきなりのストではなく、職場闘争委員会をもとにした縦横無尽のサボタージュ戦術を提起した。時間外労働の拒否、有給休暇取得、遵法（順法）闘争という各職場での創意工夫の闘争である。

「指令も戦術については参考例を先に流してありますので、本部から禁止された戦術を除いて、後は自分たちの職場の条件と問題によって適宜な戦術をとって組合本部へ報告するわけですから、街頭にビラ貼りに出る組もあれば、課長をとっちめる組合員もある。座り込む戦術もあるかと思えば、こちらで

ととなった。

いくたの譲歩を余儀なくされつつも、ここに電産争議の終結をみたのである。

炭労のストライキ団は、家族ぐるみ（炭婦協が強力に支えた）、地域ぐるみの争議団を形成した。一方、電産は圧倒的多数が、営業に従事するホワイト・カラーだった。現場労働者は、火力のほかは密集化された労働現場はない。水力発電所の技師たちは、水利に沿って点々と山間僻地にたむろする労働態様である。争議の態様を異にしている。このように、電産の場合はまるで炭鉱労働者と違っていた。したがって、電産ストの結末は、中労委の調停案を中心とした妥結でありながら、企業別の方式が伴ったのである。

ともあれ電産は、九月二四日に電源ストに入って以来、一二月一八日に妥結するまで、一六次にわたる電源ストを行った。一方の炭労は、一〇月一三日の四八時間ストに続いて同月一七日から無期限ストに入り、一二月一六日の緊急調整発動によってストを中止するまで、六三日の長期ストを行った。

この両ストは、スト規制法制定の契機

はサボをやっているというありさまで、徐々にこの戦術を強化してストライキに入っていったのです」

ついに一一月二七日に無協約状態に突入。組合は一二月一日、第一次全線二四時間ストを決行、つづく三日、第二次全線四八時間ストに突入する。石川地労委が職権斡旋に入るも不調に終わり、組合は一二月四日に声明を出し、部門別無期限ストに入ることを宣言した。

一二月六日、ついに自動車関係が無期限ストに突入。つづく八日、軌道金沢市内線が無期限ストに加わる。組合には県内の商店連盟や商工会議所から抗議が来る一方、県内労組、政党から続々と激励文が寄せられた。総評からも、「総評の旗の下、団結をかため要求貫徹まで断固闘え。総評あげて支援す」という激電が来た。

当初、スト破りを計画するなど頑強に抵抗していた井村徳二社長も、地労委が入った昼夜を分かたぬ断続的な交渉の中で、態度を軟化させていった。地労委からの強力な斡旋もあり、市内線無期限スト突入の八日午前八時三〇分、内山はNHKラジオを通じて組合員に「ストの一時延期」を指令した。その声は、連日の徹夜の疲れを感じさせない張りのあるものだった。スト待機中の組合員は、ラジオから流れてきた委員長の、勝利の自信に満ちあふれた肉声を聞き、スト中止指令を受け入れて満足感をもって職場に復帰していった。内山は、ただちに現場に急行し、一番出庫する組合員を激励した。

をつくる一方、電産では脱退が相次いで壊滅に近い打撃を受けた。このストを批判して、総評内の右派系四単産、海員・全繊・全映演・日放労の「批判」を生むのである。翌五三年二月、海員・全繊・全映演に総同盟が加わって、民労連（同盟の前身）結成、二単産は八月に総評を脱退することとなる。

日鋼室蘭の闘い…◇

一九五四年六月一七日、日鋼室蘭（日本製鋼室蘭）の労働者は四人に一人の解雇通告を受け取った。一九七日にわたった長い闘いが開始されたのだ。

執行部は、一人平均五〇〇〇円の賃下げを申し入れる、会社は拒否。「英雄なき一一三日」（灰原茂雄、五八年当時三池労組書記長。この語は彼がつくったという）を闘った三井鉱山の主婦たちが訪ねてきた。

闘えば勝つという希望が労働者の胸に灯《とも》された。七月九日朝、三〇〇〇の兄妹

「現役時代、スト解除の、一番出庫の運転士を『ご苦労さん、気をつけて』と送るのが好きだった。いつも、これが本物の労働者の顔だ、と思うからだ」（『組合リーダー実践ノート』）

労働者は好きでストライキをしているわけではない。生きるため、ぎりぎりの闘う手段として労働不提供をするのだ。だから、要求を勝ち取り、本来の労働に戻る瞬間の引き締まった顔は特別である。現場作業の経験がない内山には、一番出庫の際の労働者の顔はまぶしく、畏敬《いけい》の念さえ抱かせるものだった。

組合はただちに労働協約と越年資金の自主交渉に入り、同日午後二時、基本事項について妥結した。委員会では六一対五でこの妥結を承認したのだった。

留保して棚上げした対立点もあったものの、労働時間の「八・七・六基準」、拘束八時間、実働七時間、実乗務六時間という内容に代表される労働協約を確立したことは、私鉄総連の各組合の見本となる大憲章として称賛を浴びた。また、焦点となった定年切下げ問題も「白紙還元」をかちとった。

この労働協約闘争は、獲得した内容もさることながら、闘いの場をあくまで下におろし、大衆討議を基礎とした職場闘争委員会を強化して横に広げ、従来の画一的闘争や官僚主義的な組合運営を徹底的に克服する、職場の主人公である労働者が自らの権利として労働協約闘争に立ち上がったことに大き

はスクラムを組んで被解雇者を守りながら入場した。

二一日、会社はロック・アウトの挙に出た。二四日、立入禁止の仮処を申請した。

争議は、家族を含む「地域ぐるみ」の闘争団へと成長していった。

八月一日、七〇〇〇人の決起デモ、八日は八〇〇〇人の主婦デモ。同じ敷地つづきの室蘭富士鉄が一八日、同情ストを打った。日鋼室蘭のストライキ団との交流がなされた。道南バス、国鉄、函館ドック、炭労代表など一万名が応援に駆けつけた。

八月二四日、第一次回答。九〇一名中一六六名の解雇を取り消すというものだった。対立と抗争が組合に打ち込まれた。石黒清（炭労出身）が総評オルグとして送り込まれた。

九月六日、豪雨のなか開かれた大会は、二五一三対一一九一で会社案を蹴った。以降、会社の弾圧と挑発が続いていく。二三日、第二組合が結成された。

全道労協（全北海道労働組合協議会）は、全北海道の時限同情ストを指令した。

な特徴があった。

そして、従来は組合の活動に協力的とはいえなかった職制層、家族にも自らの問題として理解を求め、「停年切下げ反対同盟」「家族組合」を通じて、闘いは家族ぐるみの組合員大衆のものとなっていった。「断食ストもいといません」という悲壮な決意のもと、家族は深夜の重役宅訪問から組合会議への出席、スト中の炊出しなどを行い、三次一五〇時間に及ぶストを支えたのである。また、「停年切下げ反対同盟」に結集した五〇歳以上の組合員は、「ウバステ山をつぶせ」「会社の礎《もとい》をつくった勤続者を守れ」のスローガンのもと、定年切下げの持つ意味を職場討議にもちこみ、青年婦人部員との懇談会も開いて闘争の推進力となった。この反対同盟には、課長など非組合員も入ることができ、会社の中高年層の切捨てに対し、ともにスクラムを組んだ。

ある職場では、肩たたきを受けた課長を守るため、「同盟ボイコット戦術」を指令した。新しく任命された課長とは「話をきかない」「しゃべらない」戦術である。女子組合員は、電話の応対でも「課長、電話です」と、わざわざボール紙に書いて課長に示すのだ。この徹底した戦術には、さすがの会社も一〇日ももたず音《ね》をあげてしまった。この闘いはすぐ全職場に波及し、ついに会社の定年切下げ提案を撤回させることに成功した。組合はこの成果を受けて、一九五二年に「退職者同盟」を結成している。

私鉄総連のみならず、日本の労働運動にとってもこの労働協約闘争は先駆

期日は一一月一三日だった。

一一月一七日、中山斡旋案が提示された。執行部、労働者はギリギリの決断を迫られた。そんななか、富士鉄の主婦がバケツいっぱいの豆炭を、北海道炭労は一二〇〇トンの石炭を、北海道農民組合が八万二〇〇〇本の大根をと、山のような慰問品と激励文が届いた。一億五〇〇〇万円の争議資金が提供された。みんな泣いた。

中山斡旋案はみんな反対だった。

総評事務局長高野は現地に飛んだ。四日四晩、粉雪の舞う社宅をめぐり歩いて真情を吐露《とろ》した。収拾やむなし、と。

一二月二六日、天沢小学校の大会場に二〇〇〇の兄妹が集まった。始めから終わりまで、みんな涙にくれた。中山斡旋案をノムことに、決めたのだった。

日鋼室蘭争議は五四年六月から一二月にかけて、一〇一〇名の人員整理をめぐって、一〇〇余日に及ぶ長期ストが行われた争議である。第二組合の就労などで一〇〇件余の不法事件が発生し、警察官の出動も再三にわたった。主婦会、青年行動隊が結成されて家族ぐるみ、地域ぐ

的な闘いとして、後の三池闘争に代表される六〇年代職場闘争へと引き継がれていくのである。

■労農党に入党、衆院選に出馬■

レッドパージ闘争の後、労働運動全体が後退局面に入る一方、社会党は講和・安保両条約をめぐって左右に分裂し、共産党は分派闘争の中で非合法闘争に突入していった。

内山はこうした社共の党派利害むき出しの政争に辟易《へきえき》しながらも、この混迷状況を打破するためには、階級政党の強化が必要という思いを募らせていた。消去法ではないが、社共ではない社会主義政党として、黒田寿男らが結成した労農党の考えにシンパシー（共感）を感じるようになっていく。私鉄総連本部勤めの三年間で、左右の波に揉《も》まれながらいちばん肌にあったのが、社会党を追われた黒田らが結成した労農党だった。労働者と農民の連帯を訴え、社共の統一戦線を主張する黒田たちの考えに徐々に傾倒していったのだ。何度か話を聞くうちに、黒田の実直な人柄と社会主義政党の統一を提唱するその情熱にひかれ、入党を決意するようになる。

るみの闘争が展開された。

一一月二九日からの正式斡旋を経て、争議発生後一九七日めに解決をみた。その後の労働運動に、大きな影響を与えた争議だった。

黒田寿男《くろだひさお》　一九八六年一〇月没、87歳。農民運動家、弁護士、政治家。戦前、東京帝大在学中に新人会に加入、南葛労働運動に活躍。関東大震災時の亀戸事件では、腸チフス入院中で難をのがれる。卒後、一四年に日農顧問弁護士、小作争議に奔走。戦前の日本農民党、無産大衆党などで活躍。三六年に全農岡山から衆院選に当選。三七年一二月の人民戦線事件で検挙。

戦後は、四五年一〇月に平野力三らと日農設立準備世話人会を組織。四六年一月、統一農民戦線結成の呼びかけを行う。四八年、芦田内閣の予算案に青票を投じて社会党除名。同年暮れ、同志一五名と共に労働者農民党（労農党）を結成、主席を務めた。五七年一月、労農党は社会党に復帰し、以降、「黒田派」を率いた。衆院当選一二回。

内山は組合組織の立て直しに着手すると同時に、経済闘争と政治闘争の結合をめざし、一九五二（昭和二七）年一月に労農党へ入党。内山は、北鉄労組内の非共産党の活動家に社会主義政党の統一を説き、執行部を中心に同志を増やしていった。

「当初私も社会党の影響を受けていましたが、一九四八年労農党結成以来の人的つながり、朝鮮戦争における国連の警察行動を容認した社会党、民同への反発もあったこと、あるいはレッドパージ闘争を闘い抜く中、一部民同運動がこの資本の弾圧に手をかしたことなど、不信感を持っておりました。一方、共産党は朝鮮戦争時の弾圧もありましたが、活動力を失い、職場、地域の状況把握が不十分で、誤りもあったと思います。極左冒険主義をとり非公然活動を併用していましたから」と、労農党加入の動機を語っている。

一方、同時期、内山は県内の労働戦線の統一にも積極的に乗り出した。当時県内には全労働者の結集体として石川全労会議があったとはいえ、中央で総評が発足してからは、国鉄、県職の総評系と全労会議系が対立する構図となっていた。こうした状況に危機感をもった内山は、一九五一年一月の代表者会議で県下労働組合の統一を訴え、「石川県労働組合統一準備会」を発足させる。この準備会は以降、選挙対策、メーデー、平和問題などに取り組む中、統一への準備作業を進め、同年九月一九日、石川県労働会館で「石川県労働組合評議会」（石川県評）の結成に結実させる。当日、内山は開会あいさつにひきつづいて結成に至る経過を説明している。こうして内山は、地域の労組にも北鉄労組のリーダーとして顔を広げていく。

一九五二（昭和二七）年六月、松山市で開催された私鉄総連第一一回大会に内山ら北鉄労組の同志たちは乗り込み、社会主義政党統一の論陣を張る。舌戦の火ぶたを切った内山は、私鉄総連本部の破防法に対する闘いの弱腰を痛烈に批判し、執行委員の大森覚、平田宏が北鉄労組から相次いで発言した。そして越野義次書記長から、北鉄労組が提出した動議「国際自由労連からの脱退に関する件」の提案説明を行い、会場から盛んな拍手を浴びる。国際自由労連が対日講和に関して単独講和を支持し、西独などの再軍備を支持するなど、総評のかかげる平和四原則に反する性格をもっていることを明確に述べたものである。

大会期間中、内山らは連日「私鉄労働者」というタイトルのガリ版刷りのビラを発行して大会代議員、傍聴者に手渡した。発行責任は「第一一回私鉄総連全国大会代議員有志・責任者内山光雄」であった。「闘う私鉄総連をつくりあげよう」「大統一を闘い取れ」「社会党分裂の二の舞いを踏むな。真の階級政党の結成へ」と、内山は労農党の主張をまじえて訴えたのである。

異例の会期延長となった大会最終日、国際自由労連脱退派を代表して演壇に立った内山は、国際自由労連の反労働者性を舌鋒《ぜっぽう》鋭く論じた。しかし、必死の訴えもむなしく、採決の結果は一九三対一三一で脱退動議は否決されてしまう。

私鉄総連大会では敗れたものの、内山の真の社会主義政党統一への熱意は衰えることはなかった。一九五二年八月一〇日、内山は労農党石川県地方本部を旗揚げする。委員長には内山自身が就任、書記長に北鉄労組執行委員の平田宏が就いた。国鉄にも党員はいたものの、北鉄労組中心の県本部の発足だった。

結成した労農党県本部は、さっそく内灘闘争に全力で取り組んだ。九月二二日に、共産党、左派社会党とともに県に接収反対の申入れを行い、翌二三日から労農党独自の接収反対署名運動を街頭で始める。九月三〇日には労農党石川地本主催の「接収反対県民大会」を兼六園で開き、戦前からの労農派闘士で参議院議員の大山郁夫を招いた。

司会は労農党石川地本書記長の平田宏北鉄労組執行委員がつとめ、議長団には左派社会党、共産党とともに北鉄労組の越野義次の三人が演壇にあがり、内山が接収反対の提案を行って可決された。労農党主催といっても、北鉄労組主導の集会のようであった。

地域では内灘闘争、職場では労働協約闘争に取り組みながら、内山の視野はその延長線上にしっかりと政治をとらえていた。地域、職場の問題を根本から変えるのは、日本の政治変革なしにはできないと、確信するようになっていたのだ。そして自ら、捨て身の選挙戦に飛び込んでいく。

一九五三（昭和二八）年三月一四日、吉田首相の国会抜打ち解散（バカヤロウ解散）により、衆参両院の選挙が同時に行われることとなった。すでに衆議院石川一区（金沢市・小松市など）で県連委員長岡良一の立候補を決めていた社会党右派は、左派に衆院候補の持ち合わせのいないことを見越して、岡候補の支持を要請した。しかし、左派はこれを拒否。労農党として内山は、県民統一選挙を提唱していた共産党と左右社会党との調整に努力して統一懇談会の開催までこぎつけたが、右派の岡候補はいかなる結論が出ようとも立候補はとりやめないという態度に固執したために調整は不調に終わる。内山は、左派社会党、共産党、労農党の統一を提唱し、これが実を結ぶならば自身が立候補する意思のあることを表明した。この提案に左派社会党は執行部選挙を行った結果、「内山に統一」九票、「衆院選見送り」七票という僅差で統一選挙を取り組むことが決まり、内山は革新三政党の統一候補として立候補することとなった。

三月二三日の北鉄労組の第一九回委員会は、内山が委員長を辞任して労農党公認候補として衆院選に出馬すること、組合として推薦することを決定した。これを受けて、私鉄総連、総評も推薦を決定して選挙戦に突入する。

組合は執行部を中心に選挙対策委員会を設置し、対労組、組合員、家族対策にあたった。各町村ごとに「内山後援会」ができ、発足まもない家族組合は不慣れな選挙ながら献身的に動き回った。

内山は持ち前のバイタリティと弁舌で各地の演説会で人気をさらった。個人演説会は法定六〇回の制限のところ、ぎりぎりの五九回をこなした。

「私は檀家の一軒もない禅寺の長男であるが、日蓮、親鸞といえども、今の世に生まれていたならば、寺の本堂ばかり建てることを考えず、私と同じように大衆の中に飛び込むであろう」

「労働を基礎とした政治を打ち立てよ。八年間の労働運動の中で、一度も大衆を裏切ったことのないこの私を、働く者の幸福となる政治を打ち立てるために、皆様の力で、皆様の手で盛りたててもらいたい」

小学校で行われた立会い演説会につめかけた約六〇〇〇人の聴衆を前に、このように訴えて割れるような拍手を浴びたのである。その弁舌は他候補を圧倒したが、保守の牙城のうえの新人候補、さらに社会党の分裂で、県評傘下の組合の一部が右派の岡候補を支持するという困難な状況とあっては、はじめから勝ち目がなかった。

二万三七〇四票を獲得したものの、立候補六人中の最下位、トップの岡候補に三万票以上の水をあけられて落選したのである。選挙後、内山は「北鉄労働」に「皆さんの友愛に守られて」と題し、感謝のことばと反省を載せている。

「……選挙の時だけの票集めでは、決して大衆の支持と理解は生まれないし、常にその地域、職場における特殊問題の処理と解決への献身のなかではじめて闘えることを今更ながら反省して、このための党組織の強化を身をもって行いたいと思います。私は少しもひるむことなく、勇気をふるって日常闘争の先頭に立って闘う決意をさらに強くしています。当面の身の振り方が如何になっても、組織と働く人々と共に生きていく決意をさらに強くし、闘っていきたいと思います。確信と勇気をもって、再起のことは皆と相談して決めさしてもらいます。しかし、議員病患者にはなりたくないと思います」

この時点では、捲土重来《けんどちょうらい》を胸に労農党の強化のために闘うことを表明している。

だが、二年後の衆院選で再び岡候補と対決、苦杯をなめることになる。この選挙では三党の統一はならず、左派社会党が独自候補を擁立したことで内山は労農党公認候補として出馬、前回より一〇〇〇票近く得票を伸ばして順位も五位と最下位の左派社会党を上回ったものの、岡候補との差を縮めることはできなかった。その後、労農党は一九五七（昭和三二）年一月に解党大会を開き、社会党へ合流することとなる。

戦後の一時代を駆け抜けて消滅した労農党とともに、内山は二回の国政選挙での敗北後、二度と政治の表舞台へ顔を出すことはなかった。

第6章 内灘闘争

「あなたはおぼえているでしょうか。

あの日本海の海鳴りと、暗くたれ込める低い雲を。

レンブラントの絵のように、不意に雲の一角が裂け、そこから天上の陽光が縞《しま》を作って海面に鮮やかな光線を投げかけるのを、わたしは自分の屈した心の中へ投影されるあなたの言葉のように感じました。

全国の大学から、そして職場から、学生や若い労働者たちがその海ぞいの村へ集まってきました。演劇のグループもいたし、コーラス団もいたはずです。激しい闘争は、そんな私たちの一つのお祭りのようなものだったのではないかといま思うのです。

夜、ニセアカシアの中に、あなたと二人で座っている時の、あの歴史に参加している人間の充実感を、私はあの日から今日まで、一日も忘れることができませんでした」（五木寛之『内灘夫人』より）

内灘闘争に学生として参加した主人公・霧子の愛と葛藤をテーマに、内灘の情景を織り交ぜながら進行するこの小説は、一九六八（昭和四三）年八月から翌年五月まで東京新聞夕刊に連載された。ベトナム反戦活動をしている学生・克巳に恋をした霧子が、その昔、夫とともに闘った内灘を案内する一節がある。

「あの頃は内灘と言えば日本中の人が知っていたわ。学生も労働者も、知識人や芸術家も、お坊さんたちまでがこの内灘に乗り込んできたのよ」

「そうですな」

運転手があいづちを打った。

「あの当時は本当にすごかった」

「あなたはご存じ?」

「ええ。よくおぼえてますよ。私も権現森に座りこんだ組合員の一人だったんですから」

「そうなの。あの頃は何を」

「この地方の私鉄につとめていましてね。わしら、ここの内灘まで走っとった電車の貨物を止めたり、デモをやったり、暴れたもんです」

運転手は大声で喋り出した。

「あれは六月頃でしたかねえ。わしら、内灘への米軍軍需物資の輸送拒否をやったんですわ。貨車を駅にストップさせてね。これは下手《へた》すると沖縄ゆきを覚悟せにゃならん。日米行政協定違反ですからね。かなり思い切ってやったんですよ」

まさしく、この運転手は元北鉄労組員をモデルにしている。「沖縄ゆき」とは、占領軍に暴力を働いたという容疑で軍事法廷にかけられ、五時間のスピード審理で「懲役重労働一〇年」で「沖縄ゆき」となった労組員や共産党員の事件、マッカーサーへの公開質問状を集会で朗読しただけで「占領軍誹《ひ》謗《ぼう》」の勅令違反で「重労働二年」となった労組員の事件が相次いだことから、当時恐れられたものである。

■北陸の坂本竜馬■

事実、北鉄労組はこの占領軍に真っ向から立ち向かう闘争に打って出たのだった。日本における反基地闘争の草分けといわれた内灘闘争は、労働組合員が職場から体を張って闘いに決起した画期的な闘いであった。

「北陸の坂本竜馬」――五尺八寸の大男と言われたその体躯《たいく》だけでなく、内山はこの内灘闘争で、竜馬のようなカリスマ性を持ってその名を全国へと広めたのだった。

内灘闘争が始まったのは一九五二（昭和二七）年のことである。その頃、中国軍が参戦して朝鮮戦争は泥沼化の様相を見せはじめていた。前年一九五一（昭和二六）年一月、マッカーサーは年頭の辞で対日講和と日本の再軍備の必要性を説き、同月二五日に来日したダレス講和特使が、「集団安全保障・米軍駐留」を前提とした「単独講和構想」を打ち出した。これに対し、社会党は一月一九日の大会で「全面講和・中立堅持・軍事基地提供反対」のいわゆる「平和三原則」を確認、これを受けた三月一〇日開催の総評第二回大会は、「再軍備反対」を加えた「平和四原則」を決定したのだ。この決定は私鉄をはじめ国鉄、全逓、全電通など、一二三の単産の大会でも決議され、日教組の大会では有名な「教え子を再び戦場に送るな」というスローガンとともに採択された。

「反共総評」として出発しながら、わずか一年あまりの間に「平和四原則」を決定し、占領軍と対峙《たいじ》する姿勢を打ち出した総評のこの変身ぶりは、「ニワトリからアヒルへ」といわれた。この第二回大会で新事務局長に選出された高野実は、以降、平和勢力論、国民総抵抗論、町ぐるみ・家族ぐるみ闘争論などをつぎつぎと打ち出し、総評にいわゆる「高野コース」を敷いていくことになる。この転換にGHQは驚きを隠さず、総評に対する態度も一変する。高野は「ニワトリと思って孵《かえ》した卵がアヒルだったとすれば、彼らの味覚には我慢がならなかったのであろう」と後日語っている。

高野総評は、吉田内閣が次々と打ち出した破壊活動防止法、労働法改正、スト禁止法など労働運動弾圧の法案に、全国ストライキで対抗していくことになる。

砂川基地反対闘争…◇

ここでは、基地反対闘争の典型として砂川をとりあげる。基地反対闘争は、昭和三〇年代を主に、北富士・横田・新潟・伊丹・木更津など日本の各地で吹き荒れた。総評には「基地連」（基地反対連絡会）があった。それほどに、基地反対闘争は全国を席巻《せっけん》したのである。

舞台となった砂川町は、東京三多摩の玄関口・立川市の北西にある農村だった。一九五五年五月に米軍立川基地の拡張阻止の闘いが始まるのだが、前年までは北多摩郡砂川村だった。戸数三〇〇戸弱、人口千二百余名の農村である。この農民たちに降って湧いたのが基地拡張のための「土地収用」だった。政府・調達庁から通告されたのである。

砂川の農民や、町長に初当選した宮崎伝左衛門にとって、まさに青天の霹靂《へきれき》だった。砂川闘争はこれより六九年一二月、米軍の飛行中止声明まで、一五年有余に及ぶ反対闘争が繰り広げられるのである。

内灘闘争はこうした流れの中で起こったのだ。

一九五二年四月二八日に発効した単独講和による、対日平和条約と日米安保条約に基づいて日本に駐留することとなった米軍は、試射場の候補地を探していた。おりから激戦がつづく朝鮮戦争で使用する、砲弾の性能を検査するための試射場が必要だったのだ。いくつかの候補地の中から、海岸線が長く続く砂丘地で、損害補償額が安くつく内灘に白羽の矢が立ったのは、その年の九月一七日のことだった。

内灘村は当時一〇八七戸の漁業と出稼ぎの、人口約八〇〇〇人の小さな寒村だった。しかし、寒村であるがゆえに、わずかな食いぶちとして砂丘地は、住民にとってかけがえのない生産基盤であり生命線だった。ここは戦後、国が内灘村に払い下げることを前提に買収した土地で、地元の人はそれを農地に転用することをあてにしていたのだ。その矢先に降って湧いたような接収話が舞い込んできたのである。

一方、反対闘争の背景は、こうした経済的な側面だけではなかった。婦人会は母親の立場として、子供が海で遊べなくなる、娘たちが米軍将兵の危険にさらされるという心配とともに、わが子を二度と戦場に送るなという合言葉で反対に立ち上がったのだ。住民たちの気持ちの根底には、反米感情と平和を求める思いがあったのである。

突然の米軍実弾射撃場の一時使用の知らせに、村議会はただちに「絶対反

広辞苑には、砂川事件として「一九五五〜五七年、砂川で起こった米軍立川基地の拡張に反対する闘争事件。五五年五月に町議会が反対を決議。一〇月には町民・支援労組員・学生と警察隊とが衝突して流血を見るに至った」とのみ記載されている。町ぐるみの反対闘争だった。土地収用に必要な強制測量に反対し、それを阻止しようとしたゆえの流血事件をとらえている。

警官隊に守られて実施された測量は、五五年一一月、五六年一〇月、五七年六・七月と、三回にわたって繰り返された。凄惨な闘争だった。砂川の農民たちと支援者たちは、「土地に杭《くい》は打たれても心に杭は打たれない」と、激しく抵抗した。

砂川弁護団は法廷闘争を展開した。あらゆる戦術を駆使して測量を阻止しようとしたのだ。

私有地立入り禁止仮処分申請（五五年七月）、作物等の国家賠償請求の証拠保全申立て（同年一一月）、警官隊糾弾（警視総監以下、警察官二三〇〇名を対象）の特別公務員暴行凌虐罪で告訴（五

対」を決議して代表団を上京させ、闘いの火ぶたが切られた。

こうした地元の反対の声に、政府は一〇月八日、「この問題は一応白紙に戻す。全国的に候補地を再検討する」ことを余儀なくされた。しかし、県選出の林屋亀次郎参議院議員が第四次吉田内閣の国務大臣に就任すると同時に、いったん「白紙」となったはずの接収問題が突如再燃する。一一月二五日の閣議で、「昭和二八年一月から四月まで四カ月の一時接収」が決定されたのだ。

これに怒った内灘村民、労働者、学生約一五〇〇人は、一一月二七日に帰郷した林屋亀次郎を金沢駅前で迎え撃った。人々はスクラムを組み、「問答無用、すぐ帰れ」「接収決定を即時撤回せよ」と口々に叫び、駅に降り立った林屋に罵声《ばせい》を浴びせる。警官に守られながら、ほうほうの体《てい》で県庁にたどりついた林屋はバルコニーに立ち、県庁前に集まった群衆に向かってこう叫んだ。

「内灘村以外の候補地が見つかったのだが、冬季間零下一〇度に下がり、試射場には都合が悪いので、その間、内灘を使用させてくれというのが政府の意向です。四カ月間の一時使用なので何とかがまんしてほしい」

ところが「一時接収」のはずが「永久接収」とされてしまう。中山村長と林屋政府代表との間で、一二月一〇日に補償金と四カ月の一時接収が取り決められ、当時としては破格の補償金一戸あたり五万円（総額五五〇〇万円）

六年一〇月）、収用認定の取消しを求めての訴訟（五五年一〇月）、接収農地の返還を求めた土地明渡し請求訴訟（五六年四月）などなどと。そして、戦争放棄・戦力不保持の憲法第九条を問う裁判に取り組んだのだ。

五九年三月三〇日、東京地裁は「砂川刑事特別法違反被告事件」につき、いわゆる伊達判決をくだした（伊達秋雄裁判長の名をとって）。米軍の駐留は「違憲」とした判決である。敗訴の政府・検察側は最高裁へ跳躍上告した。高裁の控訴審を省略して伊達判決をくつがえす挙に出たのだ。

検察側の戦術は図にあたり、最高裁は同年一二月一六日、逆転の「日米安保条約は憲法に違反せず」（米軍駐留は合憲）との判決をくだしたのだった。

しかし、農民は基地拡張反対の姿勢を崩さなかった。そしてついに六八年一二月、立川基地拡張にアメリカは見切りをつけ、計画の中止を通告してきたのだった。

弁護士に成り立てで砂川に送り込まれ、計画中止まで砂川闘争に取り組んだが支給され、闘争は収束へと向かうかに思われた。だが、年が明けると大掛かりな試射場建設が始まり、砂丘地に砲座、監視所、カマボコ兵舎、弾薬庫などの堅牢な建物が姿を見せ始め、砂地の上に鉄板を敷いた道路が完成するに及んで、住民は「一時接収」という約束が反古《ほご》にされたことを知る。

内灘問題はにわかに反吉田内閣、反米軍基地という政治的色彩を帯びた大闘争へと発展していく。そのきっかけをつくったのが四月の参院選だった。この選挙で、「内灘を売った」林屋亀次郎と「内灘を返せ」の井村徳二が一騎打ちをしたのである。県民はこの選挙戦を二人が経営するデパートの名にちなんで「大和（井村）と武蔵（林屋）の内灘海戦」と呼んで注視した。選挙戦突入を控えた三月一八日、ついに一発の砲弾が砂丘地から発射され、闘争は一気に高揚する。

一方、北陸鉄道の現職の社長である、井村徳二を反基地統一闘争のために労組として支援することについては、当然ながら組合員の間からは逡巡《しゅんじゅん》の声が出た。だが、内山は感情論を捨てて大義のために一票を投じることを必死で訴え、理解を得ることとなる。むしろ他労組から、「今まで闘っていた社長を推す北鉄労組の見識を問う」という声が聞かれたくらいで、北鉄の組合員には意外にすんなりと受け入れられたのだった。「選挙は別」という意識とともに、「我が社精神」で社長を応援したいという空気も組合員の間には多かったようである。

弁護士・新井章は、砂川の思いを一冊の本の中に込めている。*

〈新米弁護士の私が砂川の地に足を踏み入れたのは、まさにそのような（強制測量阻止の）激突のさなかであった。

私は、来る日も来る日も、ひたすら現地に通った。そしてわずか一年先輩にすぎぬ久保田弁護士と手わけをしながら、反対同盟の集りで地元の農民たちを前に、にわか仕立ての土地収用法や地方自治法に関する知識をレクチュアしたり、日米安保条約がいかに憲法九条や平和主義の精神にそむいた違憲の条約であるかを説明したりした。またあるときは、支援団体の現地闘争本部につめて、協議の席にはべったり、政党や労組の幹部たちの諮問にこたえもした。〉

この基地反対の平和闘争は、のちに原水爆の禁止運動、沖縄返還、七〇年安保、米原潜寄港反対の運動その他に引き継がれていく。労働者・国民の平和への希求、政治への関心は高かった。そういう時代に、状況はおかれていた。

一方、おりから賃金要求の最中でもあり、「選挙闘争か賃金闘争か」「内灘か職場か」という運動論の立場からの意見も出されたが、内山は二者択一でなく、日常的な職場活動を通じてその本質としてある政治的な問題を理解し、地域にも出て行くことの必要性を説いた。

一九五三（昭和二八）年四月一七日、兼六園で開かれた石川県評主催の「内灘奪還県民大会」であいさつに立った内山は、「内灘問題は単に地元村民だけの問題ではなく、石川県民の問題である。真の独立と平和のために、約束通り四月いっぱいで試射場を撤収せよ」と訴えた。

参院選投票日を三日後に控えた四月二一日、同じ兼六園で開かれた「砂丘地接収撤回期成同盟」主催の集会には、壇上に左右社会党、共産党、県評の幹部に加え、地元選出の改進党代議士喜多壮一郎と同党の中曽根康弘も並ぶ異例のものとなった。保守と革新が一堂に会し、反内灘接収、反林屋の一点で一致した野党がこぞって参加したのだ。

注目の選挙の結果は、井村徳二候補が二一万四三九票で当選、林屋亀次郎候補は一九万四二七九票で落選。「内灘を返せ」という県民の意思が、現職の国務大臣を打ち破ったのである。

この勝利をはずみに、反対運動は一気に盛り上がる。四月二八日には北鉄労組、県評を中心に、改進党、左右社会党、労農党、共産党の各政党、さらには日農、婦人会などの団体が加わった全県組織「内灘永久接収反対実行委員会」が旗揚げされる。

そんな最中、北鉄労組が「軍需物資輸送拒否」を決議したのである。

■貨車を止めた日■

それは一九五三（昭和二八）年五月一二日午後のことだった。この日の北鉄労組第二一回委員会は、予定通り賃金配分や役員改選の議案を審議していた。終了間際に浅野川線委員の高田が挙手し、「一般経過報告にあった内灘問題について、村民にばかり反対しろと言っても、我々が弾丸を運んでいたのでは、本当の県民一致の反対にならない。これについて予定議案終了後、別個議案として審議してほしい」と提案、議長の今西は午後から正式議題としてやりたいとこれを了承した。

午後の審議の冒頭、執行部を代表して岡本茂委員長代理（内山は衆院選出馬のため委員長を辞任していた）が内灘問題の対処について提案した。「内灘問題は村民だけのものではないことを確認する。組合としては県評その他に働きかけて一大県民統一戦線を組織する。村民への啓蒙運動を行う。具体的なことは執行部に一任してもらいたい」

これに対して能登線委員の今井が、「軍需輸送の問題を解決すべきだ。どのような形で拒否するのかということを調査して、具体的に解決するようにしてもらいたい」と発言。

岡本委員長代理が答弁に立ち、突然こう切り出した。

「軍需輸送を拒否するということを決定してもらいたい。具体的な戦術は執行委員に一任してもらいたい」

そして今西議長から「軍需輸送を拒否することを決定」という声に、出席した七〇人の委員から一斉に「異議なし」の声があがり、あっけなく歴史的な決定がなされてしまった。

執行部は委員会終了後、「県民の総意に反して強制接収が強行される場合は、内灘試射場向けの一切の物資輸送を実力をもって拒否する。その時期、方法については、事態の推移により執行委員会に一任する」と確認した。

当日、委員会に来ていた毎日新聞の記者がこの決定を記事にし、翌日の全国版に載せた。全国の労働者の度肝《どぎも》を抜くことになる。

選挙出馬のため、ひらの執行委員の肩書になっていた内山は、この時の委員会に出席していない。翌日、旅先の東京でこのニュースを聞いてびっくりしたのである。私鉄総連の各組合だけでなく、全国の労働者が、この決定に大きなショックを受けたのだった。

岡本委員長代理は後日、この時の心境についてこう語っている。

「内灘の浜のおばさんが、あんた弾を輸送するじゃないか、小松製作所は弾を作ってるじゃないか、と言うわけや。わしゃ、電車止めりゃ、おばさんこの杭《くい》抜くか、と言ったら、抜く、と言うわけや。それじゃ労働者として基本的にやらなきゃいかんと思い、あの委員会で輸送拒否と言った」

内山の末弟で北鉄の市内線に勤務していた康雄も、組合の輸送拒否の決定を聞いて「びっくりした」という。だが、その時点では「本当に止められるか」と半信半疑だった。

「それでも、組合員はみんなすんなり決定を受け入れ、仕事の行き帰りに、手弁当で毎日のように浜に駆けつけておばちゃんたちと座り込んだ」と、昨日のことのように語る。

私鉄総連内はいうにおよばず、北鉄組合員にとっても寝耳に水の決定ではあったが、それは全くの偶発的な決定ではなく、長年の北鉄労組員と内灘住民との密接な関係から生まれた必然でもあった。

通称「浅電」と呼ばれた北鉄浅野川線は、内灘住民にとって唯一の足として親しまれてきた。浜でとれた魚を金沢方面に行商する女たちの交通手段であり、組合員との交流の場でもあった。内山は後日、こう語っている。

「浜のお母ちゃんたちとは緊密な結び付きがあった。電車の降りぎわに、行商の魚を一匹、二匹と乗務員や駅員にくれるんです。組合員はそれを昼飯のおかずにしてね。そういうお母ちゃんたちと日常的な部分で非常につながっていた。内灘接収はそんなお母ちゃんたちの生活権に関する問題だった。その生活権が奪われることに、組合員が立ち上がったんです」

だから、突然の拒否決定も現場の組合員は抵抗なく受け入れた。機関紙「北鉄労働」は、決定直後の五月二五日に開かれた浅野川線の職場常会で出された意見を紹介している。

「合法闘争だけなら何もやれない。固く団結すれば非合法でも成功するものだ」

「執行部の輸送拒否指令をただ待つだけでなく、その指令を我々が出させるべきだ」

「もし、このことで検束されたって、恥じることはない」

という意見が出たあと、ある組合員からの「なーに、いっぺんくらいブタ箱の経験も悪くないぜ」という声に、どっと笑い声があがったと報じている。そこには「沖縄行き」もあり得るという実行部隊の組合員の悲壮感は全くみられない。

そうはいっても、この決定は「合法」ギリギリの、労組としては常識破りのものであることは間違いなかった。まず、米軍物資輸送を拒否するという「行政協定違反」であり、特定の貨物だけを拒否するというのは「地方鉄道法違反」で、さらに労組法によるストライキでもないという、意表をつく「画期的」な戦術だったのだ。執行部は首をかけ、さらに沖縄での駐留軍労働も覚悟したのは当然である。

私鉄総連は北鉄労組の「軍需輸送拒否」決議を「画期的」なものと評価し、

五月二〇日付で闘争支援に関する指示を全国の組合委員長宛てに発した。

「再軍備反対、吉田政府打倒、行政協定破棄の闘いとしてのこの闘争の意義を大きく評価し、北鉄労組の決議を支持するとともに同労組に対して激励を送ること」

決定の日以降、北鉄労組の事務所には、毎日のように全国の労働組合、民主団体、政党支部から続々と激励電報、激励文が山のように届いた。

六月二日、ついに閣議は内灘試射場の継続使用を正式に決定した。

六月一一日、北鉄労組は現地近くの浅野川線七ッ屋車庫で決起大会を開催、あいさつに立った内山は、「内灘の闘争こそ軍事基地反対の闘いであり、我々働く者の生活を苦しめている再軍備政策を粉砕する闘いである。全県民あげてのこの闘争の先頭に立って闘うことこそが、今後北鉄労組の闘争を孤立させない大きな力となるものである。だからこの闘争は我々の経済闘争にも通じる日常活動の一つである」と檄《げき》を飛ばした。

大会後、臨時電車で約二〇〇人の組合員・家族は新須崎に向かった。試射場発射地点に通じる鉄板道路の上を、労働歌を歌いながら米軍キャンプに向けてジグザグデモを敢行したのだ。内灘闘争で米軍基地へ向けてデモを行ったのは、北鉄労組が初めてだった。当時、北鉄労組書記長だった金岩外雄はこう語っている。

「初めて見る鉄板道路の上をジグザグ行進すると、米軍が金網の向こうに集まってきた。そのうち小銃を構え始め、いつ発砲されるかわかったものではない。ゲートが閉められ歩兵の数が急に増えた。米軍にとってもデモは初めてで大変慌てた様子だったが、約二〇分で何事もなく引き揚げた」

この日、内灘砂丘に初めて赤旗が翻《ひるがえ》ったのである。「これから内灘村民を激励しに行こう」と大会で緊急決議し、実際は米軍キャンプへ労組の赤旗を立ててのデモを仕掛けたのは内山だった。突然のデモ隊を村民たちは手を振って迎え、報道カメラマンはさかんにフラッシュを浴びせた。午後七時一〇分、デモ隊はたそがれ迫る大根布役場前に到着、出迎えた出島実行委員長から感謝の辞を受けて、内山の「内灘接収絶対反対！　県民勝利のために万歳！」でデモは締めくくられた。翌日、デモ隊の先頭を行く内山の勇姿が新聞を飾った。この時から「北陸の坂本竜馬」の名が広まることとなる。

六月一二日の閣議は、一三日からの継続使用と中断していた試射を一五日から再開すると発表する。これに対して村民の怒りは爆発し、同日から米軍キャンプ前の鉄板道路と試射場付近の権現森の二カ所で座込みを開始、北鉄労組員をはじめ地域の労働者、学生がデモをかけて警官隊と激突した。

北鉄労組は緊急執行委員会を開き、第一次として一四日正午から四八時間の軍需物資輸送拒否を決行することを決定、闘争指令第一号を発出した。

金岩書記長は「貨車を止めた日」をこう語る。

「軍需物資が北鉄金沢駅に着いた。行ってみると、貨車二両に建築資材の鉄棒があった。私はその場で輸送拒否を指令し、現場の責任者となった。夜に入ると内灘の大にぎわいに比べ、北鉄金沢駅はしんと静まりかえっていた。夜一〇時過ぎ、内灘の本部から『今夜、貨車が爆破されるかもしれない』と緊急連絡あり、彼らのよくやる手段で頭には描いていたが、情報の出所は別として、電話にドキリとした。早速、貨車にゴザを敷き、中に入る者と外の見張りを配置し、徹夜で貨車を守った。自分が輸送拒否した貨車を、まるで大切なもののように守り、朝、無事な貨車の姿に感動した私だった」（『石川県評結成三〇年の歩み』より）

しかし、輸送拒否突入二日目の六月一五日の早朝、反対派をあざ笑うかのように、浜から四二ミリ迫撃砲弾が発射された。

試射再開に抗議して村民の座込みは続けられた。組合員は勤務の前、勤務終了後、休日返上の「手弁当」で毎日座込みに加わり、「浜のお母ちゃん」たちと交流を深めていった。全国から調査団、学生工作隊、学者・文化人、労農団体が内灘を訪れて激励、カンパを重ねた。内灘の闘いは一気に全国に広まっていった。内山は一六日、県、村の実行委員ら四〇人で内灘接収反対陳情団を編成して上京、国会への陳情を行った。

七月一一日、北鉄労組は九六時間の第二次輸送拒否に突入する。ちょうど七月八日から開催されていた総評第四回大会で北鉄労組の決行が伝えられると、満場の拍手が湧き起こった。大会は「軍需物資輸送拒否九六時間ストを決行する北陸鉄道労働者を孤立させることなく、最後の勝利まで総評は絶大な支援を送る」という特別決議を、満場一致で採択した。

七月一九日、兼六園で開かれた「軍事基地反対国民大会」には全国から一万人が参加、集会後のデモ隊列の中には「金は一年、土地は万年」と書かれたムシロ旗とともに、「北鉄労働者アリガトウ」の文字も掲げられていた。実力で示した北鉄労組の連帯行動を、村人たちは涙を流して感謝したのだった。この集会であいさつに立った社会学者の清水幾太郎は、内灘について、雑誌「世界」に二度にわたって原稿を寄せ、闘いを日本、さらに世界に広めた。「私は砂の上に涙を落とした」「内灘は基地問題に対する私の眼を開いてくれた。私にとって、内灘は即ち基地であり、基地は即ち内灘である。こうして昨年（一九五二年）秋の旅行は基地問題を私に突き付け、突き付けられることによって、私の一生に一つの刻み目をつける結果になった。私は基地の問題の中に、自分の義務を見た」という一文は、多くの人々に日本の現状に思いを馳せさせたのだった。

清水幾太郎《しみずいくたろう》　一九八八年八月没、81歳。
ジャーナリスティックな社会学者として戦前・戦後の論題を風靡《ふうび》した。戦前、東大社会学科卒業後、東大副手を経て三九年、朝日のコラム「槍騎兵」の時評を担当。四一年に読売の論説委員、唯物論研究会にも関係。
戦後、二〇世紀研究所を主宰《しゅさい》して日本民主化のオピニオン・リーダーとなる。平和問題懇談会、内灘《うちなだ》、砂川闘争のアジテーターで、六〇年安保闘争では「今こそ国会へ」と呼びかけ、国会包囲請願運動の引き金となった。
しかし、高度成長後、その論理は市民的個人のペシミズム（悲観論）に彩《いろど》られ、民族・国家・自然・伝統への回帰と、日本の核武装化・完全国家への権力願望となる。

金沢市内は連日騒然とした雰囲気に包まれていた。「一人で電車を止めた男」と内山のうわさは近所でも評判になり、内灘闘争のリーダーと目された内山の家は、これに反発した右翼と見られる者から、瓦大の石がほうり込まれるなどの嫌がらせも受けた。高校生だった三女節子は、内山の妹ということにくわえ、後の内山選挙でウグイス嬢として応援したことなどもあってなかなか就職先が決まらず、結局、内山の紹介で北鉄健康保険組合へ就職することとなる。次男良雄の妻順子は、「デモの先頭で赤旗を振っている」という義兄の姿を一目見ようと、怖いもの見たさでデモ見物に行った。やはり義兄は先頭にいた。その姿はひときわ大きく、まぶしく見えたという。

こうして全国闘争の様相を見せ始めた内灘闘争だったが、現地では運動の分裂が始まっていた。「愛村同志会」などの接収賛成派が、接収反対実行委員会、共産党の内灘工作隊員らと激しく対立していったのである。こうした中、中山村長が「接収に応ずる」と表明、九月一六日、石川県調達局長と土地所有者代表との間に権現森の賃貸契約が結ばれる。反対派はこれに抗議し、村長リコール運動が始まるが、中山村長が辞任したことで村長選となる。この選挙には反対実行委員長の出島権二が立候補したが、自由党系候補に破れてしまう。この選挙戦敗北以降も住民の一部は権現森の座込みを続けたが、九月二八日、警官に実力排除される。県評内部からも「いいかげんに締めくくりしたら」という声が出始め、闘う戦線は総崩れとなり、内灘闘争は事実上の終焉《しゅうえん》を迎えることとなる。

内灘の砲音は、一九五七（昭和三二）年三月三〇日の米軍からの返還の日まで鳴り響いたのである。

石川県評は第四回大会でこう総括している。

「多くの人力と物量とを、ここに投入して闘ったのであるが、強大な権力の前に屈服せざるを得なかった。ただ言えることは、全国の基地闘争にさきがけて立ち上がり、全国の基地闘争に火を点じたということ、労働者は素直に、労働者らしい感覚と信頼で結ばれればいかなる闘争でも強力に仕組めるものであることを知った」

内山は自著『幹部闘争から大衆闘争へ』（復刻版・むすび）の中で、「内灘をたたかった若者たちの心の底流には、戦争への憎しみと、仲間と人間への愛情があった。今日のような『労働経済学者』や『政治家』タイプの活動家はいなかったが、体ごと村民のなかに入っていった仲間たちを多く見ることができた。幹部と労働者は内灘の砂丘の砂にまみれた握り飯をほおばり、村民の家の土間や船小屋で起居をともにした。いまの運動になにかが欠けているとするならば、私はなによりもまずそのことを指摘せざるをえないのである」と振り返り、「急な坂道を登る車の後ろを押し、前から引っ張ってくれる人なら、青い顔をした人でも赤い顔をした人でもいいがね」と言った「内灘の〝おかか〟たちの言葉を忘れない」と述べ、こう結んでいる。

「内灘の浜の〝おかか〟たちの言うセクト主義の克服、みんなの協力と共同の気運、その行動の拡大のためにわれわれが今なにをすべきか考えるべきであろう。

内灘の浜の〝おかか〟たちは、私たちに『内灘に返れ』と呼びかけているような気がしてならない」と。


内山の名は、北鉄労組とともにこの内灘闘争で一躍全国に広まった。内山をここまで駆り立てた原点は、やはり戦争への深い反省と憎しみだった。職場の組合員には「職場闘争か内灘か」という分極した気持ちが根強くあったが、内山にとって内灘闘争は、経済闘争・政治闘争という枠を超えた一つの闘いだった。結末は勝利に至らなかったものの、内灘闘争は、平和への願望が、政党や労組、各団体の利己心を超えた大衆的な統一戦線の原型として、内山の心に大きな財産としていつまでも残った。

それから三〇年余り後、朝日の記者で、今は労働評論家の村上寛治とともに内灘の浜を訪れた内山は、その変わりように言葉を失った。わずかに、砲弾が撃ち込まれた権現森周辺とアカシアの街路樹は当時を彷彿《ほうふつ》させるものがあったが、〝おかか〟たちがいた漁村は団地と新興住宅に様変わりし、炎天下座込みした砂浜からは若いサーファーたちの歓声があがっていた。

村上の「内《うつ》ちゃん、あの闘いは何だったんだろう」の問いに、内山は無言で日本海の遠い水平線をながめるだけだった。

第7章 訪中と和光塾
——労働者教育を発起

■中国帰国船の中で発想した労働者塾■

一九五三（昭和二八）年九月三日、内山は初めて中国を訪れた。

戦乱で中国に残された日本人の帰国援護業務を行っている中国帰国者援護三団体（日中友好協会、平和連絡会、日本赤十字社）の第六次帰国船の乗船代表に選ばれ、上海《シャンハイ》から舞鶴港まで帰国者の世話をしたのだ。

一九四九（昭和二四）年一〇月に成立した毛沢東を主席とする中華人民共和国の大地に足を踏み入れ、社会主義建設に燃える人民の息吹《いぶき》を肌で感じたいと、乗船前から内山の胸は期待で膨らんでいた。門司港を出発し上海に向かう「白竜丸」の船内で、内山は内灘闘争の記録幻灯フィルム『砂丘は叫ぶ』を上映しながら、闘いの生々しい報告をして乗船者から熱い激励の拍手を受けた。

中国では短期間の日程ではあったが、鉄道労働者だけでなく一般市民から

春闘…◇

高野総評に批判色を強めてきつつあった太田薫合化労連委員長は、一九五四年の総評第五回年次大会で、事務局長選に立候補する。結果は、高野実一四〇、太田一〇七と三三票差で太田が敗れ、高野の四選となった。とはいえ、総評の高野離れは加速された。

太田は、総評とは別の賃上げ共闘を組織して勝負に出る。炭労、私鉄、紙パルプ、電産、これに合化を加えた五単産で共闘会議を結成したのだ。のちに三単産（全国金属、化学同盟、電機労連）を加えて五五年春の賃上げ闘争を八単産共闘で闘う。春闘のはしりである。

太田は高野を追い落とすべく、国労の岩井章をかつぎだし、この年の総評第六回年次大会で高野と対決する。事務局長選の結果は岩井一二八票、高野一二三票と岩井が上回り、過半数に達しなかったことで再投票に持ち込まれることになったが、高野が辞退して岩井事務局長の誕生となった。高野時代の終わりであり、

も話を聞くことができた。訪れる先々で、日本の内灘での反基地の闘いは高い評価を受け、励まされた。以前、中国共産党の文献『整風文献』『共産党員の修養を論ず』を読んで共鳴していた内山にとって、じかに見た新生中国でそれらの理論が実践されている現実に、大きな感銘を覚えた。わずか一週間という短い滞在だったが、内山にとってこの中国訪問で得たものは大きかった。

「若い者も年寄りも非常によく勉強している。努力、学習、団結、友愛がスローガンになっている。教育方法にしても、学校の先生が作ったものを、上から教えるのではなく、下からやる。……団結して平和を守るということが信念になっている、平和が国の宝となっていると感じられた。学校で、戦争に反対し、平和を守るために五愛（祖国、人民、労働、科学、公共財物）を小学校の子供から教えている」

　新中国の感想をこう語る内山が、その中でも特に注目したのは、労働者教育だった。

　新中国を担う若い労働者を育てあげた教育のあり方、「夜から朝になるように革命は生まれない」と語る指導者のたゆまぬ努力と民衆の学習の重要性を教えられた。どこへ行っても学習が重んじられ、旧時代の欠点を克服して新しい生き方を身につける努力が重ねられていた。その基本にあるのが「相互批判と自己批判」だった。

太田・岩井ラインの登場だった（太田は五八年に総評議長に就任）。

　総評と中立労連、これに一部純中立の組合を加えて「春闘共闘委員会」が結成される。この春闘共闘が毎年の春闘をリードしていくこととなった。春闘は六〇年以降、総評運動の本流をなしていくのである。そして七四年以降、「国民春闘」と銘打って春闘は闘争領域を賃上げ闘争以外に拡大していく。春闘は、八九年の総評解散、全民労協の結成、民間連合、そして官民糾合《きゅうごう》の連合の時代に至るも、労働運動の主軸にすえられつづけるのである。

　日本の高度経済成長は、一九五五年頃から開始されていた。六〇年、池田内閣の所得倍増計画によってこれに拍車がかけられる。年率一〇％を超す経済成長に、世界に驚嘆したのである。春闘は、この波にのって定着する。六四年一一月に同盟（全日本労働総同盟）が結成され、総評・同盟並立時代が八九年までつづくのだが、同盟は「賃闘」の名称をもって春闘の戦列に加わる。名実ともに、日本の労働運動を代表する闘争として、世界の内山は、「日本の大衆運動が学ばなければならないものがそこにある」と中国共産党の進める大衆路線に大きな啓発を受けたのである。内山の代名詞ともいえる「幹部闘争から大衆闘争へ」というモットーは、このとき生まれたといってよい。

帰りの船の中で、内山は日本人帰国者たちが集団討議する姿を見て、「少年時代から軍国主義教育を受けた彼らが、今、中国での学習活動によって新しい人間の生き方をつかみ取ろうとしている」ことは大きな驚きだった。内山自身、以前から労働運動を強化するためには、若い労働者の養成が重要であると思っていたが、帰国者たちが船内で相互批判する集団生活の姿を目の当たりにして、ヒントを得た。新しいスタイルの労働者教育は、従来のような一日だけの短時間の講座ではなく、共同生活の中で人間を育てることから始める必要があると考えた内山は、帰国後、さっそく家族に相談を持ちかけたのである。

それは、自宅であるお寺を開放して「労働者塾」にするというものだった。組合執行部となる幹部を養成するのでなく、労働者として生き抜く職場活動家づくりのため、一緒に生活しながら学習するという密度の濃い塾をつくろうと決心したのだ。

父母は、突然の内山の話に半信半疑ながら、その熱心さにほだされて寺の使用を承諾する。さっそく寺院の奥の大部屋を開放し、あっと言う間に教室

労働組合に認知されていくのである。

ここで総評の高野時代を振り返っておこう。高野総評は、決して賃上げ闘争、産別闘争を軽視したわけではない。資本の専横な労働者首切りを、困難な賃上げを、産別支援・共闘の枠を越えて、家族ぐるみ・地域ぐるみで取り組んできたのである。

その闘争は、困難であるがゆえに必然、長期化した。資本と対決したゆえに政治色も帯びた。それは、電産・炭労、日産自動車、日鋼室蘭争議等々にみられた特色である。高野総評は資本との対決色を鮮明にし、「平和経済国民会議」をつくって、この運動に力点をおいた指導をさらに強めようと試みたのである。

こうした高野指導に疑問を呈したのが一九五二年の「四単産批判」だった。太田らともズレを生じ、溝を深めていったのだ。太田らは、経済闘争重視の「労働組合主義」、労働組合本来の闘争に立脚すべしとして、政治色を強める高野総評に反旗を翻《ひるがえ》したのだった。理念は賃上げを軸とした産業別統一闘争の推進である。

兼合宿所の塾が完成した。

「働きながら学習を行い、いかなる困難にも耐えて生き抜くことのできる技能と、新しい労働者としての自覚と人格を持った労働者となるために、集団生活を通じて努力しあう」

という宣伝文言《もんごん》で、二五歳以下の独身男性を対象、一期三年の学習期間で塾生を募ったところ、市内線職場を中心に一〇人の応募があり、一九五三年一〇月からスタートした。塾の名前は「和光塾」。新生中国で掲げられていた「平和」と「光雄」から、それぞれ一字をとって命名したのである。

食費やテキスト代などの会計や教育カリキュラムなど、塾の運営は塾生たちの自治組織で行うこととなった。共同生活する中で週一回の学習会を開き、最初は『ものの見方・考え方』『社会科学基礎講座』がテキストとされた。

塾生から「校長」と呼ばれて慕われた内山は、彼らのことを弟のようにかわいがった。塾生たちは、それぞれ電車の運転士や車掌の仕事で不規則な勤務時間だったが、母や妻、妹たちは、その時間に合わせて食事を準備し、時には勤務先まで弁当を届けることもあった。当時は炊飯も竈《かまど》で、一枚やきぬは始発番の塾生に合わせて朝四時半に起き、薪《まき》に火をつけて飯をたいた。

広い畳に細長いテーブル、そこで塾生や家族たちがにぎやかに食事をとる風景は合宿所のようでもあった。大家族の中で育った弟や妹たちは、塾生たちを家族の一員のように温かく受け入れ、若い塾生たちも、内山家の人々の

高野、太田・岩井指導の共通点は、企業別に組織されている日本の労働組合、この企業別の弱点を、いかに克服するかにあったといえる。太田の言葉を借りよう。「闇夜にお手てつないで、みんなで渡れば怖くない」である。春闘共闘の要求と闘争スケジュールに沿って、毎年春に産業別に結集して〝みんなで闘おう〟と提唱したのだ。〝太田ラッパ〟の第一声だった。

総評は、結成大会で承認された基本綱領に、「日本の民主主義革命を推進するとともに、社会主義社会の建設を期す」ことを前文で高らかに謳《うた》いあげている。高野総評は、その〝夢〟の実現にむけて邁進《まいしん》した。一方の太田・岩井は、現実路線に立脚した。政治的偏向を是正して労働者の即物的要求、賃上げこそ労働運動の本筋だ、と。賃上げを柱とした産別闘争の推進だった。

では、春闘はどのように取り組まれたのか。

各単産は要求額の統一、闘争日程や実力行使の規模など、闘争スケジュールの設定、妥結基準を定めて、産別レベルの

温かい心遣いに、自然に溶け込んでいった。

内山が北鉄の委員長に復帰してからは塾の運営は手を離れたが、アドバイスや講師の紹介などは随時行った。

塾生たちは独習を基本に学習会を行いながら、松川事件被告や近江絹糸の労働者などを講師に、時に二〇人前後の労働者が参加するようになっていった。塾生たちの、前夜の講師の話を翌朝にはガリ版で刷り皆に配るという熱心ぶりに、内山は目を細めた。

金沢を訪れる学者や労組指導者たちは、すすんで和光塾に一泊して講義をしてくれた。その中には、木村禧八朗（社会党国会議員）、磯田進（労働法学者）、藤田若雄（東大講師）、高野実（総評事務局長）の顔もあった。

木村禧八郎《きむらきはちろう》　一九七五年五月没、74歳。経済評論家、政治家。

戦前、二四年に慶応義塾大学卒。時事新報社の記者となり、三四年に退社、毎日の「エコノミスト」誌の嘱託となる。猪俣津南雄《いのまたつなお》からインフレーション研究の指導を受ける。

戦後、四六年に北海道新聞労組の調停を担当、論説委員長を経て四七年参院選（全国区）で初当選。四八年、社会党政調副会長。この年一二月、黒田寿男らと労農党を結成。五一年から木村禧八郎経済研究所を設立して「木村経済通信」（週刊）発行。五七年に社会党に復帰。七一年一一月、太田薫らの協力で木村経済研究所を設立。

カリキュラム編成など教育全般のめんどうを見、実質上の校長だったのは、北鉄労組書記でのちに長野大学教授となった森直弘だった。

内山は、帰宅が早い時などは、塾に顔を出し、塾生とともに酒を飲んで、

統一闘争を推進しようとした。単産レベルで統一要求も策定された。要求方式は各年しばらくのあいだ、一律プラス・アルファ方式がとられた。一律額を定めて上下格差を縮めようとした。

春闘共闘は、各単産の闘争態勢の確立ぐあいを見ながら、全体の闘争スケジュールの調整を行った。あらかじめ春闘期間中の闘争日程と、闘争の山場を担う拠点単産を決め、その拠点の闘争に向けて参加単産が波状的に賃上げ回答を迫ることによって、全体の賃上げをはかろうという戦術がとられた。スケジュールが設定された。

拠点単産とされたのは、当初は炭労、私鉄総連、合化労連、そして国労だった。炭労・国労など闘争力が強い組合と、私鉄のように不況の影響をあまり受けない単産、その年業績のよい合成化学、電機などが拠点単産とされた。

春闘においては、地方春闘も重視された。地評・地区労が地域春闘を指導したのである。付随して、中小企業労働者の組織化も推進された。

春闘はやがて〝春闘相場〟を形成する

興が乗ると腹踊り（腹にへのへのもへじを墨で書く）でみなを笑わせたり、得意の喉《のど》でディック・ミネの歌を披露したりした。

和光塾は組合内に広まり、各地区でもこうした学習サークルが誕生していった。また、塾生たちがガリ版で作った機関紙「和光」は職場の評判となり、その後の組合の教宣活動に大いに貢献することとなる。塾生は、人間として、労働者として大きく成長していき、和光塾生は、職場闘争委員や執行委員など組合活動家だけでなく、議員も輩出していった。

自分の名を塾名に入れたり、塾生と起居するという私塾の発想は、吉田松陰の「松下村塾《しょうかそんじゅく》」をモデルにしたのかもしれない。また、北鉄労組内での核づくりだけでなく、地域活動における労農党の足場を広げる拠点としても、内山はこの和光塾を育てたいという夢を抱いていたのだろう。

それは、経営側の攻勢で徐々に侵食される北鉄組合員や、地元有力者の札束攻勢に屈していく内灘村民たちの現実を直視した時、新中国での労働者民衆への教育にヒントを得ながら、内山なりの学習方法で、社会主義日本を担う労働者民衆を育成する実験塾でもあった。

働きながら学び、共に生活するという中で、実践と理論の統一を血肉化する。内灘では労農連帯で電車をストップさせたが、結局は試射を止めることはできなかったという苦い経験、未開花となった労農提携の萌芽を、立派な大樹に育てあげるひとつの道場としての意味をもっていた。それは、本来、

までに成長していった。春闘が毎年の賃上げを規制し、賃金決定に不可欠の存在となるのである。六四年の池田・太田会談、その公務員賃金の「民間準拠」の確認によって、春闘相場は人事院勧告にも反映されるようになった。官公労働者の賃金にも影響することとなり、一方で公務員労組も春闘参加など比重を強め、賃金決定システムとなっていくのである。

しかし、スケジュール春闘、マンネリ春闘、ＪＣ春闘、管理春闘などと呼ばれ年をへるにつれて、春闘はやがて形骸化していく。春闘相場は波及しなくなり、春闘の相場が全体の賃上げを逆に抑制することともなり、七五年には生みの親たる太田薫をして、春闘の終焉《しゅうえん》を語らしめるようになる。七四年以降、「国民春闘」をかかげて闘われていくように、春闘の在り方が模索されていくのである。つまりは、制度政策闘争に活路を見いだそうとする。それは、連合移行への重要な要素である。つまり、総評から連合への再編の意味は、制度政策闘争を強めようとの意図が強く働くのだ。

しかし、今日に至るも、春闘に代わり

民衆のために開かれた存在であるべき寺院が、閉鎖的で金儲けの場と変質していることへの、内山なりのささやかな抵抗でもあった。

和光塾の活動が軌道にのった一九五五（昭和三〇）年一二月三日、寺院の敷地内に「和光会館」を落成、労働者教育のセンターとして財団法人化し、集会や宿泊施設として北鉄関係者だけでなく広く門戸を開いた。落成式には、県内の労組関係者、各党代表者など一三〇人が集まり、父哲門《てつもん》による仏式の竣工式が執り行われた。長男によってどんどん変えられる寺の姿にとまどいの気持ちはありながら、民衆に開かれた、民衆のための「駆込み寺」としての新たな門出を、哲門は心から祝福したのだ。

その後、内山が私鉄総連本部に上京してからは、会館は保育園としても使用することとなった。当初は無認可だった保育園も、その後認可を取得して運営されるようになる。この「あゆみ保育園」では、三女節子の長男・宏行と長女・千佳が育っていく。

さらにその後、建物はとり壊されて駐車場となり、私塾「和光塾」はあとかたもなくなるが、内山の労働者教育にかける情熱は失せはしなかった。この和光塾こそが、その後内山のライフワークともなる労働者教育の出発点だったのである。

うべき闘争形態を、労働側（連合）は打ち出せずにいる。

春闘の生みの親である太田薫は九八年に、また、太田のよき女房役をつとめ、太田引退（総評議長を六六年、合化労連委員長を七九年に辞任）後も総評運動を先導した岩井章（七〇年八月、事務局長辞任）も、九七年に亡くなってこの世にいない。

春闘の足どりを大まかにたどったが、この項の終わりに、上妻美章《こうづまびしょう》*の春闘論のほんの一節を掲記しておこう。八単産共闘の船出のときだ。「上妻は総評書記局の名だたるスタッフとして活動したが（一九五六年から六八年まで）、以後は労働講座の講師などを務めながら、いわば実践的な労働評論家として、健筆を揮《ふる》った人物である」（現在も労働評論家として活躍している矢加部勝美の言）。上妻は、総評のなくなった一九八九年一〇月に没している。

〈五単産共闘の方針書は、総評とは別の共闘会議とするか、事務局を合化労連本部におき、事務局長を加藤万吉——合化出身の総評常任幹事——とするなど太田色豊かな性格であった。

　太田の総評無視の態度は高野を激怒させたが、太田の決意は動かず、また総評としても賃上げ共闘そのものを否定するわけにはいかない。総評は全力をあげて賃上げ闘争に取り組むことを決め、また太田らも五単産共闘に固執せず、他労組の参加を歓迎する態度を示したので、「総評のそとの共闘会議」という形式は一応是正された。名称も「春季賃上げ共闘会議」とあらためられ、新しく高野の出身労組である全国金属のほか、化学同盟、電機労連が加わって八単産共闘となった。しかしなお事務局が合化労連本部におかれ、事務局長に加藤をあてる事情は変わらず、八単産共闘は実質的に太田指導の賃金闘争であった。〉

■春闘の始まり■

　日本経済は朝鮮特需を経る中で、戦後復興の時代から高度成長時代へ向かっていた。そうした中、労働運動は占領軍の民主化政策の転換により、戦後の高揚期から停滞期へと移行していった。内山光雄が弱冠二八歳で私鉄総連書記長に就任した一九四九年当時、日本の組合数は三万四〇〇〇に達していたが、朝鮮戦争が勃発した翌五〇年には二万九〇〇〇に減少、推定組織率も五五・七%から四五・九%へと低下していた。

　総評は高野の指導により、階級的労働運動を推進して全国闘争を展開、強化していったが、この「高野コース」に反発する組合が徐々に生まれていった。五四年に、海員組合、全繊同盟などが総評の指導は階級闘争至上主義であるとして脱退、総同盟と合流して全労会議（全日本労働組合会議）を結成する。

　一方、総評内でも高野総評の政治志向に対して、賃金など労働組合固有の課題をおろそかにしているという批判が出ていた。この先鋒に立ったのが合化労連委員長の太田薫である。高野の「ぐるみ闘争方式」に、太田は労働者の経済的要求の実現を目標とする「産業別統一闘争方式」を対置させたのである。五四年七月の総評第七回定期大会で、太田は高野と事務局長の椅子を争うこととなる。結果は高野一四〇票、太田一〇七票となり、高野事務局長の四選となるが、以降、総評内は「高野派」と「太田派」との、激しい綱引きが行われることとなった。

一九五四（昭和二九）年一二月、太田は賃金闘争を政治闘争と切り離した共闘として展開するため、総評の指導機関とは別個に、合化、炭労、電産、紙パルプ、私鉄の民間五単産による共闘態勢の準備にとりかかった。だが、この動きに対し分派的だという批判が起こったため、高野派の全国金属、化学同盟と中立の電機労連を加えた八単産で共闘組織をつくることとなった。この「春季賃上げ共闘会議」に参加した単産が、一九五五年春に次々と賃上げを勝ち取る成果を収めたことから、翌年以降、これが春闘方式として定着することになったのである。

一九五五（昭和三〇）年七月の総評大会で、高野は事務局長選挙で破れた。国労の岩井章にその座を譲ることとなる。総評は高野時代から、いわゆる「太田—岩井ライン」の時代を迎えたのである。時あたかも、自由党と民主党が統一して自由民主党を結成、一方、左右に分かれていた社会党も統一した結果、保守と革新が合同するいわゆる「五五年体制」を迎えていた。日本生産性本部が設立されたのもこの年二月のことであり、日本経済は戦後の混乱期から脱し、高度成長の時代へと向かっていった。春闘もその波に乗り、大きく高揚していくのである。

総評は春闘の要求方式として、一律プラスアルファ方式を採用し、一律額部分について単組のしばりをつけ、アルファ分の配分を単組に委ねることにした。そして全体の闘争スケジュールについては、統一指導部ともいうべき春闘共闘委員会が各単産の調整を行った。これにより春闘は、闘争日程の大枠、闘いの山場、拠点単産が決められ、各組合はその拠点の闘争に向けて波状的に攻撃をしかけ、全体の賃上げを押し上げるという戦術を毎年行うこととなった。これがのちに、スケジュール闘争といわれる所以《ゆえん》である。

五六年七月、経済企画庁が発表した経済白書は「もはや戦後ではない」と発表し、年率一二%に達する経済成長は「神武景気」と呼ばれた。この年の春闘から官公労が参加し、総評本部に合同事務局を設置して、官民一体の全国闘争として取り組んだ。本格的な春闘がスタートしたのはこの年からといえる。

春闘発足当初は、炭労、私鉄総連、合化労連、国労が拠点単産となった。これは炭労・国労は闘争力が強く、私鉄は不況の影響をあまり受けず、合化労連の化学は比較的業績が良好であるという理由によるものである。その年、業績の良い産業の単産が賃上げ相場をリードするよう設定されたのだった。

また総評はこの春闘を通じて、地評、地区労による中小企業労働者の組織化を推進した。全国の地評・地区労は、総評加盟単産の地方組織だけでなく、中立労連・新産別などの地方組織や純中立組合も加盟する組織である。総評は五五年の大会で中小企業組織対策のために、組織傘下の組合員からカンパを募ることを決定し、この資金にもとづいて「中対オルグ」を配置していったのである。

内山は一九五五年二月の衆議院議員選挙での落選後、すぐ北鉄労組委員長の任に戻り、精力的に動きまわった。一〇月に開かれた石川県評の定期大会で内山は議長に就任、以降三期にわたって県労働界の顔として地域運動の発展に力を注ぐことになる。県評では、主に中小未組織労働者の組織化と争議支援に取り組んだ。

おりしも、中央では五五年体制がスタートし、労働界では春闘が始動する。総評は高野時代から「太田―岩井ライン」へと移行していく時期にさしかかっていた。高野の提唱する「地域ぐるみ」「家族ぐるみ」の闘いを北陸の地で、内灘闘争という反基地闘争により実践していた内山を、高野は高く評価していた。内山が自ら経験した内灘闘争と労働協約闘争をまとめた著作『幹部闘争から大衆闘争へ』（一九五四年五月、労働旬報社刊）の序文を当時総評事務局長だった高野実が書いている。

「北鉄同志がいのちをかけて綴った記録は、内灘の大衆闘争の経験をつうじて広大な、国民抵抗のありかたをつきとめようとしたものである。それは、まさに、貴重な労作である。あえて若き青年同志の労作を推薦するゆえんである」と序文の最後を結んでいる。

高野実を太田薫は、「ちゃんとした詰め襟を着て、高邁な話をしていた」と評し、それに対比して自らを「俗人」で「ビジョンがない」（秋田書店『わが闘いの記録』）と卑下するが、その例として同著で引き合いに出しているのが、内山との「有名なクソのついた千円札」論争である。

■「クソのついた千円札」論争■

一九五六（昭和三一）年八月の総評定期大会で、内山は春闘のあり方について、「労働組合とはただ金を取るだけでは満足しないんだ。金を取ったためにそれと引き替えにどれだけひどい合理化がかかっているか、それを考えない執行部の考え方は底抜けだ。労働者の利益にならない春闘で、これは成果とはいえない」と痛烈に執行部を批判したのだ。

これに対して太田が答弁。「労働者というのはクソのついた千円札でも、それがおっこってれば、拾ってきて洗って使うものだ。きれいなことを言って労働組合運動ができるか」とやり返したのである。

品がない答弁ではあるが、労働者の気持ちをうまく比喩《ひゆ》した太田らしい表現に、会場の大勢は太田に軍配を上げたようだった。

だが、内山にとっては、太田の発言はとても納得できるものではなかった。合理化を交換条件に一時は金をとったとしても、将来その分は取り返され、

全逓中郵事件…◇

全逓中郵事件と俗称された「東京中郵事件」は、東京中郵の労働者が一九五八年三月二〇日、全逓（全逓信労働組合）の指令によって「職場離脱」したことが郵便法七九条違反（郵便業務不取扱罪）にあたるとされた事件である。同日午前二時半、全逓指令に従ってストライキ（職場離脱）に参加した労働者は約四〇〇人であった。

起訴されたのは全逓本部役員らで八名。八名はストライキの「教唆《きょうさ》」、つまり、ストを煽《あお》りそのかした廉《かど》で告訴された。裁判は公労法一七条（争議行為の禁止）が争点だった。

全逓中郵事件は、日本の労働基本権裁判史上の、基本的争訟の一つである。憲法二八条は「勤労者の団結する権利及び団体交渉その他の団体行動をする権利

結局は賃下げにつながることは、今まで口が酸っぱくなるほど北鉄組合員に説いてきたことだった。内山はこの時、「太田─岩井ライン」の本質を見たような気がした。だが始まっていた高度経済成長は、一時的ではあれ労働者を潤《うるお》し、その矛盾を覆《おお》って春闘を謳歌させる時代へとつき進み、内山の警鐘はかき消されようとしていた。

総評の五〇年代後半の闘いは、大きく分けて三つの流れがあった。一つは年々高揚していった春闘の流れ、二つ目は砂川闘争、日教組の勤評闘争、廃案にさせた警職法、そして安保闘争へと引き継ぐ政治闘争の流れ、三つが国労広島・新潟闘争、紙パ王子闘争、全逓団交再開闘争、炭労杵島、そして三池につながる労働争議の流れである。これらの大闘争はいずれも大衆的基盤をもっており、その中心は職場活動家が担っていた。これは高野時代の遺産ともいえるものであり、内山が北鉄労組で身をもって示した職場闘争の原点そのものであった。

■「生涯労働運動」を決意■

一九五七（昭和三二）年八月二七日、内山は二度目の訪中に旅立った。今回は私鉄総連の第二次訪中団の一員として、一五人の代表とともに空路中国入りした。中国鉄路工会の招請で中国国内一〇都市をまわり、一カ月にわた

は、これを保障する」と、労働者の基本権を保障している。弁護団（全逓弁護団、総評弁護団、主任弁護人・故東城守一ら）は、公労法一七条はこの憲法二八条に違反すると論陣を張っていき、最高裁にまで「判断」を持ち込んだ。三公社（日本国有鉄道、日本電信電話公社、日本専売公社）・五現業（郵政、林野、印刷、造幣、アルコール専売）が存在していた時代の事件である。三公社は民営に、五現業は郵政、林野、印刷、造幣を現在は残すのみである。

検察、国側は公労法一七条を盾に、「公共の福祉」を「基本権保障」に対置し、被告に刑事責任ありとした。

東京地裁・第一審判決は、六二年五月三〇日に「無罪」を宣告し、検察はただちに控訴した。

東京高裁・控訴審の判決日は六三年一一月二七日である。ところが同年三月に、最高裁は「三・一五判決」をくだしたのだ。公労法で争議を否定している以上、争議行為は違法である、と。控訴審の判決は当然のこと最高裁判旨に従う。原判決（一審）は破棄されて東京地裁への差

って労働者と交流を重ねた。おりしも毛沢東主席は、この年「東風は西風を圧す」「米帝国主義は張り子の虎」と、社会主義中国への自信に満ちあふれた演説をモスクワで行っていた。

内山はたっぷりと交流し、前回以上に社会主義への希望をふくらました。

内山はその足でモスクワ、ワルシャワ、ベルリンを経て一〇月二日ライプチヒに行き、第四回世界労働組合大会に出席した。北鉄労組の推薦により私鉄総連大会で内山を代表派遣することが決まり、石川県評の協力も得て、日本代表団二〇人（団長・国労細井宗一）の一員として参加したのだ。北鉄の内山の名は、私鉄総連は言うにおよばず、日本労働者を代表するまで広まっていたのである。

大会で内山は、ヨーロッパはじめアジアやアラブ諸国から参加した代表を前に、北鉄労組の闘いをもとに職場闘争に関する報告を行っている。

内山が大会中特に感銘を受けたのは、世界労連のある幹部の発言だった。

「指導者は活動にあたって、労働者のうちの最も意識の高い層にだけ依存するならば、大衆から孤立する危険をおかすことになる。労働者の多くの層を無視してはいけない。正しい原則を指示し、正確な全般的見通しを与えるということだけでは十分ではない。素朴な人間は、学問のある教授よりも、ずっと真実に近づいていることがしばしばある。指導者の経験は、大衆の経験によって完成され、豊かにされ、確証されなければならない」

し戻しが命じられた。弁護側は最高裁に上告した。

最高裁・上告審は六六年一〇月二六日、労働側の金字塔ともいえる「一〇・二六判決」をくだした。原判決を破棄、官公労働者のストライキ権を認めたのだった。当時、この大法廷判決をとらえて、労働側は公企体労働者の争議を「刑事免責」させた判決として、高く評価したのだった。

弁護団は、四八年の政令二〇一号（公務員の争議行為・団体交渉権否認）下「ストライキ禁止後の郵便労働者の賃金の推移」、つまり低賃金の実態を示して、争議禁止の不当性を追及した。低賃金におとしめられざるを得なかった実態である。争議行為・団体交渉権の否認が低賃金にさせたのだ、と。この事実が、裁判官をして「一〇・二六判決」を出さしめたといってよい（最高裁裁判長横田喜三郎）。

労働裁判に限らないが、裁判所の判断はそのときどきの反動と民主主義との力関係で決定される。「一〇・二六判決」の影響は大きかった。この流れは、六九自分は口では「幹部闘争から大衆闘争へ」と言っていたが、本当に自らが指導者として大衆とともに生きていく、ということを本気で考えていただろうかと内山は自問した。ややもすれば、組織運営や指導技術の問題に逃げ込んではいなかったか。内山はこれまでの運動への姿勢を振り返り、「大衆とともに生きていく」という精神を貫こう、労働運動に生涯を捧げようと決意し、帰国の途に着いたのである。それは、金沢の地を離れて、再び中央での労働運動の道を進むことを意味していた。

内山は帰国後、父哲門にこの思いを打ち明けた。「労働運動に生涯を捧げる。大衆とともに生きていく」と。哲門はいつになく厳しい表情でこう言い放った。

「大衆のために、みんなのためにとことさら言うやつにホンモノはいない。誰だって自分のためにやってんだ」

冷水を浴びせられたような父の言葉だった。話の接ぎ穂を見失う内山に、父はさらにこう付け加えた。

「でも、おまえがもし、仏の前で手を合わせるつもりで運動をする、というのなら俺の寺は俺の代でつぶれてもいい」

仏教の根本思想の一つ、無我《むが》を言ったのだ。それは、自身が一度は脱いだ袈裟《けさ》に再び袖を通す時に心に誓ったことだった。七〇歳に手が届こうという哲門だったが、家族が止めるのも意に介せず真冬でもわらじ履《ば》きで、「修行

年四月（四・二五判決）都教組の、全逓中郵判決同旨の最高裁判断を呼んでいくのである。

こうして、官公労働者の闘いは、懲戒処分（民事罰）からの解放をめざす裁判闘争に移っていったかにみえた。しかし、七三年四月の全農林警職法事件において、スト権否認の逆転判決を生み、「司法反動化」の時代を迎えていくのである。

全逓中郵事件の見出しのもと、ここで述べたかったのは権利闘争と総称された側面である。総評時代の権利闘争と言い換えてよい。権利闘争とは、「労働者と労働組合が、労働基本権を始めとして、憲法、労働基準法等法律で保護されている労働者の諸権利、および自由を確保しこれを拡大するための闘争」（労働省編『労働用語辞典』）をいう。その範囲は広い。各地で闘われた基地反対闘争、沖縄返還闘争、原水爆反対運動をも包含するのだ。

この労働争訟を総評弁護団（現、日本労働弁護団）が指揮した。総評弁護団のもと、各単産も弁護団をかかえていた。

だから」と吹雪の中を寒修行に出掛けた。「死ぬまで続ける」というその姿は、苦行僧という言葉がぴったりだった。老いてなお、悟りを求めて仏前で読経の日々を送る哲門だった。

内山の本気を問う一言は、胸にずしんと響いた。自分の心を見透かされたようで、父・哲門の目を正視できず、内山は言葉をのみこんだ。

哲門は三人の息子たちと一緒によく酒を飲んだ。正月など祝いごとの時などだ。みんなが持ち寄った一升瓶を次々とあけ、「次は良雄の酒をいこう」などと言い、妻たちをあきれさせた。酔うと、「光雄は人間相手の仕事がいい。良雄は商売に向いている。康夫は手先を活かして働くのがいい」と三人の息子たちを肴《さかな》にした。

内山が相談した時、すでに哲門は死期が近いことを悟っていたのかもしれない。廃寺同然だった一閑院を一代で復興し、仏の思想を身をもって地域に広めた哲門に悔いはなかった。光雄がいつかは寺を出て行くだろうことは、とうの昔にわかっていたことだ。

それから数カ月後、哲門は静かに息をひきとった。一九五八（昭和三三）年三月一七日の明け方だった。内山と話した一週間前、近くの方円寺で突然激しく咳き込んで倒れたのだ。一閑院に運び込まれた哲門は、老人性結核の悪化と診断された。知らせを聞いて駆けつけた内山に、病床の哲門は「あと一週間、三月一六日にはお迎えが来る。お世話になった人たちに……」と告

日教組弁護団、自治労弁護団、全逓弁護団、炭労弁護団、私鉄弁護団……等々と。弾圧事件などがあると、この弁護団が北は北海道から南は九州にいたるまで、全国各地に飛んだ。

若い弁護士は砂川基地反対闘争に駆けつけ、その一方、全農林警職法事件など労働裁判に携《たずさ》わった。ここで弁護士は、労働者、労働組合に学んで成長していった。たとえて言えば、「万人は一人のために、一人は万人のために」闘う労働運動の心髄を体得していったのである。

この労働裁判というものが、労働者、労働組合の権利闘争を側面で支えた。労弁と呼ばれた労働弁護士の存在なくして権利は保たれなかったのだ。

労働裁判に限らないが、日本の裁判は長い。最高裁まで争えば、優に一〇年を超えるのはザラである。労働裁判の被告たちをこの長期間、労働組合は守り支えた。これを闘うことで労働者、労働組合は育ち、〝権利〟がかちとられ、権利闘争が前進をみたのである。

全逓中郵事件を例にとろう。郵便法違反の捜索の対象となってから、その第一

げた。死を予知した哲門の言葉だった。哲門を慕う多くの人たちが見舞いに訪れた。

哲門はその一週間後、家族が見守る中、眠るように息を引き取った。享年六七歳。曹洞宗門の最高位になっていた哲門の葬儀は、盛大に執り行われた。

追い打ちをかけるように、あらたな悲報がとびこんできた。北鉄の北敏専務の急死である。

三月下旬、金沢商工会議所での会議中に倒れ、四月九日に脳梗塞で急逝したのだった。春闘の真っ只中、私鉄総連の戦後最大といわれた統一ストライキに突入する矢先の出来事だった。

内山にとって、北専務は一九五〇年以来、レッドパージや労働協約闘争など数々の場面で激しく対峙《たいじ》した相手だった。私鉄総連本部から北鉄に戻ったのも、組合つぶしに着手しようとした北専務と闘うためだった。その後、双方で机をたたき声をあららげることもあったが、お互いよきライバル感を持っていた。信頼できる人物であった。

北鉄労組は四年ぶりの全線二四時間ストに突入し、五二年の労働協約闘争以来の大闘争を展開する覚悟を決めていた内山にとって痛撃だった。北専務は、ころころ社長が代わる北鉄にあって唯一当事者能力をもち、いうならば、最も信頼にたる人物だったからだ。内山の心に二つ、ポッカリと穴があいた。

三月二七日早朝の五時四〇分、内山はスト中止を決断した。

審の判決にいたるまで、四年五カ月が経っている。これに最高裁判決までの時日を加えると、それから実に五年を費やしているのである。

主任弁護人を務めた東城守一（一九七七年没、五一歳）は、全逓中郵事件の裁判記録をA四判という大判の三巻に編んだ。全逓労組の補助は受けたが自費である。細かい活字で二段に組まれた全逓中郵事件の全容は、訴訟記録だけで通巻一四二六ページに及ぶ膨大なものである。東城はその第一巻の序で、その〝長い退屈な旅〟を以下のように述べている。*

〈これはという訴訟事件を担当すると、その最初からその裁判の終末までのみちすじは、長い退屈な旅のようなものである。しかし旅人は、その旅を途中で止めることができないのが裁判なのだ。裁判はそれが始まったならば終結へとすすまなければならないもので、これで中止というわけにはいかない手続なのである。……だから、退屈な旅路はその日々が緊張の毎日なのである。

一〇・二六大法廷判決は血と血を争う退屈と緊張の旅路のなかで生まれたい、と主を失った寺に帰るつらさ、好敵手のいない会社との交渉のむなしさ。金沢に居場所がなくなっていた。内山は中央に出ることを考え始めるのだった。

車輌工場の職場委員として委員長の長兄を遠くから見ていた末弟康夫は、「組合は大物になりすぎた兄を使いきれなかった。石川県評でも使いこなせなかった」と語る。そんな空気を感じ取ったのだろう内山は、「俺がおってもじゃまになる」と、最終的に中央へ行くことを決断したのだった。

し児《ご》である。……

くりかえして言うと、退屈と緊張の日々と呼ぶべきこの裁判記録のなかで、全逓中郵判決は誕生したのである。だからこの判決を論究しようとする人々が、この記録のなかにその自己の価値判断の実際の資料をみいだすことをのぞむものである。〉

■再び私鉄総連本部に■

一九五八（昭和三三）年六月の北鉄労組大会で、内山は委員長を辞した。同年八月二二日の私鉄総連第二一回定期大会で、内山は再び本部入りする。ところが、打診された役職は調査部長という、内山にしてみれば閑職だった。これに内山はキレる。

「調査でも何でもやる。君らはしかし、おれの本気で労働運動をやる気概を汲んでくれていない。調査部長とは……」と内山は蹴った。

八年前、書記長を辞して北鉄に戻った内山の自尊心が許さなかった。結局、すったもんだのあげく、副委員長に選出された。

八年ぶりに戻った本部書記局も変わっていた。堀井利勝委員長（釧路臨港鉄道）・安恒良一書記長（西鉄）の体制ががっしりと敷かれ、八年前の共産党とのギスギスした左右対立の空気は消えうせていた。しかし、内山の登壇は、非社会党の左派というスタンスであった。

内山を迎え入れた書記局の目は違っていた。

「内山さんが来て、それまでの本部の空気がガラッと変わりました」

書記の椎名豊は内山の登場をこう話す。レッドパージ、労働協約闘争、内灘闘争と相次ぐ大闘争を担う一方、二度にわたる国政選挙に出馬した内山。前回の中小私鉄出身者ではなくなっていた。理論家であり、類い稀な運動指導者として迎えいれたのだ。

内山自身も八年間の下野生活で、一回りも二回りも大きくなって戻ってきた自負があった。

再び上京した一枝とともに、川崎臨港バス労組の紹介で、川崎市大島町に小さな平屋の家での都会生活が始まるのである。もう再び金沢の地に戻ることはないだろうと内山は思っていた。

第8章
安保・三池闘争

■書記長に立候補■

一九五九（昭和三四）年七月二五日から四日間、大分県別府市でひらかれた私鉄総連第二二回定期大会で内山は書記長に立候補し、安恒良一とその座を争った。

私鉄総連本部に来て一年間活動してきたが、堀井―安恒体制の下で三役の一員とはいえ、副委員長として隅の方に追いやられているという感はぬぐえなかった。八年間の下野生活を経て意気込んで来た本部だったが、所詮地方の中小労組出身、おまけに非社会党とあっては、本流にはなれないのかといらだちを募らせていたのである。

五七年に、自らが県本部委員長を務めていた労農党が解散し、所属議員は社会党へと合流していったが、現場の党員は共産党に入党する者も少なくなかった。事実、石川県では国鉄革同グループの労農党員は、共産党へ集団入党していったのだ。

60年安保…◇

ドイツ東部、ベルリンの南西郊外にある都市、ポツダム。一九四五年七月二六日、ここから日本に対して戦争終結の宣言が発せられた。アメリカ合衆国、中華民国、イギリス、ソ連の共同宣言である。軍国主義勢力の除去、戦争犯罪人の処罰、連合国による占領、日本の領土の局限、民主化の推進宣言だった。日本はこの「ポツダム宣言」を受け入れて無条件降伏する。

今から五七年まえの、八月一五日のことである。

日本は米軍（アメリカ合衆国）による単独占領下におかれた。小磯―鈴木―東久邇《ひがしくに》―幣原《しではら》と短期でつないだ内閣は、戦後処理に追われた。総司令部（ＧＨＱ）の対応にキリキリ舞いしたのが実状だった。

戦後の政治は、吉田茂内閣から開始される。保守、いまでいう自民党政治が、である。

吉田政治は、短期の社会党系政権（片

労農党公認候補として二度の国政選挙に出馬した内山にとって、中央の解党―社会党合流路線は受け入れられるものではなかった。県本部の党員たちの分極状況を目の当たりにする中で、中央の「社会党へ合流する」という方針に素直に従う気にはなれなかった。レッドパージと闘わず、結果として自らの勢力伸長を果たした民同派への根強い不信感は拭い切れるものではなかったのである。

内山が本部入りすることとなった五八年の第二一回大会で、私鉄総連は「社会党を強化するために同党の支持団体となり、協力関係をいっそう緊密にする」「組合員がそれぞれの自覚と信条にもとづいて、社会党へすすんで入党することを奨励する」と、明確な社会党支持路線を打ち出していた。この決定は、内山が信条としていた私鉄総連結成大会での「労働組合の自主性をあくまで尊重し、特定の政党を支持しないが、決して政治的中立や無関心の立場をとるものではなく、組合員個々の政党支持は自由であり、組合員が積極的に政治に参加し、民主政権樹立のためにたたかうことを奨励する」という政治方針とは、相いれないものだった。

おりからこの年の春闘では、私鉄経営側が提案してきた三年間の安定賃金を東急労組が受け入れ、私鉄総連の産別統一闘争の一角が切り崩されるという事態を引き起こしていた。総連は大手労組志向が強く、中小で起きている合理化の嵐への対応に鈍い、そのうえ本部の指導性も弱いという感を強くし

山哲内閣、芦田均内閣）をはさんで、五次にわたって繰り広げられる。吉田のその強烈な個性をもってである。

吉田は講和を成し遂げた。

五一年九月、サンフランシスコでの講和会議においてだった。

対日占領国であるアメリカとの、日米安全保障条約（安保条約）とともにである（発効は翌五二年四月）。

この講和をめぐって、日本国内は騒然とした。総評など革新側が要求する全面講和と、吉田が推進し資本が支持する片面講和をめぐってだった。

第二次世界大戦敗戦の日独伊は、形式上は連合国の統治に委《ゆだ》ねられた。連合国が非軍事化と民主化（ポツダム宣言）を履行する監視役となった。

日本においては、対日理事会（米・英・中・ソ四国代表で構成）が管理することになった（講和条約発効と同時に自然消滅）。

日本の講和は、アメリカを盟主とする西側諸国と取り交わされた。それがサンフランシスコ講和条約の調印だった。革新側は全面講和、つまり、ソ連を盟主と

ていた内山は、一年間の「慣らし期間」を経て、私鉄総連の運動を変えようと、ここで書記長に打って出るしかないと決意したのである。

奇しくも、前回副委員長から書記長に就任しながら、「お家の事情」で書記長を辞して北鉄に帰った大会も、同じ別府での大会だった。本部運動の要《かなめ》である書記長に、ある種因縁めいたものを感じていた内山だった。

だが、そんな決意とはうらはらに、大手労組の基盤も、社会党員でもない内山は、書記長選挙で安恒に敗れて五九年から一年間、三役を降りて教宣部長を務めることとなる。思えば、一九四七年に初めて本部中執になった時、任された役職が情宣部長だった。

当時、自ら「馬の足」と卑下した駆け出し執行委員に与えられた同じ役職に、再び就くというのは屈辱でもあった。しかし、そんな内山の思いとは関係なく、時代は激動の六〇年へとさしかかっていた。

■「アカシアの雨」——安保闘争■

岸内閣は、日米安保条約改定を翌年に控えた一九五九年二月、条約の改定試案を発表した。その内容は、米軍が駐留していても日本の防衛義務がない従来の条約を「日米が相互防衛義務を負う」としたばかりか、「基地貸与協定」を「日米軍事協定」に、「経済援助協定」を「日米経済協力」とするな

する東側諸国をも含む講和締結を主張したのである。

吉田内閣が「片面講和」を締結したのは、いわば現実的対応である。日本の実質的支配をアメリカがしていたからだ。GHQとアメリカの対日政策、これを度外視して日本の政治はできなかった。一方で「冷戦」は激化の兆しをみせていた。

すでに四九年一〇月、中華人民共和国（中華民国国民党政権を革命によって中共軍が倒した）が成立している。赤い中国共産党がつくった共和国である。

米軍は四五年九月、朝鮮の三八度線以南を占領（南朝鮮）。米ソによって南北分割が承認されていた。その朝鮮が講和前、風雲急をつげていた。四九年から五〇年にかけてである。朝鮮戦争は五〇年六月二五日に勃発する。

ここから話を脇道に入れる。吉田が選択した〝日本の道〟についてである。

吉田は、講和と安保の両条約に調印することによって、日本の進路を決定した。長く続く冷戦、その東西対立の西側陣営に属する〝対米従属の道〟である。

歴史はくだって八九年、東西対立の象

ど、日米関係を軍事、経済の面からさらに緊密な同盟関係へと発展させるものだった。

これに対し、学者・文化人らが安保反対の「文化人懇談会」を結成、ついで社会党、総評、原水協など一三四団体が名を連ねた「安保改定阻止国民会議」（共産党はオブザーバー参加し、事実上の社共共闘）が結成され、全国的な反対行動が組織されていった。この改定阻止闘争は、四月の第一次を皮切りに、年末までに第一〇次まで連続的な統一行動を展開し、いやがおうでも国民世論を盛り上げていった。

内山は教宣部長として、新安保条約の問題点を組合員に啓蒙するため、機関紙、リーフレット、パンフレットでの宣伝のほか、労働学校や各種学習会などの開催を各組合に呼びかけた。さらに、国民運動としてひろげるため、各組合が積極的に地域に出て、街頭宣伝や署名、募金活動をするよう指示した。

内山は出身地連である北陸地連や県評にはたらきかけ、一〇月一八日から五日間に及ぶ「安保改定阻止・北陸四県縦断一〇〇〇キロ大行進」を実現させた。福井県武生市から石川、富山県を経て、新潟県長岡市まで組合員は安保阻止を訴えて行進し、各地区ごとで、私鉄総連組合の支部が歓迎の決起集会を行った。

六〇年に入り情勢は一気に緊迫する。

徴だったベルリンの壁が取り壊された。雪崩《なだれ》をうってこの年から九〇年にかけて、東欧諸国の社会主義政権が倒壊していった。八九年はいみじくも総評がなくなって連合に移行した年である。九一年、ソ連邦が解体して冷戦に終止符が打たれた。

この意味において、結局、「吉田の選択」は正しかったといえる。結果としてアメリカの民主主義をとった。ソ連の社会主義・共産主義というイデオロギーに基づく計画経済をとらず、市場経済に委ねて日本の経済復興を策したといってよい。アメリカに、なりふりかまわず吉田は従ったのだ。アメリカはトルーマンが大統領の時代である。

吉田は、「バカヤロウ」と暴言を吐いて国会解散を招いたこともあった（五三年二月）。日本をアメリカの不沈空母とする〝反共の要《かなめ》〟、共産主義への極東における防壁とする日本再軍備政策にも、唯々諾々《いいだくだく》として従った。警察予備隊から保安隊に、そして自衛隊へと。

憲法第九条（戦争の放棄、戦力の不保持・交戦権の否認）を国会で問われ一月一九日にワシントンで新安保条約が調印され、二月九日に批准案が国会に上程されると、反安保の行動はいよいよ熱気を帯びてくる。窮地に追い込まれた岸内閣は五月一九日夜、国会に警官を導入し、自民党単独による強行採決を行った。

ここに及んで国民の怒りは頂点に達し、国会は連日、国民・労働者の抗議のデモで包囲される。「安保反対」「岸内閣打倒」のシュプレヒコールはこだまのように国会周辺にひびきわたり、一〇万、二〇万、三〇万と国会に押し寄せる請願デモの人数は、津波のようにふくれ上がっていった。

五月二六日の第一六次統一行動中央集会に、北鉄労組は二一人が組合動員と自主参加で上京団を送った。団長は内山の末弟、康夫だった。夜行列車で上野駅に着くと、上京団はその足で国会へ向かった。

デモ出発時に組合で購入した黄色のヘルメットをかぶった上京団であった。そのヘルメット姿で、スクラムを組んで国会をめざしたのだ。正面に「安保反対」、後ろに「北鉄労組」と書かれたヘルメットには、組合員のそれぞれの思いが書き記されていた。デモ隊列にヘルメット姿が登場したのは、このころからである。

本部教宣部長として、この歴史的な大闘争を細大漏らさず記録しなければならないと、内山は国会デモに何回も足を運んだ。この日、延々と続くデモ隊列の中に弟の姿を発見したのである。大声を出して人波を押しのけて近づ

れば、〝戦力なき軍隊〟だと答弁して国民を煙《けむ》にまきもした。実質的に憲法を形骸化させていった張本人の一人である。その一方で、本土・沖縄の米軍駐留を必要悪とみなし、〝番犬を飼っているとみれば安上がり〟とうそぶきもした。

ともかく、日本はアメリカの傘（安保条約）の下に庇護《ひご》され、軍備、軍事費の増大を抑え、軽武装国家として高度成長を謳歌《おうか》し、世界第二位の経済大国にのしあがっていった。

けだし、総評を中核とした革新側の全面講和論は正論である。正論が正論で通らない事情にあったことは、すでに述べた。

歴史は「もし・if」を許容しない。とはいえ、全面講和が実現しないまでも、その方向がめざされてアジア近隣諸国とも、はたまたソ連や中国との早期講和がめざされていたら、近年話題となった「従軍慰安婦問題」も、「北方領土返還問題」も、「教科書問題」なども惹起《じゃっき》しなかっただろう。これほどの混乱はまねかなかったと想像できる。その遠因は、日本が、侵略戦争を起こした責任をみずか

こうとするが、なかなか合流できない。やっと近づいて弟も兄の姿を認めるが、言葉を交わすこともできない。だが、一瞬であれ、目でお互いの健闘をたたえ合うことができた。康夫には、東京の本部中執として活躍している長兄の姿はまぶしく、誇らしく写るのだった。

「アンポ、ハンタイ」の掛け声の中、フラッシュを浴びた国会議事堂がしだいに近くなってきた。自然とスクラムに力が入る。学生も主婦も労働者も、目を輝かせてひとつになって国会へ向かう。すごい人波だ。

長い時間デモしたはずだが、康夫に疲労感は全くなかった。上京団はデモ解散地からそのまま駅に向かい、夜行列車に乗り込んで金沢へ帰還したのだった。興奮と感動で眠りにつくことはできなかった。

六月四日は第一七次統一行動の総評が主導するストが行われ、全国で五六〇万人が参加する空前の政治ストとなった。私鉄総連も始発から午前六時半までの時限ストを決行した。

六月一〇日、米大統領秘書・ハガチーが羽田空港で三万人のデモ隊に包囲され、ヘリコプターで救出されてほうほうの態《てい》で大使館に逃げ込む事件（ハガチー事件）が起こり、六月一五日の全学連国会デモで東大生・樺《かんば》美智子さんが死亡するに及んで、岸首相は、一九日に予定していたアイゼンハワー大統領訪日を中止すると発表した。しかし、新安保条約は、六月一九日自然成立となってしまった。

ら問うことを欠いていたことに求められよう。

戦後の民主主義は、占領国のアメリカから与えられたもので、みずからかちとったものではない。こうしたことから、現実に合わせて改憲しようとの動きが戦後の古くから蠢動《しゅんどう》しはじめる。しかし、これには触れまい。ただ一言すれば、与えられ・押しつけられた憲法だから、との論は説得力を欠く。

話を戻す。六〇年安保に入る前にこのように話を進めてきたのは、安保条約のよってきたる謂《いい》、当時の日本のおかれた状況をみないでは、安保改定論の意味が見えてこないと思われたからだ。

一九六〇年、安保条約の改定が、岸信介内閣によって実行された。

岸にすれば、江戸期徳川幕府同様、安政年間に米国と結ばれた日米修好通商条約、つまり〝黒船《くろふね》〟におそれをなした不平等条約同様、日米の双務的な安保条約に変えようとしたのである。ここにおいては、まさに正論である。では、何ゆえ安保改定は、国論を二分させて反対・賛成と日本を激震させたのか。

「デモにたくさん参加しているというが、あの後楽園を見てみろ。野球観戦の人でいっぱいじゃないか。私はそういう『声なき声』の国民の声を代弁しているんだ。決して総辞職も解散もしない」

連夜押し寄せる抗議のデモに、こう豪語していた岸首相だったが、七月一五日、あっさり総辞職してしまう。

こうして、一年三カ月にわたって、総評、社会党、共産党などの革新陣営が、総力をあげて闘った安保闘争は終焉していく。岸首相を退陣に追い込んだとはいえ、新安保条約を阻止することはできなかった。しばらくは、虚脱感が革新陣営を覆っていくのである。

何十万もの人で埋め尽くされた国会議事堂周辺の街路樹、アカシアには、七月に入って静かに雨が降りそそいでいた。それは、七年前の内灘を彷彿《ほうふつ》させるものだった。ラジオからは、西田佐知子が歌う「アカシアの雨がやむ時」が流れ、人々の心に沁みていった。

安保闘争は「壮大なゼロ」だったのか。革新陣営はこの総括をめぐって、新たな分岐に入ることとなる。

■「去るも地獄、残るも地獄」――三池闘争■

内山はこのころ、国会に足しげく通うとともに、その合間を縫って九州を

岸は、国会を取りまくデモ大衆を、東京の後楽園での野球観戦にたとえ、〝このぐらいの人の数は後楽園にはいつも集まっている〟と不退転を表明し、革新側の反対勢力を憤慨《ふんがい》させた。しかし、日なかに行われたデモには、街ゆくサラリーマンや普通の主婦、通行人が拍手を送る風景は、全国各地のそこかしこで見られたのである。〝安保ハンタイ〟はテレビ・コマーシャルよろしく、児童の口《くち》の端《は》にも上《のぼ》ったのだ。反対は高校生の一部をも、デモに参加させていった。

総評など革新陣営の認識では、少なくとも五〇、六〇年代の平和勢力は社会主義諸国だった。極言すれば、一方の資本主義諸国は平和の敵とみなされた。アメリカを敵の首魁《しゅかい》とする傾向にあった。五〇、六〇年代は、社会主義国は労働者階級に羨望視された存在だったのだ。ソ連など、社会主義国の情報にも乏しかった。ソ連は鉄のカーテン、中国は竹のカーテンに閉ざされていた。

書いている筆者も、恥ずかしながら、安保闘争が安保騒動と呼ばれることを、林健太郎の回想録『昭和史と私』で初め

何度も訪れている。

「安保は三池をささえ、三池は安保をささえる」と言われた三井鉱山三池炭鉱の首切り合理化反対闘争に、オルグとして参加したのである。安保闘争と並行して闘われた三池闘争。この闘いは労働運動史に残る大闘争であり、また、戦後日本の労働運動の大きな転換点とも岐路ともなる闘いだった。

一九五〇年代後半から六〇年代にかけ、日本は急速な重工業化を推し進めていた。「石炭から石油へ」という言葉に象徴されるエネルギー革命が進行する。中東石油の増産、大型タンカーの使用、精油所の規模拡大などにより、安価な石油が大量に消費されるようになった。石炭の需要は低下していった。こうしたことで、石炭業界は、大量人員整理という大ナタで経営の立て直しをはかろうとした。その突破口として出されたのが三井鉱山三池炭鉱の労働者への大量解雇通告だったのである。

内山の教宣部長就任直後の一九五九（昭和三四）年八月二八日、三井鉱山は四五八〇人の希望退職者を募集し、闘争の火ぶたが切られる。

一〇月一三日、労組は反復ストを開始し、一一月に現地で総評主催による六万人の総決起集会を開催した。だが、会社は一二月一一日に一二七八人の指名解雇を発表した。めぼしい組合活動家のほとんどが狙い撃ちされていた。当時、日本有数の強力な単産であった炭労の中でも、最強といわれた三池労組つぶしの首切り攻撃だった。


て知った。文藝春秋社から九二年に刊行された本だ。林は東大名誉教授である。改定推進派からみれば、六〇年安保は〝騒動〟になること、当然のことである。

ソ連や中国を敵視している、それを仮想敵国としていたアメリカとの安保条約の改定である。平和勢力のソ連や中国を危険にさらしかねない。改定は日本を戦雲に巻きこみ、平和をやっと手にして一五年、経済が復興から興隆の緒についた矢先である。

批准を国民に迫る岸内閣といえば、つい先ごろ戦犯解除となった岸信介が首班である。革新側は安保国民会議を結成、改定批准阻止に立ち上がるのだ。

安保条約改定反対闘争は五九年三月（二八日、安保改定阻止国民会議結成）から六〇年六月二三日、新安保条約批准書交換、発効まで続く。

西部邁《にしべすすむ》は安保闘争を回帰して述べる、空虚な祭典だったとして。*西部は元東大教授で評論家である。

〈二五年前のちょうど今頃、ブントという政治組織が、その短命の生涯における、最初にして最後の昂揚をむかえようとし

年が明け、組合は解雇通告を一括返上。会社は一月二五日に三池鉱をロックアウト。組合は無期限ストに突入し、以降二八二日に及ぶ長期ストとなっていくのである。

「去るも地獄、残るも地獄」は、三池労組事務所の玄関に、横断幕に墨で書かれたスローガンである。しかし、三月一七日には、経営者・全労会議・民社党の支援を受けて第二組合が結成される。以降、その就労をめぐって警察、暴力団との激しい攻防戦が第一組合（三池労組）とその支援者（総評など）との間で繰り広げられていく。三月二九日には、ピケを張っていた組合員久保清さんが暴力団員に刺殺される。これを契機に闘争は過熱し、〝総労働対総資本〟の様相を呈していくのである。

組合は、石炭の搬出阻止のため、ホッパー（貯炭庫）前での緊迫した対峙に入る。全国から結集したオルグ団約二万人と武装警官一万人との間で、一触即発の場面を迎えたのだ。九州の片隅で、「西郷隆盛の西南戦争を上回る」といわれた規模の部隊が対峙したのだった。

退陣した岸内閣を引き継いで発足した池田内閣は、この事態を重視した。そして、解決の糸口を中労委の斡旋《あっせん》に求めた。

警察の実力行使のタイムリミット、七月二〇日の五時まであと一時間あまりに迫った時、中労委から双方に、①組合側はピケを解く、②会社側は仮処分申請を取り下げる、③双方とも中労委に白紙一任する、④斡旋案の期限は

ていた。ブントというのは〝同盟〟ということを意味する独逸語で、共産主義者同盟の略称である。一九六〇年の四月から六月にかけ、いわゆる安保闘争が大きく激しく渦巻くなかで、ブントは過激派の青年たちを率いて警官隊との衝突をくりかえしていたのである。全学連主流派のひきおこした騒擾《そうじょう》がそれである。

……ブントはその年の七月に崩壊過程に入り、翌年の三月にはほとんど跡形なしに消失したのである。細かくいえば、……六〇年代末期の全共闘運動において再度の昂揚をみせたものらしい。……私はブントの一員として六〇年安保闘争に参加した。……

……旧条約にたいしては……保守陣営はその不平等性を衝《つ》き、事実、一九五五年の重光外相による対米交渉や一九五七年の藤山＝マッカーサー交換公文などを積み重ねながら、日本の自主性を回復しようとしたのであった。これにたいし革新陣営は、……アメリカの対ソ戦略に日本が組込まれることによる平和の喪失を懸念したのである。そしてその心配の背景には、ソ連を平和勢力とみなし、アメ

一週間とする、という申し入れが行われた。双方がこれを受け入れた。流血の惨事はまぬかれたのだった。

しかし、八月一〇日に出された中労委藤林会長の斡旋案は、組合側にとって過酷なものだった。「会社は指名解雇を取り消し、該当者は自発的退職とする。退職金にプラスアルファ支給」というものだったからだ。

事実上の指名解雇受入れに、三池労組からは「断固拒否」の声があがった。当然ともいえる声である。これをめぐって、炭労、総評の大会は大もめにもめたが、石炭から石油へのエネルギー革命に抗すべき術《すべ》を労働側はもたなかった。事態収拾を了承するしかなかった。以降、労働側はいわゆる〝政転闘争〟へと移行していくのである。しかし、この決定を伝えるべく、現地の労組大会に乗り込んだ総評太田議長は、組合員の罵声と怒号の中に迎えられる。太田は訴えた。

「われわれがどんなに闘おうと、すでに組合は分裂して多数の第二組合員がいる。警察権力と資本は一体となって、われわれを踏み殺してでも生産を再開するだろう。いかに生命を賭けても、いつかは資本そして警察権力に抵抗できなくなろう。結局はホッパーも資本側の手に入り、生産は再開される。他の山から臨時工を連れてくることもできよう。そうしたなかでゲリラ的に生産の妨害をやるとしても、限界がある。もう収拾しなければならないときがきた」

リカを戦争勢力とみなすという親社会主義的な観念の構図が、革新諸党派において強弱の差はありながらも聳《そび》えていた。〉

結論として氏は〝空虚な祭典〟とし、「安保反対の運動が稀な広さと高まりをみせた」由縁を、「戦後的観念の葛藤劇」とみなした。人々を駆り立てた「マジック・ワードは魔語であった」という。その魔語は「平和」「平和の敵」「ヒューマニズム」「民主主義」「進歩主義」という虚構に求められるというのだ。

ともあれ、総評は、六〇年のこの安保と三井三池闘争において敗北を喫した。総評のひとつの時代が終わったのだ。それは、高野総評が夢とした労働者主人公の社会、その実現の夢だったといってよかろう。

総評は三池闘争後、職場闘争を職場活動と言い換える。資本の生産性向上運動に反対しつつも、その流れ、高度経済成長にとりこまれていくのである。

がしかし、安保反対闘争が、あれほど空前絶後の盛り上がりをみせた背景は、組織労働者に絶大な信頼を得ていた総評、「昔陸軍・今総評」と呼ばれた当時組合員、家族たちは涙で収拾に応ずることとなった。一一月一日、一二〇〇人の組合員は職場を去り、一二月一日、操業が再開された。

内山は三池闘争のオルグ団に関わる中で、さまざまなことを学んだ。期間中、全国から寄せられたカンパは二二億円に達し、のべ三七万人の労働者が支援にかけつけた規模もさることながら、確かに「組合が分裂したらおしまいだ」としても、第二組合結成から半年経っても石炭の一かけらも搬出させなかった強固な団結に学ぶべきものは多かった。

その団結、強さの秘密は、三池労組が内山の提起した職場闘争、それを数歩進めて忠実に実践した中で醸成されたともいえるものにあった。

三池労組では、一九五三（昭和二八）年に「英雄なき一一三日の闘い」と呼ばれた首切り反対闘争に勝利して以降、九州大学の向坂教授を中心に助教授や講師らによる学習会を組織し（向坂教室と呼ばれた）、理論武装を深めていった。さらに、東大社研の藤田若雄助教授、清水慎三の現地指導も加わり、職場闘争を展開するようになる。

の総評が反対闘争に立ち上がったこと、それゆえであったことを忘れてはならない。

清水慎三《しみずしんぞう》　一九九六年一〇月没、83歳。評論家。元鉄鋼労連初代書記長、のち副委員長。労働者同志会のメンバーとなり、左派社会党中央執行委員。五四、五五年の左社綱領制定のとき、向坂逸郎起草の草案に反対、清水私案を発表。五九年、総評長期政策委員会事務局長。六七年から信州大学教授、日本福祉大学教授を歴任。

向坂逸郎《さきさかいつろう》　一九八五年一月没、88歳。マルクス主義経済学者、社会主義協会代表。戦前、二一年東京帝大経済学科卒、同学部助手となる。ドイツ留学後、九大法文学部教授。二八年の三・一五事件余波で九大を追われ上京、文筆生活に入る。三七年一二月の人民戦線事件で検挙、三九年秋まで獄中。

戦後、四六年に九大教授復帰（〜六〇年）。五四年、「左社綱領」を稲村順三と作成。同年一〇月、社会党労働大学の設立に参加、学監となる。三池炭鉱労組の学習活動を指導するなど労働者教育に尽力、総評や社会党の活動に強い影響力を発揮した。

はじめは生命《いのち》を守る闘いから出発したが、しだいに執行部ではなく、職場組織が交渉権、スト指令権を持ち、組合本部の三権（交渉・スト・妥結）の職場への委譲も行われた。まさに「幹部闘争から大衆闘争へ」を実践していったのである。

内山は、一九五四（昭和二九）年一月から約一カ月行った北鉄労組の「職場を明るくする運動・第二期実施要領」でこう提起したものだ。

「闘争を幹部請負いや個人主義的な闘争から、最も下積みで苦しんでいる大衆の中へおろし、これらの人々が責任を感じ自主的な創意と工夫の上に行動を起こして大衆闘争とすること。そしてみんなが闘いに参加し、画一的でない全体としての力を発揮すること。……この闘いはさらに『職制を麻痺せしめて労働者が主人公である職場』を実力をもって打ち立てるところまで発展するであろう。……これらの闘いを成し遂げるならば、この職場は明日からでも労働者だけの手で完全な職場管理をなし得る態勢をとることができる。この職場の組織は、ストでもサボでも、如何なる闘争の指令をもこなし得るし、長期の闘いにも耐えられ、今まで不可能であった戦術をも可能とするであろう。『明るい職場』はまた、これらの要求が全国的に完遂されたときに初めて打ち立てることができるのである」

北鉄では、期間を区切った、いわば問題提起という面が強かった職場闘争だったが、三池の労働者たちは、日常闘争として各職場で実践していったのである。

初めのころは、坑内の危ない所に支柱を立てて崩壊を防ぐ、それが確認されるまでは働かない、という生命を守る闘いから出発した。それがしだいに賃金配分など、組合本部が会社と交渉する問題にまで職場闘争は拡大していった。本部の三権が職場へ委譲されるなか、「職制を麻痺せしめて労働者が主人公である職場」が現出していったのである。

そして北鉄労組でつくった家族組合の炭労版、「炭婦協」が闘いをがっちり支え、地域ぐるみ・家族ぐるみの闘いが展開できたのだった。

内山が「明るい職場は、これらの要求が全国的に完遂されたときに初めて打ち立てることができる」と述べたように、三池の労働者も、労働者を主人公とする社会を現出させると信じ、それを目途に争議を闘ったといってよい。「職場闘争」という言葉が市民権を得るようになったのは、三池闘争からである。経営側は三池闘争における職場闘争を取り上げ、「職制マヒ論」「労働者職場主人公論」と批判を集中した。一方、労働側からも、職場闘争「行き過ぎ」論が出ていた。当時の総評議長・太田薫はのちに、三池闘争を振り返ってこう述べた。

「職場闘争は先年、内山光雄氏が金沢大学・森直弘教授の指導を受けて行ったのが始まりといわれている。私鉄は職場闘争で電車が止まると、地域住民、通勤通学者の足にひびくので、地労委が斡旋に出てきたりして成果につながりやすい面があったと思われる。しかし、職場闘争が三池では妥協なきたたかいとして展開されたところに問題があった。近代工業国の労働運動はトレード・ユニオン（労働組合）が担うのであり、権力奪取などにつながるものではなく、資本に打撃を与え得る力で譲歩を引き出す取引をするのが普通である。ましてや技術革新、エネルギー転換の進む中で、非妥協などということは考えられず、そこに敗北を招く大きな問題があったと言わざるを得ないのである。……いろいろな条件変化の中で、職場闘争には限界があったのである」（『太田ラッパ鳴りやまず』）

こうして、三池闘争は労使双方にさまざまな教訓を残し、その後の労使関係に一大転機をもたらすこととなった。

経営側は、それまでの組合分裂をはじめとした組合つぶしを主とした労務政策の転換を余儀なくされ、「労働組合管理」という言葉に表される組合丸抱え路線を取り始める。そして、職場における労務管理については小集団管理を導入し、労働組合を介しないで直接労働者を掌握する手法に転換していったのである。

炭労は、大会で「実力行使の指令権は組合機関にあることを確認、職場組織を確立し、その責任者は組合員の総意にもとづき各支部の統制に従って行動、職場闘争における三権行使は組合の指示指令によって行動する」と確認し、事実上、職場闘争を否定する方向を打ち出した。内山の提起した「幹部闘争から大衆闘争へ」は、この三池闘争を契機として「大衆闘争から幹部闘争へ」と逆コースをたどることとなっていくのでる。総評の、大衆路線からの一歩後退ともいえるものだった。

安保・三池闘争が展開された六〇年は、総評労働運動にとって一つの頂点だった。その闘争力は、政府、経営側をじゅうぶんに震撼《しんかん》させた。政治的には安保、経済的には三池という大きな攻防戦において、権力側の基盤を根本から揺さぶる闘いに発展したが、革新側、労働側は一歩及ばず苦杯をなめたのである。

しかし、結果的に敗北したとはいえ、この闘いを通じて労働者は連帯の力を肌で感じ、その息吹を職場に持ち帰り広めた。三池で歌われた『炭掘る仲間』『がんばろう』といった数々の労働歌は、その後、三池の闘いとともに全国に歌い継がれていった。

特筆すべきは、誕生したばかりの総評地方オルグの任務に就いた若いオルグたちが、三池闘争で学んだ経験を地方での中小労組の組織化、争議指導に役立てたことである。

総評労働運動が徐々に中央集権化していくなかで、彼ら地方オルグたちは、「縁の下の力持ち」的な存在となり、逆に総評・社会党ブロックの足腰を強めていくのである。産別オルグたちとともに、縦横無尽に全国を駆け回る姿は、野武士とも評されたものだ。

おりから、日本が空前の高度成長に突き進む中、総評はこの波に乗って春闘を軸に組織拡大を果たす。年々春闘の規模、賃上げ幅は膨らんでいったが、中央からの上意下達の指令に基づく統制されたスケジュール闘争の傾向を強めていったのだ。

内山はそんな流れに危機感を覚えながら、あくまで職場を基礎とした労働運動の原点を追求していく。中央から地域に、春闘から争議にその軸足を移しながら、職場闘争に労働運動の活路を求めたのだった。

この年（一九六〇年）の七月二六日開催された私鉄総連第二四回定期大会で、内山は組織部長に就任する。水を得た魚のように、以降一〇年間、組織部長・内山光雄は全国をかけめぐり、職場闘争の種を蒔いていくのだ。

■争議の日々へ■

六〇年を前後して、私鉄総連傘下の組合では組織分裂と大争議が頻発していた。中でも弘南バス、山陽電軌、宇和島自動車の闘いは、「私鉄三大分裂闘争」と呼ばれるほどに激しい争議となった。

三池闘争オルグを終えたその足で、内山は下関にある私鉄中国山陽電軌支部の争議指導に入ることとなる。

「サンデン争議」と呼ばれたこの闘いは、安保・三池闘争のうねりが列島を覆う六〇年五月下旬に勃発した。

前年末、会社の工作によって第二組合がつくられ、支部は組織再建に向けて闘う態勢をとっていた。六〇年春闘での会社の不誠意な回答に対し、支部は五月二二日から無期限ストに入った。そして、会社、第二組合の機先を制し、支部はスト突入のためにバスを二カ所に集めて完全確保、闘いの主導権を握った。

「これ以上要求したら会社はつぶれる」と第二組合が宣伝する中、私鉄総連、山口県評、下関地区労による一〇〇〇名の支援ピケの中、スト突入一週間後の五月二八日、地労委斡旋により、第二組合の要求を上回る一三五〇円の賃上げを獲得し、闘いにいったん終止符を打つ。だが、会社による本格的な組合つぶしとの闘いが翌年に控えていたのである。

内山はこの勝利の余韻にひたる余裕もなく、東北の弘前に飛ぶ。「北の三池」と呼ばれた弘南バス争議のオルグだった。

弘前入りした時、すでに闘いの火ぶたは切って落とされていた。六〇年春闘で、弘南バス労組は三月七日から一四日まで、工場関係者の指名ストに入っていた。会社はこれに対し、交通争議としては前例のない個人ロックアウトを実施したのである。さらに同月一九日に教宣部長に解雇を通告、同日、これに呼応するように運転手と本社の係長ら七〇人が第二組合を結成したのだった。

会社は四月に入り、会社施設内で集会を行ったとの理由で組合員一四人を出勤停止処分に、さらに執行委員二名の解雇を強行した。

私鉄総連が全国から大量オルグを投入する中、五月に入って組合は波状的にストを決行。これに対抗して会社は地元の暴力団を「臨時守衛」という名目で雇い入れ、この「守衛」に組合員が襲われて死傷する事件を引き起こしていた。車庫内に格納中のバスをめぐり、搬出しようとする第二組合員・臨時守衛と、それを阻止しようとする組合員との間で衝突が頻発した。

五月一三日、会社は、組合がバスを占拠していることは違法な争議行為であるとして委員長以下一一人を懲戒解雇してきた。

内山は弘前入り直後、この現場を目の当たりにする。五月三一日、営業所前にピケを張っていた組合員の隊列に、会社はバスを突っ込ませて強行突破をはかってきた。ひるんだピケ隊に、会社作業衣を着た若い暴力団員一〇〇人近くが襲いかかり多数の負傷者をだす事態となった。さらにその一週間後、組合員の仮宿泊所となっていた車庫を第二組合員と「臨時守衛」が襲撃、十数人の負傷者をだす事件も起きた。

「倉庫の中は、一〇名そこその組合員（女性ふくむ）だけだった。第一組合員が少数とみてとった暴力団は、『やっちまえ』『皆殺しにしろ』と躍りこんできたのである。入口を塞がれた組合員は、逃げ回ることだけが唯一の武器だった。入口は一つしかなく、倉庫のため窓もなかった。袋の中のねずみ同様の姿が約三〇分間、一一名の組合員はただなすことなく、鉄棒と棍棒の下にたたきのめされたのである。……病院にかつぎ込まれた組合員に、警官がまたつきまとう。真っ赤に血に染められた団結のハチマキを手術台の上で取り去ると、頭は真っ赤な血の塊であり、顔はくちびるのように割れている。……ぬい上げられた組合員は、むっくりと手術台から立ち上がり、次の組合員の手術を見守る。背中を棍棒でなぐられた組合員、背をエビのように曲げさせられて背中に注射を打たれ、何か水のようなものを吸い取られる。手術台の上で動こうともしない。全身打撲全治六週間」（六〇年七月二〇日付「月刊私鉄」。筆者は弘南バス木村哲蔵書記長）

これを背後で指揮していたのは、三池闘争をはじめ数々の争議での組合弾圧の手腕をかわれた弁護士だった。その指示によって会社は警察を使いながら威力業務妨害罪で組合員を次々と逮捕、起訴したのだった。

闘いは泥沼化の様相をおびてきた。

地労委や県知事の斡旋も不調に終わり、内山は、事態の打開には中労委の調停によるしかないと考え、六月二〇日、私鉄総連中央執行委員長と弘南バス労組委員長の連名で申請を行った。七月九日、中労委から仲裁案が示された。懲戒処分は全面撤回とならなかったものの、一四三〇円の賃上げをかちとったほか、会社主張の三年間の平和協定と合理化提案を排除したものだった。七月一六日に協定書が調印され、組合員は翌一七日、一八〇日ぶりに職場復帰した。

その後の裁判で、三人の組合員の解雇が取り消されて職場復帰したが、執行部四人の解雇については、地労委が「バス占有は適法な争議行為とは認められない」として会社の不当労働行為を認めなかったため、中労委に申請した。

その後、会社と私鉄総連・東北地連・弘南バス労組との間で話合いが行われた結果、一九六三（昭和三八）年八月二八日、中労委立ち合いで和解、依願退職となった。なおその四人のうち、当時書記長だった木村哲蔵は、内山の紹介で一九六四（昭和三九）年九月から私鉄総連本部の書記として勤務することになる。

木村哲蔵は、内山の争議指導についてこう語る。

「北鉄での実践経験を具体的に話してくれた。学者先生でない、上下関係のない一体感、親しみをもった。形式や格好にこだわらない争議、結果ではなく、争議の過程、組合員一人ひとりの気持ちを大事にするやり方だった」

私鉄総連本部入りした木村は、内山と一緒に各地の争議現場を飛び回り、弘南バスの経験をもとに、指導にあたっていく。

内山は弘南バス争議の教訓として、分裂組合に対する今後の方針を述べている。

「『要求を通じての統一』は、一貫したわれわれの基本方針である。……要求をかちとるための手段として組織が必要なのであって、分裂組合の組織統一のためには要求を統一し、その要求をかちとる闘いを通じての統一でなければならない。これによらない小手先での組織統一は、かりに統一できたとしても労働組合としての機能をもった組織にはなり得ないということを繰り返し宣伝、啓蒙していく」（一九六四年一二月五日付「私鉄総連報」号外、「弘南バス闘争の総括と反省」より）

この「統一の思想」は、後の労働戦線統一をめぐる論議で、繰り返して展開することになる。

三池―サンデン―弘南バスと、あわただしく争議オルグに入った内山は、規模も産別も場所も違う争議なのに、その中にある共通性を感じ取っていた。

三池闘争で内山は争議の合間をぬって第二組合の遊説隊の後について回り、その主張に耳を傾けていた。なぜ、炭労最強の組合といわれた三池労組が分裂したのか、その職場闘争に問題があったのでは、という疑念を抱いていたからだった。その主張の中心点はこうだった。

①第一組合は闘争至上主義、何でも力で解決しようとしている。こういう暴力的な労働組合にはついていけない。
②組合と会社は生産面で協力すべき、配分の面でこそ闘うべきだ。会社はこのままでいくならば壊れるほかない。このままでは全員が離散失業する。
③この首切りはエネルギー革命によるもので、局部的な問題、総評がいうような全労働者階級と資本家の闘争といったものではない。
④問題がここまでなったのは、総評・炭労の指導が悪いからである。三池労組は、形式的に大衆闘争といって討議を重んじるような方針をとっているが、真の組合員の声を民主的に反映していない。

次に入ったサンデンでも、弘南バスでも、第二組合から同じような「闘争至上主義」「会社が潰れてしまう」「組合は少数意見をとりあげない」といった主張を耳にしたのである。その主張は、まさに経営側の基本思想であり、当時、各組合の分裂をしかけていた反共分裂屋の三田村四郎が設立した「三田村学校」の校訓になっていた考え方だったのだ。

内山は、経営側のこうした思想攻撃の実態をあらためて思い知らされると同時に、組織分裂に対してどう対処すべきか、まず第二組合へ走った労働者の分析を行った。

例えば、サンデンの場合、営業所で第二組合に行った労働者一四九人を分類したところ、縁故などのタテ系列によるもの六二人、「車から降りたい」

「新車を配分されたい」という理由によるもの二三人、「車掌よりガイド・技工・事務員になりたい」「勤務地を変えたい」という理由によるもの一六人、「ストが嫌い」五人、「家族の入社を条件に誘われた」二人、「家族からの説得」一三人、という結果が出た。

つまり、「闘争至上主義」といった思想的な動機から第一組合を抜けたのは一部の幹部で、胴体部分の労働者の多くは縁故や昇進などでの職制との結び付きで第二組合に組織されており、組合無関心層の比率が高かったのである。だから、同じ労働者としてその胴体部分への偏見をぬぐい、職場の権利剥奪や合理化に対して統一行動を呼びかけなければならないと内山は考えた。「捕虜と敵前逃亡兵を一緒にしてはならない。捕虜は傷ついて戦闘意欲を失った者、一方の敵前逃亡兵は意識的に相手側に寝返り今度はこちらを攻撃してくる者だ」と、戦争になぞらえて述べる。

一九六一（昭和三六）年八月二日開催の総評第一七回定期大会で、内山は組織分裂との闘いについてこう発言している。

「われわれは組織の中に入りますと、第二組合のことをニー公と称しております。棍棒を持ち、石を投げ、われわれのストライキに入ってきた彼らに対する憎しみは簡単に捨て去ることはできません。しかし闘いが終わって半年、一年、二年経っても彼らに対するわれわれの態度はニー公であり、イヌであり、御用組合であっていいのか、ということの反省が、われわれの分裂している組合の中では、どこでも苦悩のひとつとして起きてきております。やはりわれわれが統一行動を進め、労働者階級の統一をかちとっていくためにはこの壁を克服して、第二組合を含んだ統一行動を、合理化に対する闘い、また職場の差別に対する闘い、職場の権利剥奪に対する闘いを中心にして、第二組合の労働者をも含んだ闘い、統一行動を繰り返し呼びかけていくということが、必要なのではなかろうか」

こう提起した最後に、サンデン争議について訴えた。実はこの前日の新聞に、山陽電軌ストで支援組合員ら一〇人が強盗傷人罪で逮捕、という記事が出たのだ。

前年の六〇年春闘ストで第二組合を上回る賃上げをかちとった支部は、六一年春闘で本格的な組合破壊に乗り出した会社と激しく対峙した。私鉄総連は組織をあげて支援することを決定し、現地に「統一指導委員会」を設置する。これは、争議支援のため、私鉄総連本部が中心となり、当該組合と地連の産別のほか、総評、地区労・県評など地域組織の責任者も入れ、統一した争議行動を展開しようというものだった。三池、弘南バス、宇和島自動車での争議の教訓から、組織部長の内山が私鉄総連本部に提案し、了承されたものである。

争議に不慣れな当該組合を指導するとともに、総評の地方組織にも入ってもらい、地元の労働者からの応援をスムーズに得ようという、まさに地域ぐるみ、組織ぐるみの争議共闘態勢である。経営側が統一的、戦略的に警察の力も借りて各個撃破で襲いかかってくる時、労働側もそれに対抗するために、組織的に打って出ようという内山の発案だった。

その第一号となったのが、このサンデン争議だったのだ。五月二八日から無期限全面ストに突入。統一指導委員会の指令の下、連日、地連傘下の組合員、国労組合員など二五〇〇人の支援者がかけつけ、第二組合員らとの間で激しいバス争奪戦をくりひろげた。ストは一一日目に地労委の斡旋を受諾して中止。これで春闘は収拾へと向かうと思った矢先、機動隊による強制捜査が入り、次々と組合員と支援者が逮捕されたのだ。

威力業務妨害、暴行傷害、窃盗、住居侵入、強盗傷人など、ありとあらゆる罪名をつけ、逮捕者数も四二人と空前の規模に及んだ。会社の駐車場に入ったことが住居侵入、バスを確保したことが窃盗、威力業務妨害というように、前年と同じ闘いに対し、会社と警察・検察が一体となった弾圧をしかけてきたのだった。

「体と体がぶつかったのが暴力だというのならば、ラグビーだって蹴球だってこれは暴力であります」

サンデン争議のピケットに対して、棍棒を持って襲いかかってくる会社側を実力で押し返したことを、暴力だ、威力業務妨害だ、と逮捕したことに対して、内山はその不当性を総評代議員に訴えて拍手を浴びた。また、この弾圧が、最高検察庁の統一的な指導のもとに行われているという指摘もあわせて行った。

この逮捕劇は、内山が指摘するように、それまで分裂下の私鉄争議であたりまえのように行われていたバス車両確保戦術に、「強盗」「窃盗」という一般刑事法を適用するという、政府・検察権力の政治的な労働弾圧だった。支部、私鉄総連は、争議権と団結権を守るために一七年に及ぶ裁判闘争を行ったが、地裁、高裁、最高裁とも有罪判決が下り、組合側敗訴となった。以降、スト戦術は大幅にダウンせざるを得なくなる。

一方、指導委員会方式は、以降の争議で十分にその力を発揮するが、当該組合と本部、県評・地区労、総評のそれぞれのスタンスの違いを調整することに内山は腐心することになる。戦術、動員からオルグ費用、裁判費用まで考えなくてはならないのだ。

サンデン争議でも、当該の支部組合員から、内山はその指導をめぐって「本部のダラ幹」呼ばわりされたうえ、石つぶてを投げられて組合事務所から「ほうほうの態で逃げ帰る」という苦い経験をしている。

だが、その後、松本電鉄、福島交通、大分交通、岩手県南などの争議で経験を積む中、内山は私鉄総連内で争議指導のプロとしておしもおされぬ地歩を固めていく。みずから「争議屋」と呼ぶようになったのもこのころからである。

■アカハタ事件■

総評にとっては、六〇年安保・三池闘争の敗北は、高野路線を引きずった「政治の季節」との決別を意味し、高度経済成長にのった太田・岩井路線の「経済の季節」の到来を意味していた。その流れは、実は五〇年代から、徐々に総評の民間単産内部で進行していたと言える。

一九五二（昭和二七）年、左派路線の最強拠点だった電産の分裂に始まり、翌五三年全自動車の解散、五四年の日鋼室蘭、尼鋼争議、五八年の王子製紙争議、五七年と五九年の鉄鋼の大闘争など、民間主力単産では、激突型争議のあとに組合主義勢力の台頭を招いていたのである。総評が安保・三池闘争へ向けて華々しく旗を振っている最中に、民間では静かに主力部隊が労使協調勢力に蚕食《さんしょく》されていたのだ。

労働側は日本経済の高度成長の波にのり、賃上げ闘争を主にした経済主義に大きく舵を取ることになったのだ。内山は争議の渦中に身を置きながら、冷静に労働組合の分裂過程を見ていた。そして、日本の企業別組合の持つ本質的な問題点を見抜いてもいた。

「総評指導の転換＝太田・岩井ラインの誕生で、職場闘争の評価は大きく後退した。運動の基本路線が産業別統一闘争強化へ傾斜するなかで、一九六〇

〜六一年を契機に大幅賃上げの成果も高まり、春闘が発展するにいたり、職場闘争は産業別統一闘争にその席をゆずっていった」（『団結への再出発』）

高度経済成長下にあっては、とかく闘争は賃金を最重視する傾向が生まれた。闘争評価の基準も、獲得金額のみ重視する「金額至上主義」が幅をきかせるようになる。「職場闘争」はいつしか死語となり、「職場活動」という言葉に置き換えられていくのだ。

一九六〇（昭和三五）年一二月、池田内閣は所得倍増計画を打ち出し、六四年の東京オリンピックを頂点として、日本経済は急速な成長を遂げていく。六三年、六四年と経済成長率は二桁を記録し、七年間で「倍増」を達成する勢いだった。

六〇年代に入り、「大幅賃上げ」をかかげた春闘は、六一年春闘では史上初の二桁（一四・五％）の賃上げをかちとり、六三年春闘では「ヨーロッパ並み賃金」をそのスローガンにかかげるようになる。

一方、政界では六〇年一月に西尾末広を委員長とする民主社会党が結成され、全労会議と提携しながら社会党・総評ブロックと対抗する姿勢を鮮明に打ち出した。これに対抗するため総評は六〇年夏の定期大会で、前年否決された「社会党支持」方針を復活させるのである。新産別は社会・民社両党並列支持を打ち出す一方、中立労連は六一年から総評との共闘関係を強め、労働界の政治系列化はいっそう進むことになる。

西尾末広《にしおすえひろ》　一九八一年一〇月没、90歳。職工、総同盟主事、衆院議員、民社党委員長。戦前、大正・昭和期を通じた労働運動家。二八年の普選第一回総選挙で衆院議員（社民党）に当選。
戦後、日本社会党書記長（四六年）、内閣官房長官（四七年）、芦田内閣副総理（四八年）などを歴任し、民社党結成（六〇年）で初代委員長。

オリンピック景気に日本列島が沸く一九六四（昭和三九）年の春闘は、歴史のひとつの転換点になった。発足一〇年目を迎えた春闘は参加組合も増えて六五〇万人に達していた。

だが、春闘が派手に大きくなればなるほど、内山の心の中には危機感が増大していった。内山は六三年七月の総評大会で、春闘に関して次のように発言している。

「……私どもは今日の春闘の中で、本部段階と組合員大衆との間のズレがあるのではないかということを率直にことしは感じたわけであります。春闘というのは闘争ではない。少なくとも、戦後の日本の重要な争議というものは、三池にしても王子、日鋼にしても、全部春闘というものの枠の外で起きている。春闘というのは繰り返しの行事であり、春のお祭りのような形になってきている。これは、争議とか闘争とかいうものではないのではないか」

痛烈に春闘のあり方を批判し、秋期闘争と最低賃金闘争の強化を訴えたのだった。

内山の意見は、岩井事務局長答弁で方針補強として取り入れられるが、現実は春闘拡大の道を総評はひた走るのである。「青年よハッスルせよ」と、太田議長は六四年春闘でラッパを吹き鳴らした。総評は二月に次いで四月二日にも異例の臨時大会を開催して、「鋭いストライキで大幅な賃金回答が出るまで一カ月でも二カ月でも闘おう」と意思統一した。この大会と前後して、私鉄、合化、全金、紙パ、港湾など多くの単産がストを含む実力行使に突入し、公労協も四月一七日に戦後最大のストを闘い抜くことを宣言、いやがおうにも闘いのボルテージは上がっていった。こうした四・一七ゼネストへ向けた労働者の高揚に、大きく水をさす事件が起きた。

四月八日、日本共産党機関紙「アカハタ」は、「四・一七ストはアメリカ帝国主義が企む挑発である」と、ストライキ中止を呼びかける声明を発表したのである。この「訴え」を受け、総評内では公労協組合を中心に、共産党の同調者によるストライキ批判の動きが顕在化した。総評はただちにこれに反論し、「共産党の見解は敗北主義的であり、春闘を壊滅させるものである」との岩井事務局長談話を発表した。結局、四・一七ストは、前日一六日の歴史的な太田・池田会談での確認に基づいて中止となるが、「アカハタ談話」は、内山自身にとって思いもかけぬ大きな事件となって降りかかってきた。

太田・池田会談は、日本の労働者代表が、直接政府首脳と交渉するという二・一スト以来の歴史的会談となった。春闘が実力をつけた証左でもあった。

会談は「公企体と民間との賃金格差是正」「公労委の結論尊重」「最低賃金制の尊重」など、六項目について了解点に達した。そして太田議長が、池田首相にスト中止を確約して終了した。このトップ交渉に対しては、いくつかの単産から密室取引との批判の声も出たが、六四年春闘は全体として収拾へと向かった。

この会談の結果、従来民間賃金と比べて低いといわれていた公企体賃金に関して「民間準拠」が確認され、その後の春闘でも、公労協は鉄鋼・造船・電機などの民間大手企業の賃金相場を見て、本格的な交渉を開始するというパターンが定着した。この年の賃上げは戦後最高の三三〇〇円（一二・四％）を獲得し、日経連をして「自爆賃金だ」と言わしめた。

スト中止の四月一七日付「アカハタ」の一面には、「挑発ストを粉砕」「米日反動、分裂主義者の策動挫折」「労働者の偉大な勝利、共産党の『訴え』正しさを証明」という見出しが踊った。さらに「宝樹一派、最後まで妨害」と、太田・岩井ラインがストを回避しようとしたことに、全逓の宝樹委員長が「抵抗」したことを評したのだった。

「四・八声明」に同調して職場を混乱させたとして、総評傘下の全電通、国労、全逓などの単産などでは、反対行動をとった組合員に対する統制処分の動きが起きていた。内山の地元、金沢でも、国労北陸地本の副委員長が権利停止処分に付され、これに反発した国労松任工場支部などから、処分撤回を求める動きも出ていた。松任工場支部は内山選挙を献身的に応援し、その後、労農党から共産党へと流れた同志たちの拠点支部だった。

「アカハタ」紙上では連日のように一面で、これらの統制処分の動きとそれに対する「反撃の闘い」の記事が、「挑発・分裂の陰謀ますます明らかに」「分裂主義者、完全に孤立」といった見出しで載った。

内山のところに「アカハタ編集局」から電話による取材があったのは、こんな時である。四月二七日付「アカハタ」一面に、その内容が「米日反動の労組破壊陰謀粉砕を　各界の談話」として顔写真入りで載ったのだ。そのリードはこうなっている。

「親米派の宝樹全逓委員長らをはじめとする労働組合内の分裂主義者は、米日反動の激励を受けて、狂気じみた反共策動をすすめている。これに対し、各界の人々は『四・一七スト』をめぐる共産党の『訴え』が日本の労働運動ひいては人民のたたかいの基本路線について提案したものであること、現在の反共策動はたんに労働組合の民主主義をふみにじるものであるだけでなく、全民主勢力にたいする攻撃であることを指摘し、共産党の『訴え』の正しさをあらためて確認するとともに職場の労働者の奮起を期待している」

内山「談話」は、「許せぬ組合民主主義の破壊」という見出しでこう載った。

「アカハタの一連の『訴え』は、一七日のストを中止するかしないかだけに重点があったのではないと思う。こういうような形でストライキをやってほんとうに成功するのか、危険がないのか、やり方を再検討してはどうか、職場でもう一度よく討議してくれというのが趣旨だと私は考える。心の底ではやりたくないし、またやれる組織力もなしにストライキを計画し、それをタテにして賃上げをやろうと思っても成功するわけはない。

共産党が四・一七ストは危険だと労働者に訴えたことは、政党として当然の行動である。これは労働運動の基本路線についての提案である。政党は労働組合に対してストをやれともいえるし、やめろという自由もある。しかし、スト戦術はああしろこうしろと言えば、政党の組合への干渉、介入となるだろう。また、党員間で決議してきたものを押しつけても、支配、干渉となるだろう。これは好ましくない。アカハタの訴えは討議して再検討してくれと言っているのだから、干渉でも介入でもない。

職場にいる党員が、党の出版物や訴えを宣伝する政治活動の自由は保障されなければならない。社会党であろうと、民社党であろうと、自民党であろうと、また創価学会であろうと、その人の信条にしたがって職場で活動する自由の保障は、組合民主主義の原則のひとつである。それを統制にかけるというのは筋が通らない。職場で自由に意見を言い、自由に活動する、これは組合民主主義の基礎で、だれもおかすことは許されない。

アカハタの訴えは、日本の労働運動のやり方のまちがいを共産党として指摘し、根本的に考え直してくれと言っている。こういうことを社会党も訴えてほしいと思う。それができる社会党にしなければいけないと思う」

私鉄総連組織部長という肩書で載ったのだから大変である。私鉄総連内はもとより、多方面で物議をかもすこととなった。

私鉄総連中央執行委員会は、「四・八声明」に対して総評岩井談話を支持し、「混乱なく闘争をすすめるよう」オルグ指針を発出していた。この指針とはまるで異なる内山談話に、私鉄総連本部には組合員の問い合わせが殺到した。

じつはこの「内山談話」が載る一一日前、四・一七スト前日の「アカハタ」には、内山の心の師ともいえる高野実（肩書は全国金属副委員長）の談話が掲載されていた。川崎市登戸病院で療養中の氏を見舞いに訪れたアカハタ記者が、その懇談をまとめた内容はこうだった。

「……四・一七統一行動は二つの危険にさらされています。一つはこの行動が冒険的なストになり、敵の挑発を受けて職場がガタガタになり、つぎの統一行動が困難になることです。二つは二・一スト以上の規模というふれこみで、一部幹部がこれを道具にして賃上げ額を要求の二分の一、三分の一に引き下げてしまうことです。……一七日のストの危険性を指摘して、もう一度職場の大衆討議を起こし、職場の団結を築くよう緊急に呼びかけているのがこの『訴え』です」

高野のいう「一部幹部」とは、太田・岩井ラインを意識したものであろう。この「談話」を引き継いだ形で、内山の問題談話を載せている。内山にとっては、職場闘争を捨てて経済主義に走る、太田・岩井ラインへの憤懣《ふんまん》が背景にあったのだろう。

四月三〇日の中執会議でこの問題が取り上げられ、内山は針のむしろに立たされる。結果、「内山見解は中執の周知しないところであるが、組織部長の責にある者が組織内に誤解や混乱を招く行為をとったことは遺憾である」とし、あらためて共産党声明に対して前出のオルグ指針を補強する以下の趣旨の声明を発表した。

「四・八声明は労働者階級の抵抗闘争に水をかけたものである。政治活動やあらゆる意見発表の自由は認めるが、組合機関が決定をしたものを前進させるのが組織統一の基礎である。決定し行動している中で少数意見の自由は認められない」

五月一三日に開催された私鉄総連中央委員会では、各委員から質問が集中した。答弁に立った吉岡書記長は、「内山談話は電話取材によるもので、内山の発言通りではないが、不適当な字句や表現があり、混乱や誤解を招いたのは遺憾であり、内山氏もこの点は了承している」と述べた。

書記長答弁につづいて内山は釈明する。

「共産党声明は労働運動の基本路線についての提案と理解する。その具体化は組合の自由である。声明内容の是非については保留するが、声明を戦略についての提案と受け取れず、戦術について干渉、非難したため混乱や食い違いが起こっていることに問題がありはしないか。四・一七統一ストの数日前から政治折衝が行われ、共闘機関にはかられもせずトップ取引的な行動で収拾打開がやられたことは疑問が多い。その後、機関紙を配布しただけで政党員が除名されている事実があるが、これは行き過ぎと考える。組合統制の限界は弁護士、法学者間の意見もまちまちで、今回の事例についての発言もきかれていない。今後なお討論すべき課題であろう。再検討を訴えたビラをまいてもよい、しかし、再検討したが決定したらそれに従うのが当然で、背反行為は統制の対象である。上級機関決定に対し、下級機関の個人が意見具申するのは一般的な権利である。決定に従わず行動に不参加、行動を乱すなどの行為も統制の対象である」

こう述べた後、「個人的見解とはいえ、時期的にも結果的にも混乱や誤解を招いたとする中執決定はこれを受け入れている。私の行為に対する責任は負うので、処置は一任したい」と述べ、自身の進退についても一言した。

しかし、委員からはさらに質問が相次ぎ、内山は再び答弁に立つ。

「アカハタ掲載文章の一字一句に弁解はしない。全文に責任は負う。個人見解は一八年間の運動の中から生まれた考えであるが、万年少数意見者といわれながら、組織の決定に背いたことはないことを了解されたい。今後も、意見の発表は時期や方法と責任を明確にして行うことは許していただきたい。運動上で迷惑をかけたことは繰り返して遺憾の意を表したい」「見解」についての誤りは認めていない居直りとも取れる発言ではあったが、この談話問題は全体で承認される。

この年の定期大会で、内山談話は再び取り上げられ、答弁に立った内山は、「個人的見解でも影響力のある者として軽率に行ったことについては、今大会でも改めておわびしたい」と、初めて公式に謝罪の意を表明したが、「しかし、統制処分により組織から排除しても問題は片付かない。これは内部矛盾として処理すべきだと考える」と付け加えることも忘れなかった。

また、大会では国際運輸労連（ＩＴＦ）加盟について、代議員からの国際自由労連との関係を危惧する質問に対し、内山は「中執会議で採決によって加盟を決めた。自由労連との関係や国際問題に対するＩＴＦの政策などについては論議している。私自身は反対の意見であったが、中執の論議の内容は三役から聞いてもらいたい」と自身の態度を明確にし、「万年少数意見者」を代議員に強く印象づけることとなった。

なお、大会では、私鉄総連として今後共産党とは支持協力関係を結ばないことを決定、絶縁したのである。「第二のレッドパージ」とも評されたこの事件以降、総評各組合での共産党の影響力は一気に低下し、民同派が完全に実権を掌握していった。

内山は、集中砲火を浴びながらも進退問題には至らず、大会最終日の中執選挙で再び組織部長に選出される。組合員のバランス感覚と「一家意識」、そして内山の実績が本部残留の結果になったのである。だが、容共派という内山の烙印はその後ずっとついてまわる。

第9章 争議の日々

■労働四団体時代の幕開け■

一九六四（昭和三九）年は日本の労働界に大きな動きがあった年である。五月、国際自由労連系のＩＭＦ・ＪＣ（国際金属労連日本協議会）が結成され、一一月に全労、総同盟、全官公の三団体が一本化して同盟（全日本労働総同盟）を発足させた。以降、日本の労働界は総評、同盟、中立労連、新産別による労働四団体時代を迎えるのである。当時、総評は民間一七〇万人、官公労二五〇万人だったが、同盟の組織人員は一七〇万人といっても官公労働者はわずか八万人でしかなく、数、力とも総評に対抗する存在ではなかった。しかし、その力関係はしだいに拮抗するようになっていく。

ＪＣの六四年当時の加盟組合は、中立労連の電機労連、純中立の全国自動車（トヨタが中心）、同盟の造船総連、新産別の全機金のみで、組織人員は三八万人であった。しかし、六六年に鉄鋼労連が加盟してからは、急速に春闘への影響力を強めていく。そして、春闘相場をリードしていくことで、のちに「ＪＣ春闘」と呼ばれることとなる。

当初ＩＭＦ・ＪＣは、日本でのＩＭＦへの加盟単位であるという了解で発足したのだが、その結成の推進者たちは、初めから金属共闘に代わる運動体をつくっていこうという明確な意図を持って準備したのだった。鉄鋼労連の宮田義二は、当時を振り返って、「僕らがもっていたＪＣの一番最初の狙いというのは、国内における労働運動のイニシアチブを握るということですよ」（エコノミスト編『証言・高度成長期の日本』下、一九八四年）と語っている。

■綱領づくりと単一化の夢■

こうした流れは私鉄関係にも及んだ。交通労連結成の動きが公然化するようになっていったのだ。組織部長として、争議と組合分裂への対策と指導に走りまわっていた内山は、六四年一〇月の私鉄総連中央委員会でこう述べている。

「総評批判勢力は私鉄・バスの中にも増えている。経済情勢の悪化に従い、基本路線を守った厳しい闘いが進むほど、その動きは増大するだろう。これに対しては、幹部と組合員の間の問題、青年労働者対策、風紀、金銭の問題など組織点検闘争の中で今まで触れられなかった細部の問題を取り上げ、信頼される組織固めをしなければならない。根本的対策としての指導方針、組織活動指針を早急に確立したい」

私鉄総連は、各組合への分裂攻撃に対して統一的に対処するため、一九五九年の第二二回定期大会で、組織強化の指針として「組織綱領」草案を作成することを決めていた。内山は、その本部の検討委員として草案づくりに加わり、三年間の討議を経て「第一次草案」が出された。

一九六五年の第二九回定期大会では、「必要なものはそのつど運動方針の中に具体化していく」として、「草案のまま存置」することとなってしまった。このほか「賃金綱領」「教宣統一綱領」「合理化反対闘争方針」など、私鉄総連は六〇年代に「綱領運動」ともいえる各種指針づくりを組織として手掛けた。それは、内山らが強く主張した、私鉄総連の単一組織への準備を強く意識したものだった。

内山が一九五三年の第一三回定期大会で、「総連組織強化に関する提案――単一化準備の一試案」と題して打ち出した単一化方針は、スローガンとしては残っていたが、有名無実化している実態にあった。産業再編成がすすみ、私鉄産業の多様化と格差がひろがる中、あえて内山は「産業別単一組織の実現」という原点に帰って、大中小私鉄労組の統一と団結強化が重要であると、組織綱領や賃金綱領づくりに力を注いだのだった。この綱領をもとに、職場組合員が討論する一つのたたき台として、新入組合員の教育材料、理論学習の材料として役立つことができれば、という思いもあったのだ。

しかし、私鉄産業の多角化と組合格差の進展のスピードは、二、三年かけて練り上げた綱領の現状認識をはるかに越え、成案として職場に配られるころには、すでに現実にそぐわないというものになる傾向にあった。また、単一組織と統一方針を実現させる力が職場闘争強化にあることを、内山はこの綱領の基本精神に織り交ぜたのだが、「職場闘争主義」に反発する空気が徐々にひろがり、綱領より現実路線、という傾向が結果として「塩漬け」とした要因でもあった。

内山の私鉄総連結成に抱いていた「単一化」の夢は一気に遠のいて、いつのまにか組織内でも死語となっていったのである。

■新居を建てて免許証も取得■

一九六五（昭和四〇）年は、内山の私生活に大きな変化があった年である。それまで住んでいた川崎市大島町の借家から、川崎市向ヶ丘（現、宮前区犬蔵）に念願の新居を建てたのである。

この年四月一八日、六年間住んだ大島町を後にして、川崎市北部の丘陵地帯の持ち家に引っ越した。私鉄総連の書記で、川崎市に住んでいた津脇喜代男の紹介による勤労者住宅協会の新築一戸建住宅だった。住宅資金は「印税

ベトナムとベトナム反戦運動…◇

八〇年間にわたったフランスのベトナム植民地支配は、ホー・チ・ミン率いる北ベトナム軍の仏軍撃破によって終わりを告げた。戦局の帰趨《きすう》を決したのが、一九五四年五月のディエン・ビエン・フーの陥落だった。七月、ジュネーヴで休戦協定の調印、仏軍撤退をみる。一七度線を境界に、南・北ベトナムが以降、拮抗《きっこう》していくことになった（フランスの軛《くびき》から解放されるこの間の足どりは、W・

のかわり」と、内山の『職場闘争・職場オルグ——続幹部闘争から大衆闘争へ』（一九五九年刊）を出版した労働旬報社が面倒をみたものだった。安保・三池闘争の名残か、内山の書いた組合活動家向けの本は飛ぶように売れて版を重ねていたのだ。だが、会社の経営は思わしくなく、印税支払も滞りがちとなる。その代償として住宅を提供したのだった。

念願の庭つきの一戸建ては、同じ川崎市といっても、それまでの労働者の街という雰囲気が濃かった南部と違い、緑の多い丘陵地に建っていた。駅からも遠く、家もまばらだった。一枝は買い物に、小一時間歩いて武蔵溝の口まで出掛けることとなった。庭には、草木を植え、子犬も飼うようになった。「アラン」と名付けたこのプードル犬を、子供のいない内山夫婦はとてもかわいがった。

内山は通勤に駅までバスを利用したが、歩くとなると二〇分以上かかることから一念発起、普通自動車免許を取得することにした。

全国オルグに行った際、組合員との何げない会話で、「内山さん、免許証もっていないんですか」と尋ねられ、「免許証のない者の話をきいてもね」と、笑われたこともあった。コンプレックスでもあったのだ。

いつかは取らねばと考えていたところの新居建築だった。内山は自動車学校へ通うことを決心した。四四歳という若くはない年齢ながら、持ち前の運動神経で免許証を手にすることができた。さっそく小型乗用車を買い、宮前

G・バーチェットの名著『十七年線の北』岩波新書に詳しい）。ハノイの北とサイゴンの南、両政府の成立である。

やがてアメリカが、ドルと銃剣によってフランスに取って代わり、南のゴ・ディン・ジエム政権に梃子《てこ》入れすることでベトナムを冷戦に組み込み、ベトナムの南北対立を激化させて戦争を泥沼に引き入れていくのである。この、いわゆるベトナム戦争は、およそ一五年間つづけられた。一九六〇年から七五年の長きにわたって……。

ケネディ大統領時代から開始される。南ベトナムへの軍事援助の拡大、ベトナム派兵、北爆へと戦火が拡大されていくのである。ベトナム戦争はやがてジョンソン、ニクソン大統領と引き継がれ、泥沼化の様相を濃くしていく。アメリカ国内においては六五年以降、反戦運動が全米各州に及んでいく。一方でベトナム戦争の激化は日本の沖縄を巻き込み、沖縄を前線基地化していくのだ。

八九年一二月に逝去した芥川賞（五八年『裸の王様』で）作家の開高健《かいこうたけし》は、ベトナム戦争と深くかかわった。

平駅前に駐車場を借りて通勤の足として利用することとなる。

各地の講演で、さっそく車を喩《たと》えにした話が登場する。聴衆にわかりやすい内山節の真骨頂ともいうべき喩え話の幅がまた一つ広がったのだ。

「自動車の運転で一番難しいのはバックでしょう。これを知らない運転は始末が悪い。闘争の過程では、ギアをニュートラルに入れる決定的なタイミング、タイムリーな決断というのが求められてくるんです。しかし、自動車は後ろに走るためにバックギアがついているのではない。バックで入庫したら、次の出庫の時は前進で走れるのだよ。方向転換して前進するためにバックするのであって、後ろを見て走るためにバックするんじゃない」

昔からの趣味、釣りではこうなる。

「魚釣りしていて、浮きを上げるにはどうしたらいいか。錘《おも》りを軽くすればいいと答えたやつがいるけれど、人の賃金削って自分の賃金上げる上げ方もある。だけど水位が上がれば浮きも錘りも上がるんです。いったい、どういう生きざまをとるかの問題です」

身近な話題、新しい話題をすぐ取り入れ、聞き手によってアレンジしながら、取っ付きにくい労働運動の話も自然と頭の中に入っていくように、ユーモアたっぷりに話すのである。

「一万人の時も、三〇人の時も、一人ひとりに話す。反応を見る。顔を動かしうなずく人がいると、その人に向かって話す。あきた時は隣の人、その後

六四年一一月から翌年の二月まで、およそ一〇〇日間従軍記者としてベトナム戦争を取材、「週刊朝日」にルポルタージュを送りつづけた。帰国した開高が大急ぎでこのルポをまとめたのが『ベトナム戦記』である。

同時期に、新聞社の外報部記者としてベトナム入りした日野啓三（作家。芥川賞受賞作は七五年『あの夕陽』）は、「フリーカメラマンの岡村昭彦（八五年没）が岩波新書の一冊として出した『南ヴェトナム戦争従軍記』とともに、ベトナム戦争の現場で日本人が書いた最初の記念すべき書物であり、日本国内でベトナム戦争への関心を一挙にかきたてた歴史的な書物でもある」と言う。

開高の前掲書の文と秋元啓一の衝撃的な写真は、ベトナム戦争のナマの現実を、日本国民につきつけたのだった。ついでに記せば、開高は『輝ける闇』『歩く影たち』その他で、ベトナム戦争を文学においても追求していく。

ベトナム戦争は各国に波紋を投げかけた。日本では一九六四年八月一〇日、総評・社会党・共産党など一三七団体が初

ろと話す。S字、Z字、8の字形に人を選び、話をすすめる」（『組合リーダー実践ノート』）

何千回もの講演を積む中から編み出した内山流話し方のコツである。

■吹雪の夜のピケライン—福島交通争議■

内山は六〇年代、組織部長として争議指導のために全国各地を回って多くの経営者と対決してきたが、東北の福島交通、織田大蔵社長の印象は深い。「世の中で一番嫌いなのは労働組合と役人と警察だ」と公言する彼のワンマンぶりは、際立っていた。労働協約闘争でも、織田社長は「組合は認めない、団交は拒否する」と、組合敵視の姿勢をあらわにしてきたのだ。

一九六五（昭和四〇）年八月、社長は、春闘ストで会社に損害を与えたとして、福島交通労組（この時点では私鉄総連未加入）の四役の解雇と一五〇〇万円の損害賠償を組合に請求した。組合は「組織の存亡、労働者の権利防衛にかかわる重大危機」を迎えたとして「非常事態宣言」を発し、私鉄総連、県労協から「一元的指導」を受けることを決める。この一報を受けた内山は、八月三一日に郡山に飛び、当日行われた「福島交通不当弾圧反対共闘会議」の結成集会に参加。ここに第一次民主化闘争の火ぶたが切られたのだった。

共闘会議結成の知らせを聞いた織田社長は激怒し、

めて「ベトナム戦争反対集会」を開く。直前に、米軍が北ベトナム海軍基地を爆撃（北爆）したことへの抗議であった。

翌六五年四月二四日、市民運動の草分けといえる小田実《まこと》ら指導のべ平連（ベトナムに平和を！　市民文化連合）が初のデモを繰り広げた。そして六六年からは、総評の呼びかけで「国際反戦デー10・21」が取り組まれる（この年、総評傘下五四単産がベトナム反戦統一ストを決行）。以降、長きにわたって10・21は毎年取り組まれていく。

ベトナム戦争は日本のみならず、各国の人々にさまざまに問題を投げかけ、問いかけたのだった。

司馬遼太郎はベトナム戦争を、その南ベトナム訪問を通じて〝人間の集団について〟考究し（「サンケイ新聞」七三年四月二五日〜七月一六日まで連載）*、最後の一節を次の文言《もんごん》で締めくくった。

〈ベトナムは懐かしい。

一度そこに滞留したひとはたれもがいう。私もこの稿を書きおえるにあたって、あふれるような感じで、それをおもっている。それはちょうど、野末で、自分の

「組合が私鉄総連や県労協と手をつなぎ、会社に刃向かうというなら、一年のうちに組合はぶっつぶしてみせる。組合が闘争資金に三億円準備するなら会社は一億円で十分だ」と豪語してみせた。そして九月、第二組合をつくる。

さらに組合が解雇撤回闘争を進めようとした矢先、小川執行委員長と秋葉執行委員が突然「敵前逃亡」の声明を出すというハプニングが起きた。裏で社長が手をひいたのである。

九月一九日に開かれた組合・私鉄総連・県労協の三者共闘会議の席で、内山は組織の動揺を抑えるため、「職場組織を確立することが重要だ。そのために職場闘争、職場交渉を進める」ことを提起し、それと並行して家庭オルグと地域オルグを展開することを訴えた。分裂の原因をつきとめ毅然とした態度で組織を守ること、そのために本部組織部もふくめ各職場にオルグを送る。ニュース、壁新聞をどんどん発行するとした。組合員はこの共闘会議の確認を得て、翌日から各職場に散っていった。

組合員は、委員長の逃亡というアクシデントにもかかわらず、逆に怒りで団結を深める。九月二七日の臨時組合大会で新執行部を選出し、私鉄総連と福島県労協への加盟を正式に決めたのだった。大会にかけつけた内山は組合員の健闘を称えた。

争議は福島地労委から解雇取消しの命令が出たにもかかわらず、社長は、逆にビラまきで会社の名誉を傷つけたとして副委員長ほか一三名の懲戒解雇

知らなかった親類の家を見つけたような気持に似ている。いつかまた帰れるという、たとえそういうことが無いにせよ、その思いを持つだけで気持が救われるという、そんなひとびとのいる国である。

その国が、とめどもない内戦のなかにある。そのことがあるだけに、外から見ている者としては一層かれらへの思いのたけがつのるのかもしれないが、これ以上はそれに触れない。触れればもはやきりがなく、ベトナムでの問題は人間の集団を考える上で、きりのない怖しさをもっているようである。〉

米軍の南ベトナム撤退後の訪問記である。

この項の終わりに、フランスがベトナムから手を引いたあと、ベトナム社会主義共和国の誕生までを跡づけておこう。

一九五五年、アメリカが南部にベトナム共和国（首都サイゴン）を建てた。六〇年に南ベトナム解放民族戦線が結成されて、ハノイ政権の支持のもとに六九年臨時革命政府を樹立。七三年、ついに米軍は南ベトナムから撤兵。七五年ベトナム全土解放。七六年に南北ベトナムは統

を出すありさまだった。

「福島の無法地帯を許すな」という訴えは全国に広がり、総評も「近江絹糸人権闘争の福島版」として全国に支援を訴えた。

一二月四日の第一波スト当日、阿武隈川畔の県教育会館前で行われた総決起集会には二〇〇〇人を超える組合員、支援者が集まり、集会後のデモの波は福島の市中をうずめた。福島交通労組・私鉄総連・福島県労協・総評からなる「統一指導委員会」が設置され、内山はそのまとめ役を担う。

組合は一二月一六日から無期限ストに突入。前夜からの吹雪の中を、女子組合員らがバスを守るために徹夜でピケを張っていた。氷点下だが、笑顔を絶やさず、かじかむ手を固く握りしめたその姿に、内山は目頭を熱くした。

一七日、地労委の仲介で統一指導委員会の議長となった力徳修私鉄総連副委員長と会社の近藤調査役との間で、トップ会談が持たれることとなった。つづいて内山をまじえた事実上の団交が行われた結果、解雇撤回を含む協定書案がまとまり、民主化闘争の幕はいったんは閉じることとなった。

一九日朝、ラジオから織田社長の「敗北宣言」が流れると、前夜から吹雪の中をピケしていた組合員の輪から歓声が沸き、組合幹部の胴上げが始まった。福島交通労組の福沢委員長、渡辺書記長につづき、長期オルグで寝食をともにしてきた私鉄総連の阿部邦松中執、内山の巨体も宙を舞った。四〇日にわたる闘いの苦しさを忘れさせた一齣《ひとこま》で、争議解決で胴上げを経験したの

一して、ベトナム社会主義共和国となる。
現在は、ベトナムは中国に近い〝改革開放路線〟「ドイモイ（刷新）」と呼ぶ政策を推進している。

は、内山にとってこれが最初で最後のことだった。

だが、「また負けるかもしれないが、この巻き返しは必ずやる」と放言して病気を理由に一年半経営から遠ざかっていた織田社長は、懲《こ》りなかった。

一九六七（昭和四二）年八月社長に復帰すると、九月、書記長ら二三人の組合員を解雇、一〇月に入って一四日に福沢委員長以下一四人、二三日女子車掌ら一四人に解雇を乱発した。組合は地裁と地労委に救済を申請、ここに第二次民主化闘争の火ぶたは切って落とされたのである。

内山ら本部組織部はただちに現地入りして争議指導にあたった。一一月九日、織田社長は記者会見を開き、「一一月一二日以降、一切のバス、電車の運行を打ち切る」と発表、翌日「会社解散、全従業員解雇」の社告を出した。

この問題は国会でも取り上げられ、急遽現地に調査団を派遣することが決まる。組合の提訴に福島地裁は仮処分命令を出し、社長は「会社解散、全従業員解雇」の撤回を言明したが、先の三七人の解雇は取り消さないと発表。さらに社長は一一月二八日、ガイドなど一五〇人の解雇を通告、さらに六〇〇人を解雇目標とすると公表したのである。

組合は一二月一一日以降の無期限ストを決定したが、社長はこれに対して新聞に臨時運転手、車掌、警備員計一〇〇〇人の募集広告を出し、全組合員の家庭に「一一日以降のストに参加した者は解雇する」という通告書を送付したのである。しかし、地労委から団交再開の命令が下り、中曽根運輸大臣の要請で大株主による織田社長への説得が行われ、さしもの織田社長もついに退陣を表明する。

退陣表明の前夜、旅館につめていた私鉄総連の力徳副委員長へ、織田社長本人が電話をかけてきた。「これから会いたい」というその声にいつもの張りはなく、思い詰めたようだった。訪ねて行くと開口一番、「俺は負けた」が社長の口からこぼれた一言だったという。正式に表明する前に、敵味方で対峙した気心の通じた力徳副委員長に、まず自分の決心を語りたかったのだろう。

第一次、第二次に及んだ福島交通労組の民主化闘争は、織田社長の退陣をもって約二年四カ月の闘いに終止符を打った。統一指導委員会が当該組合、私鉄総連、県労協、総評の連携をきっちり行い、地元世論も見方につけて織田社長を包囲していった成果である。

内山の号令一下、本部組織部は常駐態勢をとって各組織の調整に走り回った。産別の力、地域の力ががっちり組めば、勝利をつかむことができるという確信を深め、内山はささやかな喜びをかみしめながら雪の東北を後にした。

内山は「吹雪の夜のピケライン」と題して、この福島交通争議での数々の経験と教訓を各地で語っている。

■争議の潮目を見る■

このころ、組織部は争議対策で一年じゅう各地を飛び回っていた。担当執行委員と書記は、長期争議に指定された組合に張り付き、日常的な争議指導にあたった。

争議経験など皆無に等しい組合員に、ビラ書きからオルグの仕方、交渉テクニック、人集めなど、文字どおり手取り足取り教えたのだ。華々しいピケットや交渉の場面はほんの一瞬で、組合近くの安い木賃宿に滞在し、昼夜をわかたずに足でかせぐのが争議生活であった。内山は、執行委員や書記にそれぞれ担当を割り振り、長期争議の指導にあたらせたのだった。

「私も内山学校の生徒として鍛えられた」と語るのは、総評の交運担当オルグとして争議現場で内山の指示を仰いだ佐々木啓之である。

その出会いは衝撃的だった。東京交通労組（東交）の出身で、総評の交運産別の全国オルグ担当になった佐々木は、六五年に大分交通争議の現場に派遣される。同じ交運産別とはいえ、私鉄の争議のことなどまるで知らない佐々木だった。その佐々木に、争議責任者の内山は、別府の本部でいきなり指示を出した。「ここに名簿がある。豊後森に行って、これで一〇日のうちに分会をつくれ」と。

大分の地も初めてなら、私鉄のオルグも初めて、右も左もわからない初対面の佐々木に、無茶な指令を出す内山をうらめしく思いながらも、必死で一〇日間、オルグ活動を行った。結果は分会結成とは至らなかったが、その核づくりには成功し、後の争議展開の地歩を築くことになる。

「争議オルグは体で覚える」実践から学ぶのが内山のやり方だった。手取り足取り、いちいちノウハウを教えないのだ。佐々木はその後、石見交通、福島交通の激烈な争議を共にしながら、内山の「職人芸を盗む」ことでプロの腕を磨いていく。

私鉄総連組織部の長として、内山は各地の争議を見回り、当該組合はもちろん、地元の地区労や県評のオルグとも意見交換、戦術検討を行った。

争議は終わり方が一番難しいといわれる。福島交通のように組合側が完全勝利するというケースはまれで、たいがいは双方の痛み分けだったり、逆に組合側の撤退で終わることもあった。

争議の指揮官には、敵味方の情勢、その潮目を的確に見切る力量こそが最も問われるのである。北鉄での経験を土台に、内山は各地の争議現場での生の経験を積む中で、その引き際、落とし所について体で覚えていった。

一歩でも引くタイミングがずれたりしたら、取り返しのつかない惨敗に終わることもある。「突っ込め」と一点突破で敵を攻撃する時はいいが、戦線を持ちこたえられないと、退却戦に転ずる時の判断で味方が総崩れする場合もある。ここに軍隊生活で学んだ、人の生死を分ける「天地人」の心得が活かされることになる。

だが、勝負は時の運というように、思いもよらぬアクシデントで一敗地にまみれることもあれば、敵失で一気に勝運を呼び寄せることもあった。一方その判断は、現場組合員とちがってくる場合も少なくなかった。時には本部の強引な幕引きととらえられ、組合員の批判の矢面にさらされる場面も一度や二度ではなかった。それでも、確信を持って着地点に軟着陸、しばらく経って組合員から「批判したけど、あの時、妥協しておいて良かった」と内山の判断を感謝されることもあった。

組合員に収拾案を説明するとき、内山はいくつかの案を用意して臨む。最初は経営側に大幅に譲歩した案文を提起、組合員からの猛反発で受け入れられないとみるや、ズボンの左ポケットから別の収拾案を取り出して「じゃあ、これでどうだ」と示し、全体の合意に持っていくのだ。そのあまりに素早い収拾劇は、「内山の右ポケット、左ポケット」と語り草になったくらいである。時として、強引に写るその指揮ぶりから「内山天皇」と揶揄《やゆ》する組合員もいた。

組合員一人ひとりにとって、一生を左右するかもしれない争議、判断ミスは許されない。賃金闘争ならばやり直しがきくが、雇用をかけた争議は後戻りできないもので、組合の生死がかかることもある。だから相手との交渉では、向こうの目を見つめながらも心はつねに後ろにいる組合員を見ながら進めた。修羅場をくぐりぬけて協定書に調印した後に、組合員の満面の笑みに会う時、それまでの疲れは一気にふっとぶ。大衆の中に入り、組合員と喜怒哀楽を共にする、決して権威の上にあぐらをかかない、という自戒の念を常に持ちながら、内山は争議現場を渡っていったのだ。

妻一枝は、そんな内山を、オルグに旅立つとき、たくさんの下着と「外に出て恥ずかしくない着る物」「不自由しない程度のお金」を持たせて、送りだした。やっと建てた川崎の家は渡り鳥の止まり木のようだった。「雨戸も閉めたことのない」内山に、たまった不満をぶつけてもはぐらかされてしまう。「金沢でどういう育てられ方をしてたのかしらねえ」と、そんな内山についい愚痴も出るのだ。ふだん冷静な内山が、怒ってちゃぶ台をひっくり返したこともあった。内山は毎月の給料は、きちんと袋ごと一枝に渡した。そこから内山は小遣いをもらうのだ。

組織部担当の執行委員と書記は本部書記局でも一番人数が多く、また活気があった。怒声と笑い声が飛び交う組織部周辺は、「ケンカしている」ような雰囲気だった。争議勃発の一報が入り、「よし、行くぞ」とみなに大声で「出撃命令」をするさまを、「内山一家の出入りだ」と称する者もいたくらいだ。本部でも異色の部隊となっていたのだ。

いそがしい合間に、たまに組織部の全員が顔を見せている日など、内山は

「おう、今日はみんな居るじゃないか。よし、これから行くか」と、いつもの品川駅近くの居酒屋にみなを誘い、日ごろの労をねぎらった。知らない土地に逗留していた部員たちの愚痴や自慢話に耳をかたむけながら、酔いがまわると得意の喉で北陸民謡を披露することもあった。

正月には川崎の自宅に部員を招待し、新年会を行った。一枝は、金沢の郷土料理で若い部員たちをもてなした。昆布だしの澄まし汁にもちと海苔と三つ葉を入れただけのシンプルな雑煮、ブリが入った「かぶら寿司」、身欠きにしんの入った「だいこん寿司」や寒ブリの刺し身、かま焼きといった金沢料理に、部員たちは舌鼓をうちしばし英気を養ったのである。

■「長期闘争支援基準」を発案■

一九五〇年代後半からの「神武」「岩戸」「いざなぎ」と呼ばれた好景気の波の中で、私鉄産業は大きく変身していった。モノとヒトが都市部に集中して過密化が進む一方で、農山村の過疎化に拍車がかかった。また、「モータリゼーション」「マイカー時代」の名の下で、自家用車ブームが到来して地方の私鉄・バス産業を直撃した。

私鉄経営者はそうした中でさまざまな合理化施策を行い、労働者と激突した。一九五〇年代後半から六〇年代半ばにかけて、争議は解雇乱発と組合分裂による組合つぶしという形が多かったが、しだいに企業合理化、大量人員整理に端を発する長期闘争の傾向が強くなっていった。

「飼い犬に手を噛まれた」と、組合憎しの感情そのままで組合つぶしに走る福島交通のような、旧態依然の経営者は徐々に淘汰され、分裂という非効率的な手法に頼らない「近代的」組合対策が取られるようになっていった。経営にとっても、損失が大きい争議はできるだけ回避し、出せる金は出し、事前に組合との話合いでスムーズに問題解決しようとする傾向が強くなったのだ。

しかし、産業構造のあまりに急激な変化は、地方の中小私鉄の経営基盤を根底から揺さぶり、大量の人員整理が頻発して長期争議が各地で起こった。不採算路線の廃止、ワンマンバス化、駅の統廃合・無人化、企業合併・系列化の嵐が、私鉄職場に吹き荒れたのである。

こうした合理化に対処するため、私鉄総連は「路線廃止問題研究集会」「系列化問題研究集会」「ワンマンバス労働実態調査」などを行いながら、政策闘争として「交通政策草案」を発表し、反合理化闘争と政策闘争の結合を模索した。だが、組合の先手を取るように、経営者は全国的な連携をとりながら、各個撃破の手をゆるめることなく中小組合に襲いかかってきた。

内山が主にかかわった争議を時系列であげてみると、一九六三年岩手中央、六四年上信電鉄、井笠鉄道、北見バス、六五年松本電鉄、福島交通、山陽急行、六六年長野電鉄、島原鉄道、六七年中国鉄道、大分交通、六八年一畑電鉄、六九年石見交通、十和田観光などがあげられる。

それぞれの争議は、その原因、当該組合の規模・力量、経営者の資質などで異なり、その見極めは内山だけの判断ではおのずと限界があった。組織診断の違いにより、争議の長期化を余儀なくされ、当該組合が財政的、精神的にも疲弊することもあり、組織全体として争議組合の基準を決め、全体で包みこんで財政的にも支援する態勢が必要だと内山は痛感していた。

おりから七〇年にさしかかり、争議の質が変化するきざしが見せ始めていた。六〇年代前半の力対力の局地戦から、背景大手資本を相手にした政治戦へと争議の仕方も変化していったのだ。組合としても、組織として多大の犠牲をはらう争議はできるだけ回避し、予防する方向へと変わっていったのである。人間の体にたとえるなら、争議という外科手術に至る前に、企業の膿《うみ》を早期に発見し、内科的手法で体質を改善する療法への変化だ。そのためには、診断する確かな経験とマニュアルが必要になってくる。

いつまでも争議屋というような「職人芸」に頼っている時代ではなくなってきていることを内山は悟っていた。いずれ組織部長の座を後任に譲らなければならない時も来るだろう。自分の経験をもとに、診断方法と治療のマニュアルをまとめる必要があると考えた内山は六〇年代後半、組織関係のいくつかの指針を残した。「合理化闘争指針」「分裂組合統一行動指針」「組織綱領」「人事問題の指導指針」「賃金遅欠配の対策と問題点」などがあるが、その中でも高く評価されたのが「長期闘争組合支援基準」である。

この「支援基準」は、「激しい合理化のなかで、新しい労働問題が増加し、とくに中小私鉄・バスにおいては、資本再編成のなかで労務管理、組合対策の変化が目立っており、長期の争議、分裂下の組織攻撃などが増える傾向にある」としたうえで、①その闘争が私鉄総連組織に影響を及ぼすと判断され、私鉄総連の指導と対策の強化ならびに援助が必要とする場合、②統一的な指導と援助のために「闘争指導委員会」「私鉄対策委員会」を設置し、③闘争に要した費用のうち全額または一部を援助する、などの内容となっている。

従来、争議の規模、影響を見極めるのは難しく、特に財政的援助に関しては、一方的に負担することになる大手組合の合意をとりつけるのは困難な面があったが、この「基準」の制定により、スムーズにスピーディに組織的支援態勢がとれるようになったのだ。当初、この制定には、カネと人を出す大手からの抵抗があると予想していたのだが、そんな内山の心配も杞憂《きゆう》に終わった。地域差、温度差、大手中小の違いはありながら、全国的に吹き荒れる合理化の嵐の中で、難破した同志たちを支えるのは産業別統一組織に加盟する組合として最低限の義務であると、満場一致で内山の提起が受け入れられたのだ。一九六九（昭和四四）年五月の第五回中央委員会で「長期闘争組合支援基準」が制定される。

内山発案によるこの「支援基準」はその後一部改正されたが、私鉄総連全体の争議支援の魂として生き続けている。

当時、政治部長で後に委員長となる田村誠は、この「支援基準」制定を、内山が私鉄総連運動に残した「最大の功績」と述べている。もちろん、当初内山が起草した基準案には、さまざまな字句修正が加えられたのだが、内山は「一〇行削っても二、三行は残るもの」と、その魂のエキスが残ったことに満足げだったという。田村は本部の隣の席にいて、先輩である内山のこうした言動を逐一「盗んで」勉強していった。

「後継者を育てないといわれるが、私は内山さんたちから盗んで大きくなっていった」と、田村は文章から演説まで、内山のノウハウを手本に、本部内での地歩を固めていったのだった。

内山はこの「支援基準」を「最後の土産」に組織部を卒業、一九七〇（昭和四五）年、北海道洞爺湖で開かれた第三四回大会で副委員長に選出される。三役は新委員長に堀井利勝にかわって三橋幸男（京阪神急行）が、書記長には吉岡一雄（京王帝都）が再任、もうひとりの副委員長には力徳修（西鉄）が再任された。

七人の執行委員が配置されていた組織部は、内山の転出によって二人に削減され、新設された「法規対策部長」「青年対策部長」「バス対策部長」「ハイタク対策部長」「機関紙部長」「交通政策部長」「社会保障部長」という役職に割り振られることになる。事実上の「内山一家」の解散であった。

第10章
私鉄総連副委員長時代

最愛の母の死

一九四八年、五八年、七〇年と、内山にとって三度目になる副委員長職。過去二回は一年しか経験していなかったが、今回は少し長くいるだろうという気がしていた。気がつけば齢《よわい》五〇歳にさしかかっている。

「人生五〇年、軍人半額二五年」と、あと二、三年の「おつりの人生」を捧げる気持ちで入った労働運動の世界だったが、「おつり」どころか、それを生業《なりわい》として半世紀も生きてきたのだ。

出入りはあったものの、私鉄総連本部にも通算一五年在籍することになり、もはや私鉄総連の顔、古参幹部の一人になっていた。実際、私鉄総連結成当時のことを知る中執は内山くらいで、そのせいか、副委員長になって最初に任された仕事が『私鉄総連二〇年史』の編纂作業だった。この年の秋、私鉄総連書記を退職したばかりの津脇喜代男、谷川巌、草光實らとともに、自らの記憶をたどりながら、二〇年史の原稿チェックにあたった。

そんな秋《とき》、最愛の母・きぬ危篤の報が届いた。一九七〇年一二月一日午前九時四五分、内山ら子供たちが見守るなか、眠るように他界した。享年七〇歳。

幼少のころからわがまま一杯で育ち、親不孝ばかりかけてきた母の他界だった。

きぬはいつもやさしく内山を見守り助けてくれた。ケンカばかりしていた少年時代、仕送りで苦労をかけたあげく中退した大学時代、わざわざ慰問に来てくれて心労をかけた海軍時代、そして近所から「息子はアカ」という目でみられながらも、必死で支えてくれた労働運動時代。数々の場面が走馬灯のように浮かんだ。

哲門が死んでから、きぬは自らの青春を取り戻すかのように各地を旅行し、その途中、川崎の内山宅や調布に住む次女・志希宅、水戸にいる次男・良雄の家に立ち寄っていた。内山も北鉄労組の定期大会や北陸地連の大会など、北陸への行き帰りには必ず実家に寄り、きぬとひとときを過ごした。手がかかった子ほどかわいいと言うが、きぬにとっても、長男・光雄は、いくつになっても目に入れても痛くない存在だった。また、労働界のヒーローとみる誇りでもあった。

父母が他界し、長男として寺を守るため、金沢に戻らなくてはならないのでは、という思いもよぎったが、まだやり残した仕事は山ほどある。そんな思いで、菩薩《ぼさつ》となった母の寝顔に向かい、万感の思いを込めて合掌したのだった。

■寄席で盗んだ内山節■

副委員長になって変わったことは、外回りの回数が減り、東京での会議が増えたことだ。三役企画会議、地連代表者会議、大手部会会議、中小部会幹事会、合理化政策委員会などのほかに、全交運や全自交などとの対外的な打ち合わせ、そして春闘時の集団交渉にも顔を出さねばならなかった。会議で、長時間いすに座っていることほど苦痛なものはない。一〇年ちかく争議対策で全国を飛び回っていた生活パターンを変えるのは大変だったが、そんな時、舞い込む地方組合からの講演の依頼ほどうれしいことはなかった。

現場の組合員に分かりやすく、おもしろいと好評の内山の講演は、産別を越えて人気を呼んで、全国からお座敷がかかった。私鉄関係では、全国二五〇くらいは名前を聞いただけで、会社の規模や組合役員の顔と名前を諳《そらん》じることができた。講演や学習会へ招かれた組合の数は、一〇〇をくだらなかった。他の産別でも「お得意さん」ができ、春や秋に定期的に声がかかる組合も増えていた。

春闘のあり方、組合運動の基本など講演のエッセンスは共通するが、その時々のニュースや相手組合の状況に合わせ、アレンジしながら話す。時々、相手の笑いを取るツボも押さえていた。なにせ、組合員は一日の仕事を終え、疲れきった状態で会場に足を運ぶ者もいる。いつか、そんな組合員がいねむりをしているのに腹を立てたという他の講師の話を聞いたことがあったが、内山はそんな時、「ああ、疲れているんだな」と思いながら、組合員が眠らないように、できるだけユーモアを交えて分かりやすく話すことを心がけた。

以前、国政選挙に立候補したとき、街頭演説で、どうしたら通行人の足を止めさせ、こちらの話に耳を傾けさせるか、回数を重ねるうちにそのタイミングの妙を会得《えとく》するようになっていた。

いつからか「内山節」と呼ばれるようになった。語り口は天性のように思われがちだが、本人はプロとしての切磋琢磨《せっさたくま》を忘れなかった。会議や行動の合間を縫って、内山は上野の鈴本演芸場や新宿の末広亭など、都内の寄席に足をはこんでは名人たちの落語を聞き、その話芸を盗んでいたのだ。間の取り方、笑いのツボなどを伝統芸のプロの技から学び、飽きさせない講演の技術を磨いていったのである。

こんなエピソードがある。東大名誉教授の戸塚秀夫が、伊豆で行われた労働講座に内山と一緒に講演で行った時のこと。会場に入ると組合役員が話をしている最中だったが、「何かざわざわしてる」異様な雰囲気。見れば、最前列で若い男女が「いちゃついている」ではないか。そこで内山は戸塚に耳打ちした。

「見ていてください。俺の話でやつらを離してみせる」

壇上の内山の口からは、いつも以上に冗談が飛び出して、たちまち会場は爆笑の渦。ちらちらと内山の視線は前の二人にいくが、二人はなかなか離れない。思わず力が入る。そして、ついに二人が内山の話を聞き出した。

講演を終えた内山は得意満面、「勝った」と戸塚に無邪気な笑顔を見せたという。内山にとって講演は、趣味と実益と運動を兼ねた楽しいイベントだったのだ。

しかし、春闘時には交渉漬けとなった。副委員長として、民鉄協との懇談会など経営者との顔合わせの機会も増え、しかたなく背広も新調した。

集団交渉の席に顔を出すと、向こう側に座っているのは、かつて仲間として一緒に私鉄総連の土台をつくった顔ではないか。東急の山田専務はその昔の東急労組書記長、阪神球団の小津社長も元組合幹部、小田急の安藤会長も旧東急労組の中央委員、阪神百貨店の店長や関西テレビも昔の同志だった。そんな旧同志たちにパーティで顔をあわせると、決まって言われるのが、「内山君、まだやってるの」という一言。その場は笑って流すが、内心穏やかでないものがあった。他の席でも、「一生労働運動やるなんて、奴は好きだからなあ」とか、「変わってるなあ」と陰口をたたかれたこともあった。

話をすると、「二〇代、三〇代で組合運動をしっかりやらない者は、会社としても見込みをつけず、将来性もない。でも、四〇歳過ぎてやってる人はどうもねえ……」とくるのである。今の日本の組合は、「四〇歳までの労働運動」に変質してしまったのかという思いがよぎるのだった。

春闘で、そういう大手組合の団交に本部副委員長として行くと、そこの組合役員が迎え、「少し待ってください。今、労使協議会中の内輪の会議ですので」と言われ、「お風呂が沸いていますからホテルの方にどうぞ」と回されたあげく、肝心の話はもう終わっていたという体験もした。

また、ある大手では、会社が労使協議会用に丸い大きなテーブルを注文して作り、交渉では社長が議長となって、「会社の方の意見は」「組合の方は」と話をまとめる光景にも出くわした。地方の中小で、体を張ったギリギリの攻防戦をくぐり抜けてきた内山にとって、中央での大手経営者相手の交渉ほどむなしいものはなかった。内山が集団交渉で意見を述べても、「のれんに腕押し」「カエルの面《つら》に……」という感じが募るばかりだったのだ。

■唄を忘れたカナリヤ■

おりから、日本の労使関係は協調時代を迎え、労働界ではそれに呼応するように労働戦線統一の動きが出始めていた。

一九七〇（昭和四五）年一月一日、三年前にも労働戦線統一を提唱して論議を呼んだ全逓の宝樹文彦委員長が、読売新聞で「七〇年代の労働運動前進のために――二年後を目標に労働戦線の統一を実現しよう」と題する新論文を発表したのである。「日本の労働運動全体のなかで、官公労働運動の政治主義的傾向については、総評系、同盟系を問わず、根強い不信感がもたれている。民間労組としては、官公労組の政治主義的傾向には同調しがたいし、経済構造の変化による経済動向と、技術革新にともなう急激な労働環境の変化に対応していくためには、労働組合主義を中心にして結集する以外にない」という認識を示した後、宝樹論文は民間主導の労働戦線統一のために、①大産業別に再編すること、②ナショナルセンターの枠をこえた同種産業の労働者の結集で産業政策に取り組むこと、③政党から独立した労組の統一をめざす以上、単なる政党支持自由の論議だけではなく、すすんで労組と政党との支持協力関係はいかにあるべきかについて話すべき、などを提言した。これに呼応するかのように、一月二二日、松下、八幡などの大企業労組委員長が集まって「全国民間主要労組委員長懇話会」(民労懇)が発足し、労働戦線統一問題はにわかにクローズアップされてきた。

一月二八日、総評民間単産会議は、①従来の官公労中心の運動・指導のあり方を民間労組中心に転換すること、②そのために、組合主義でも経済主義でも反政治主義でもなく、資本、政府から完全に独立し、労使対等の原則を確立し、政党に対しても自主性を確立し、労働者の具体的な要求、制度的・

社会的要求および権利、反戦平和、民主主義の闘いを積極的に展開すべきである、などを骨子とした「提言」をまとめて総評に提出した。

これに対し、総評は一月二八日の拡大評議員会で、民間労組主導の労働戦線統一の動きを批判し、①すべての組合、すべての労働者の大結集を期待する、②資本に対し果敢な戦闘性をもつ、③政党との関係は固執しない、④大結集できればすべての既存団体は発展的に解消する、という「統一四原則」を打ち出したのである。

この年一一月一一日、鉄鋼労連の宮田委員長など総評、同盟、中立労連、新産別の世話人が初会合して労働戦線統一に合意、翌七一年二月の会合には、総評から発起人組合として私鉄、鉄鋼、全金、合化、全鉱の五単産が参加する。私鉄総連は「闘う方法や形にこだわらず、ゆるやかな連絡・協力であっても、その積み重ねなど一致できる方法を話し合う」という立場で臨んだのだった。

この年七月二三日から開かれた私鉄総連第三五回定期大会の冒頭あいさつに立った三橋委員長は、「労働戦線統一は中央段階の話し合いには限界があり、地方・地域段階での共通の要求による共闘や話し合いの積み上げがない戦線統一は、唄を忘れたカナリヤだ」と、中央先行の労働戦線統一の動きを牽制した。

内山はこの大会直後に開かれた総評第四二回定期大会で、労働戦線統一方針についてこう発言している。

「方針書の中では、統一がすべてであるという感じを与えております。いわば、すべて戦線統一にかけるという解党主義とでも申しましょうか。われわれは、共同し、統一して闘える問題については共同し、統一しますけれども、統一して闘えない問題については、独自に闘っていくという独自性と統一との関係を明確にしていくことが必要ではないかと思います。統一は闘いであり、統一は目的ではない。統一して御用組合になったという例が、われわれの組織の中にもたくさんあります。……昨日、太田（総評顧問）さんは民労懇と闘うのではないということを申されましたけれども、われわれは民労懇の組合員大衆と対立をする考え方はありません。しかし、この民労懇の中にある産業別軽視と大企業主義、企業内優先主義、あるいは労使協調主義とは、明確に立場を（異《こと》にすることを）明らかにする必要があると思います。私どもは、でき得るならばすべての組合と幹部を含めての統一、しかし時には一部幹部に対し対決してでも統一、しかしいついかなる場合でも、労働者大衆との統一という基本的な立場を統一の思想の中で、私は明確にすべきだと思います」

内山はその後も、「統一の思想」を、紆余曲折を経て連合に向かう労働戦線統一の流れの中でも一貫して訴え続ける。総評が「唄を忘れたカナリヤ」とならないよう、のちに副事務局長に就《つ》いてからも、その姿勢は変わらなかった。

■「労働教育センター」発足■

この時期、内山は私鉄総連内外の会議に顔を出して多忙な日々を送っていたが、もうひとつある問題に腐心しなければならなかった。内山の著書を出版していた労働旬報社（現、旬報社）の経営問題である。同社の大阪支社には三女節子の夫・南武夫が勤務し、販売活動とともに「労働旬報センター講座」と銘打って、労働者教育の仕事に従事していた。

六〇年安保・三池闘争直後は、爆発的に売れた労働組合関係の本だったが、春闘が定着し、金額至上主義が横行するなかで、しだいに職場闘争、権利闘争への関心が全体に薄れてゆき、内山に代表される労働運動のノウハウ本の売上げが激減していった。当初、労働学者の講演会なども企画し、順調に売上げを伸ばしていた同社も、時代の波には逆らえず、経営危機に立たされることになる。内山は、自身の印税の滞納もさることながら、次作『労働組合のＡＢＣ』を執筆中であったこともあり、その対応に一肌脱ぐことになった。内山の音頭で「再建委員会」ができ、関係者による対策が一九七一年に入り、毎週のように持たれた。

そんな矢先、一九七二（昭和四七）年六月二〇日、南武夫が急逝したのである。享年四二歳というあまりにも早すぎる死だった。

内灘闘争、安保闘争などで最先頭にたって闘い、組合役員となってエネルギッシュに活動するなか、青年運動を通じて節子と知り合って結婚した南武夫だった。武夫はその後、六四年の共産党「四・八声明」問題を契機に起きてきた北鉄労組内の政党支持問題で執行委員辞任に追い込まれ、会社も退職することになった。そんな武夫をいたわり、内山は労働旬報社を紹介したのだった。南一家は六五年に大阪に転居し、心機一転した武夫は、同社の労働者教育の仕事を精力的にこなしていたのである。

一家の大黒柱を失って途方に暮れる節子に、内山は川崎に来るようすすめた。六月二九日に納骨を終えた節子は、兄のすすめに従って上京を決意する。八月、節子と二人の子供は川崎市高津区菅生の借家に引っ越した。節子はこの家に「労働教育センター」という小さな表札を出し、労働関係の出版事業を始めることとなる。亡夫の遺志を引き継いで、新天地で労働者教育の事業をスタートさせたのである。

近くに越してきた甥の宏行と姪の千佳を、内山はわが子のようにかわいがった。夏休みには近くの鷺沼プールやハイキングに連れて行き、冬休みには読売ランドのスケート場で一緒に遊んだりした。日曜には節子、一枝も連れ立ってレストランで食事することもあった。伯父・光雄が何をしてるかよくわからない千佳だったが、遊びにいった内山家でテレビニュースに映った春闘交渉のテーブルに座っている内山の顔を見て、「ああ、おじちゃんだ」とびっくりした記憶がある。ふだんはにこにこと笑顔をふりまくやさしい伯父さんは、けっこう偉い人なんだと小さいながら思ったという。数十年後、その「よくわからない」関係の仕事が、自身の仕事となろうとは、内山の思いもよらないことだった。

■再び沖縄、訪ソ・訪欧の旅■

一九七二（昭和四七）年は沖縄が本土に復帰した年である。内山は五月一五日の復帰前の二月、ビザを取って沖縄入りしている。眼下に沖縄の島影が見えた時、内山は胸がしめつけられるような思いがした。戦友たちが若い命を散らしていくのを目の当たりにしたこの地に、いま自分は再び訪れようとしている。遠く機上からしか眺めることができなかった沖縄の地上に降り立った時、その胸にはさまざまな思いが去来するのだった。

内山の訪問先は、職場民主化闘争を展開していた琉球バス労組である。七一年の三月、会社が組合員五人を不当解雇したことに端を発した争議は、監察制度の廃止と企業内暴力団追放をかかげた民主化闘争として闘われていた。七二年に入って、組合は一月二一日から無期限ストに突入していたのだ。

二月二五日、内山は私鉄総連本部として全沖縄交通労働組合（沖交労）の同席のもと、琉球バス長浜社長と交渉した。その結果、懸案となっていた監察制度の廃止について合意し、暴力職制の人事問題については、琉球政府の裁定にゆだねることとなった。

これで争議は収拾に向かうと、内山は帰路についたのもつかの間、四月一八日に出された琉球政府の裁定書を会社側が拒否し、六月に入って第二組合が結成されるや争議は再燃する。組合は波状的ストに突入、会社は全執行委員の解雇を通告して対抗した。私鉄総連は争議支援のため、一〇月二二日に指導委員会の設置を決定、長期闘争支援基準の適用も決めた。

内山は再び沖縄に入り、組合オルグと会社との交渉にあたった。その結果、翌七三年一月四日、県の仲裁を労組と会社の双方が受け入れ、二年余に及んだ職場民主化闘争に終止符が打たれることとなった。

一九七三（昭和四八）年五月二五日、内山はアエロフロート（ＳＵ）機でモスクワへ向けて飛んだ。「鉄道労働者の労働と健康保護に関する国際労働組合ゼミナール」に参加するためである。日本からは国労の細井宗一中執を団長に四人が参加した。

鉄道労働者の利益を擁護するため、社会・経済体制のちがいを越えて、世界二八カ国の代表が一堂に会した初めての会議だった。運輸労働者の労働安全、健康保護、電気関係の安全問題、騒音・振動問題、用具・被服など、多くの問題について参加者は問題点を出し合い、相互理解を深めた。

六日間の会議を終えたその足で内山はワルシャワに飛び、世界労連運輸インター（ＴＵＩ）の会議を傍聴した後、今度はイギリス、フランス、イタリアを歴訪して運輸関係労組と交流した。中でもフランス総同盟（ＣＧＴ）とともに、一六年ぶりに再訪したイタリア労働総同盟（ＣＧＩＬ）では、組合の労働学校の規模が大きく、豊富な講師団を擁していることに驚かされた。学習中の組合員と交流したが、「なぜ日本の選挙は政党に投票する比例代表制ではなく中選挙区なのか」など、いきなり突っ込んだ質問を受けて戸惑うこともあった。その学習方法が、和光塾で内山たちが実践してきたやり方とそう違わないことを確認できたことは、訪欧の大きな成果だと思った。

もうひとつ、労働組合の形がまるで違うのにもびっくりした。日本のような企業別の組合はなく、職業別、産業別に組織され、企業の外につくられていたのだ。従業員の中から「一本釣り」で組合員は集められ、横断的＝ヨコ型組合を形成する。使用者は、「自由な選挙で選ばれた従業員代表」との労使協議会で労働条件などを話し合う。個別の企業内では複数の組合が併存し、各組合推薦の労使協議会委員の数が、そのまま各労働組合の従業員への影響力のバロメーターになるのだ。組合未加入者も多くいるので、特定組合だけの闘争では影響も効果もなく、必然的に全労働者の所属組合を越えた統一行動が重視されるようになる。ストライキも、組合加入者もフリーの者も全員がストライキに賛成し、ピケラインにつく条件をつくる。だから、要求づくりが一年以上かかることがあるという。

つまり、欧州のような横断労組は、「外から内へ攻め入る」形で運動が進められるのだ。この点、日本の企業内組合はタテ型で、団体交渉の強化のために産業別統一行動を進めるという「内から外へ出る」形となっている。欧州と日本、同じ労働者といいながら、その運動の形態のあまりの違いに、内山は「目からうろこ」が落ちるような気がした。

日本の労働組合について報告すると、欧州の組合員からは、「日本の労働組合は組合ではない。それは工場委員会（労使協議制）」だという驚きの声が返ってきた。彼らから見れば、企業別組合は労働組合の名に値しないのだろう。

だが、はたしてそうだろうかと、内山は帰国してから考えた。確かに日本の労働組合の現状を見れば、「会社あっての労働組合」という「従業員友の会」の傾向が強くなっているのは事実だ。だが、それをすべて「企業別組合のせい」と決めつけていいのだろうか。「日本の組合の利点と欠陥を正しく理解し、その利点を伸ばして欠陥を克服する道こそ追求すべきである」と考えたのだ。

内山は企業別組合の利点を五つあげている。

①組織率が高く安定している。工職混合型なので、職員層から組合の頭脳＝スタッフが供給できる。

る。

②チェック・オフ（給料からの組合費天引き制）により、組合財政が安定する。
③全員組織なので賃上げ闘争も毎年できる。
④雇用、人事、経営への発言権が強い。
⑤企業内での組合活動がしやすい。

一方の弱点をこう指摘する。

①企業意識が強いため、団体交渉力が弱い。
②役員任期が短く、長期展望をもった組合政策を実行できない。
③混合組合なので、運営の主導権は中心職種群、男性・本工中心となり、少数者への配慮に欠ける。
④本社所在地に組合本部があり、遠隔地、少数職種群労働者が軽視されがちで、分裂の要素にもなる。

このように、企業別組合にも利点と欠点はあるのだが、内山は訪欧して、その組合形態以前の問題として、日本の労働者には労使対等の意識に関して「大きく立ち遅れている」と、あらためて感じざるを得なかった。

この年の秋、ふたたび悲報が舞い込んだ。

一一月一五日、姉の光可が五三歳という若さで亡くなったのである。長女として母きぬとともに家計を支え、光雄を育ててくれたやさしい姉にはいつも頭が上がらなかった。一二月三〇日に金沢で執り行われた四九日法要に参列した内山は、父母につづいて姉を失った悲しみに打ちひしがれた。

■道南バス争議のエピソード■

内山は組織部での最後の仕事として、七〇年五月に『反合闘争資料集・賃金遅欠配の対策と問題点』を発行している。六〇年代後半に顕著になってきた私鉄・バス会社の倒産、会社更生法による岩手中央や高知県交などの長期争議を経験する中で、労働組合として学ぶべきいくつかの教訓について、総評弁護団（現、日本労働弁護団）の助言を受けながらまとめたものである。

内山は、組合として会社倒産という非常事態になってから争議態勢をとり、その後長期にわたって組合員が辛酸をなめるという悲劇を繰り返さないためにも、その予防措置、早期発見・早期治療策としてこの指針を書いたのだった。倒産は、ある日突然降ってくるのではなく、それに至る予兆、いくつかのサインが出るものだ。それを見過ごし、いざ倒産となって慌てても、もう手遅れ、会社もろとも心中という運命にならないための方策だった。

そのサインの端的な事例が賃金の遅欠配だ。組合として日常の監視が必要であり、遅欠配が起きてもいいように、初動態勢を準備しておくことが肝要である。本当は、その前に会社の貸借対照表や有価証券報告書などの書類を、定期的に調査点検する予防措置をとっておく必要があるのだ。事前に会社役員の資産状況、大口株主名簿、取引銀行などを把握しておくことが必要だと、組合の対処療法、ドロ縄式対応を戒めた。そのうえで、具体的に遅欠配や倒産、会社更生法適用となった場合の対抗戦術の例を示したのだった。

これからの時代は、企業の存廃をかけた争議が多くなるという内山の予感はあたった。会社更生法をめぐる北海道の道南バスの争議に、一九七四年からかかわることになる。組織部長時代の争議経験をかわれて、更生法下の難しい課題に対処するには内山しかいないということで、七四年一月二七日、雪の札幌に飛ぶことになった。

道南バスでは、すでに前年の三月ころから賃金の遅欠配が始まり、路線廃止の合理化が提案されて経営不振が顕在化していた。事態を重くみた私鉄総連は、七三年一二月の中央委員会で「長期闘争支援基準」の適用を決定していたのだった。

現地入りして、最初にすることは争議の的確な診断である。組合の組織状態、組合員の士気、役員の指導力といった組合診断から、会社の経営状態、役員の資質、背景資本、地域事情など、多角的に診《み》なければならない。

内山は二月にもオルグに入り、情勢分析をした。本部三役と相談しながら、三月一日に「統一指導委員会」を設置し、北海道地連、全道労協とも連携をとりながら、本格的な取り組みを開始する。闘いの基本は、労働者の雇用確保と地域の足の確保である。組合員に闘いの道筋を示し、理解を求めて不安解消に努めることが先決だ。「闘えば必ず勝つ」などという気休めは言わない。内山の診断結果を正直に説明し、ある程度の痛みをともなうことをあらかじめ組合員に理解してもらうのだ。

しかし、事態は悪化していた。七四年四月に就任した小倉社長は、企業再建を口にしながら、その後九カ月の間に融通手形約六億円を振り出し、経営状態をさらに泥沼に追い込んでいた。そしてついに七五年九月八日、会社更生法が申請されたのだった。

内山は急遽、北海道へ飛んだ。動揺する組合員に内山はこう言った。

「会社が倒産したからといって、職場の秩序を乱したりしてはいけない。みなさんは通常通りの勤務をし、職場を守ってほしい。職場の秩序が守られるならば、責任をもって組合員の生活を保証する」

これは、一時の気休めではなかった。内山は道南バスをめぐる全体状況をつぶさに調べ、「これなら何とかいける」という確信を持っていたのだ。会社の資産もあり、地域的にも経営が成り立ち、労働者のまとまりもあると見たのである。問題は、更生法により経営を行う管財人の資質だった。組合を相手にせず、まずリストラだ、と縮小再生産で事業の存続を図るような管財人では、全面対決という道しか残らない。

そんなおり、私鉄総連本部に戻っていた内山の所に、ある日、室蘭在住のM社社長と名乗る男が面会に来た。七五年暮れのことである。道南バスの件で相談に乗ってほしいというので、とにかく会うことにした。立派な身なりで訪れたその社長は、単刀直入に「道南バスの会社更生の実施について、私鉄総連の考えを聞かせてほしい」と切り出した。話を聞くと、自分は道南バスの管財人になることを引き受けてもいいが、更生法の実施中でもありストライキをしないという約束ができないか、というのである。「潰れた会社で、ストだ、闘争だ、というのではとても再建はできない」と。

内山はしばし考え、こう返答した。

「組合としては、更生手続きの進行状況を見てストの実施については慎重に考えることは当然ではあるが、あらかじめストの権利を放棄したり、私鉄総連の統一闘争に参加しないなどということを条件とすることはできない」

わざわざ東京まで出向いてきた社長には悪いが、私鉄総連として受けるわけにはいかない、と丁重にお引き取りねがった。別れ際、内山は、「道南バスはそんなに心配をしなくても十分再建する可能性があります。もし、その気があるならば、組合のことは心配せずに勇断をもって引き受けられたほうがいい」と、付け加えることを忘れなかった。

だが、その社長はその後、二度と内山の前に姿を現すことはなかった。

選任された三人の管財人の弁護士と会見して、「腹を割って再建策を話し合える」という第一印象をもった。事実、組合に理解を示しながら、会社再建に精力的にあたってくれた。もちろん、すべてスムーズに事が運んだわけではない。臨時工三〇〇人の首切り提案では、組合への委任状を取って交渉した。内山は、「臨時工から首を切るというけど、臨時工が終わったら次は本工の番になる。臨時工だからといって見殺しにしたらだめだ」と言って、組合を指導した。「臨時工は組合に入ってない」としぶる管財人に対し、内山はこう反論した。

「組合が交渉委任を受けてきたんだ。入ってなくたって交渉権はある。あんたら弁護士だろ。弁護士なら憲法二八条を調べてみろ。『労働組合』の団結権なんて書いてないじゃないか。『勤労者』の団結権、団体交渉権だったら交渉するのはあたりまえだろう」

内山の迫力に圧《お》され、しぶしぶ話し合うことを認めた管財人だったが、「三年以上勤務の臨時工に退職金協定を適用せよ」という要求には、首をたてにふらなかった。

「なぜ、できないか。労組法一七条、一八条見てみろ。常時雇用される同種労働者の四分の三以上の人が一つの労働協約の適用を受けたら、他の労働者にも適用すると書いてあるじゃないか。臨時工だって、更改更改で三年以上勤めているんだったら、常時雇用だ。運転手も洗車夫も同種労働者として労働協約は適用だ」

法律家のプロに対して、臆面もなく法律を持ち出して迫る度胸は、「歩く労働協約」といわれた内山の実績の裏打ちからきているものか、同席した道南バス組合員をうならせるものだった。こうして協定を締結させ、これを札幌地裁も認めたのである。

だが、妥協もせざるを得なかった。

三〇〇人の首切り提案に対し、最終的に一八人認めることに同意したのである。この際も、解雇予告期間を二カ月にさせたほか、経営が軌道にのった時は一八番目の勤続の古い者から再採用することを確約させた。「相手が譲る前には絶対に譲らない」という原則を貫きながら、組合も一定の譲歩を示して、労働者の負担と犠牲を最小限にくい止めることに成功したのだ。七六年一二月に組合との協議が成立して争議は収拾する。「労働者なくして会社の更生は成り立たない」ということを再確認した道南バス争議だった。

それから時は流れ、一〇年後、内山は道南バスの経営状態を見て目を見張ることになる。一〇年の間に従業員は九三四人から七三五人へと一九九人減少したが、営業収入は二・六倍に増え、固定資産は一・二八倍、更生債権は三四億六五〇〇万円から四億八六五七万円に減少している。その差約三〇億円、一年あたり約三億円も返済したことになる。単年度決算でも黒字を記録し続け、地元財界が競って株式の取得に躍起になっているという。

これらはすべて道南バス労働者が働き出し、付け加えた価値である。内山はこの数字を見て、あらためて「労働者の犠牲と負担・協力なしで会社の更生・再建はできない」という事実を思い知らされた。他の同規模の更生法適用の組合が多大な犠牲を強いられている事例を見るにつけ、道南バス争議で組合の団結力を示した闘いの意義を再認識したのだった。

争議は生きものである。いくら診断や治療方法が正しかったとしても、体力がともなわなかったり、実行にミスがあれば、死に至ることさえある。スピードも必要で、判断に時間がかかれば事態は変わることもある。内山の長年培ってきた経験プラス瞬時のひらめきによって、こうして多くの組合が命を救われていったのだ。

■スト権ストの分水嶺■

一九七二（昭和四七）年に誕生した田中角栄内閣の「日本列島改造」と七三（昭和四八）年のオイル・ショックにより、日本経済は空前のインフレとなって労働者の実質賃金は大幅に引き下げられた。労働側は「国民春闘」のスローガンをかかげ、七四年春闘では上げ率三二・九％という大幅な賃上げを獲得していた。六七年以降、春闘は総評春闘と同盟・JC春闘の二つに分解し、JC四単産（鉄鋼、自動車、電機、造船）が相場の水準を規定するJC春闘が定着するようになっていたが、七四年春闘では公労協と私鉄・金属の連携のもと、総評とJC・同盟が共同歩調をとり、空前の賃上げが実現したのだった。

国民春闘…◇

国民春闘という言葉が登場したのは、第一次石油危機が始まった一九七三年秋、早ばやと開催された七四春闘共闘委員会の春闘宣言においてであった。

「いま、日本の全ての労働者、勤労国民は戦後混乱期以降、類のないインフレに襲われている。七四春闘こそインフレから国民生活を守る総決戦としての国民春闘として幅広く闘っていく。そのためには、大衆路線を基調とした全労働者の怒りを結集して、強力なストライキが決行できる態勢をつくり上げよう」

この国民春闘は、たとえば最もその成果をあげた年金制度改善闘争に対して、一九七五（昭和五〇）年の暮れ、公労協はスト権奪還をかかげて一一月二六日から史上空前の全面ストに突入、全国の電車、郵便はマヒし、政府・マスコミは「違法スト」と宣伝した。結局、政府の壁は厚く、八日間でストは中止となる。以降、日本労働運動の牽引車といわれてきた公労協は、急速にその影響力を失っていったのだ。そして、総評そのものもパワーを減退させ、JC・同盟へと擦り寄るコースへ舵を切ることになる。

内山は七六年の私鉄総連定期大会で、スト権ストについてこう述べている。

「公労協のストは、十分な準備が事前にあったとは言えない。公労協だけやれば、という過信もあったろう。政府の側の分析についても、一部の行政権力の動きだけを情報としてつかんでいた甘さがあったといえる。……われわれのたたかいは、階級的モラルを築いていくたたかいでもある。ストライキを過大視することなく、依存偏重せず、同時に相手の権力を軽視も誇大化もせず、広範な力の結集で相手を圧倒していく力を担保する中でたたかえば恐れることはない」

一方、このスト権ストの「張本人」である富塚三夫（当時、国労書記長）は、私鉄総連など交運共闘の対応について怒りを隠さない。

「国労が列車を止めているのに、私鉄の一部は代替バス、電車の増発に協力した。運輸一般労組も高速トラックを走らせ、東京築地市場は閉鎖にならなかった。もし交運関係が全部ストップしていれば、東京の台所が閉鎖してい

当時同盟の天池会長は「違法な政治スト」として痛烈に批判したように、けっして全労働組合をあげて支持・参加されたものではなかった。

しかし、いま改めて戦後の労働者をとりまく経済社会の大きな流れをふり返ってみると、一九七〇年代前半の日本経済社会の構造変化に対して、労働組合側がたとえその一部であっても、国民春闘というきわめて時宜に適した運動を展開したことは、評価しておきたいと考える。

では、国民春闘とはそもそも何であったのか。

〈背景〉

一九六〇年代の高度成長は、当時の豊かさのシンボルとして「三種の神器」といわれた電化製品の普及をはじめとする大量消費社会を実現したが、他方、国民生活に共通する社会福祉や公共的生活分野への資金投入を後まわしにしたため、仕事、教育、社会保障、通勤交通条件、自然環境などの劣悪な状態が進んだ。

この経済成長至上主義に対して、春闘共闘委が唐突に国民春闘を提起したのではない。すでに六〇年代後半において、

れば、力関係は変わっていたはずだ」

富塚は、事前の自民党労働部や藤井国鉄総裁との話で、「向こう二年間ストをやらない」「私鉄並みの事前通告制」という厳しい条件付きながら、スト権回復について感触を得ていたという。「スト突入後三日で政府見解を引き出し収拾する」という、着地点を想定してつっこんだのだった。

ところが、いざ突入してみると、田中派はオーケーなのに大丈夫だと思っていたハト派の三木首相が態度を硬化させ、さらに頼みにしていた私鉄総連など民間労組が足を引っ張って収拾がつかなくなってしまった、というのだ。

前線で敵の総攻撃を受けているその背後から、自陣の砲弾を浴びせられるという八方塞がりの状況の中、成算のないままストは八日間続行、最後は全面降伏となる。そのツケは「二〇二億円損害賠償」という形で労組に突き付けられ、その後、ボディブローのように国労を消耗させていく。

そして、以前から春闘の戦力配置をめぐって確執があった国労と私鉄総連の関係は、スト権スト以降さらに悪化することになる。

■自主交渉・自主解決の行方■

高度成長も終焉《しゅうえん》を迎え、春闘の形も変わらざるを得なくなっていた。

それまでは、公労協の統一ストに連動する形で、私鉄総連はそれ行けどん

国民春闘を構築していく運動論上の認識を深めていたことを無視できない。

その第一は、春闘において賃上げ一辺倒で生活を改善しようとしてきたが、その限界が露呈したこと。特に生活の基礎的な分野である住宅、教育、老後などは年々高額となり、いくら賃金を引き上げてカバーしようとしても無理であることが明らかとなった。それだけではない。生活を賃金のみで対応しようと考えると、企業内賃上げ原資の配分をめぐって、中高年層と若年層の対立が深刻となり、労働者内部の矛盾が噴出するという事態に立ち至った。年齢別賃金カーヴを立たしている住宅、教育、老後などの生活課題を、それ自体直接的な経済社会改革の対象としてとらえかえし、生活のすべてを賃金のみで解決しようとすることを考え直す、つまり、長期的な生活の構造上の問題を自覚したのである。

第二に、したがって総評（春闘共闘委を主導してきた）は、一九六九年九月、幅広い国民諸階層をまきこんだ生活闘争を展開すべく、国民生活改善のための「十五大要求」を決定し、間髪を入れず

どんと大幅賃上げを獲得していた。中労委・公労委の場を利用して、大手一三社一括の職権斡旋《あっせん》に持ち込み、高額水準を引き出していたのだ。私鉄総連にとってみれば、時として私鉄労使の激突は、公労協—政府の代理戦争とも感じられた。

一方、スト権のない公労協はどうか。富塚は、「ストに入れば組合員は解雇処分を受けるが、私鉄などはストを打っても組合の損害はない。彼らの賃上げのために公労協の賃上げには直接結びつかないむだ打ちスト」と、公労協内部では不満が多かったと述懐する。

七五年スト権スト敗北を契機に、私鉄総連は公労協に頼ることができない状況が生まれた。そこで出てきたのが「自主交渉・自主解決」方式である。

内山は副委員長になって、毎春、中央交渉に顔を出しながら、いつもいらだちを覚えていた。北鉄や争議での交渉とちがい、中央の交渉は「集団交渉」という名のとおり、相手も各社いれば、組合側もたくさんいる。同じテーブルで向き合いながら、みなそれぞれ腹のうちでは「うちの労使関係」「うちの賃金」のことを中心に考えている。一対一なら、相手の懐に飛び込んだり、テーブルを叩いたり、腹の探り合いもできるが、集団では誰が当事者能力があるのか、決定権を持つのか判然としない。おまけに組合側にしても、仲の悪い組合や個別労使関係の温度差などがあり、なかなかまとまらない状況があった。

全国一〇〇〇カ所の討論集会を実施した。

第三に、インフレ対策という生活者共通の課題である。生活を圧迫するインフレに対して、労働組合は賃上げによって生活を維持できるが、組織労働者以外の国民諸階層は、無防備である。それだけにとどまらず彼らは、労働組合の賃上げストライキによって迷惑をこうむる。

総評は、かかる春闘を自分たちのエゴイズムとみなされる状況を変えるため、国民諸階層と一体となったインフレ対策や制度改善を含む生活共闘を展望したのであった。

〈具体的展開〉

これら三つの運動論上の認識を踏まえれば、国民春闘という名称が使用されたかどうかを別にしてそれが展開された時期は、一九六〇年代後半にすでに開始されたと考えるべきであろうし、またその終わりは、「国民春闘共闘会議」が存続した八九年総評解散までということになるが、ここでは、七四年国民春闘の経過を『総評四十年史』（第一巻五六四～五六七ページ）をもとにして見ることにすそういう中、中労委の斡旋というのは、互いにとって都合のよいルールとなっていたのだ。公労協の強力なストで公労委が動き、あい前後して私鉄総連など民間も中労委斡旋を引き出す。「代理戦争」と揶揄《やゆ》された私鉄春闘の構図を、内山は中央交渉のテーブルに着きながら、ひとり「セレモニーだな」と心の中でつぶやいていた。

その構図が一気に崩れたのである。公労協が戦力ダウンする中、政府のガイド・ライン攻勢の前に、七六年春闘は「官民総がかり」というかけごえとはうらはらに、「官民総もたれ」（『私鉄総連五十年史』）となり、二年連続で物価上昇分以下の低額賃上げという結果になってしまったのだ。

内山は、七六年春闘直後の私鉄総連第五回中央委員会で、こう答弁している。

「七六春闘を勝利か敗北かと言えば、敗北である。……七五春闘で自己批判した欠陥、①量的成果がなかった、②国民春闘の継承発展ができなかった、③闘争の質的成果がなかった、を克服できず、くり返しとなった」

内山はこの年の定期大会（第四〇回）で、「自主交渉・自主解決、回答後のストライキ投票」という新方針を提起する。いわゆる「事後対処方式」で、組合員からは「ストなし春闘路線」「春闘全体の足並みにマイナス」という疑問が出されたが、副委員長の内山は答弁に立ってこう述べた。

「方針は、いくつかの点で従来のやり方を変えていきたいという主旨で提起

る。

(一) 七四年春闘に際して春闘共闘委員会は、前年七三年一〇月にはじめて国民春闘を組織し、大幅賃上げをはじめとする四大統一要求をかかげて発足した。

(二) 七四年二月の総評第四七回臨時大会は、前年末に勃発した第四次中東戦争を引き金とする石油危機、それによる物価暴騰を踏まえて、低所得者・高齢者・年金生活者・心身障害者・難病患者などの生活保障の確立、三万円以上の大幅賃上げの獲得、雇用保障の確立、スト権奪還、労働時間の短縮と週休二日制の獲得、年金の大幅改善、医療制度等の社会保障の充実、大企業の行動規制などを主な内容とする統一要求と春闘に向けた戦術日程を決めた。

(三) 七四春闘の前段はインフレ阻止、生活危機打破の闘いをもって始まった。①一月二五日、中立労連、新産別、社会・共産・公明三党を含む八二団体をもって「インフレ阻止、物価値上げ反対、

している。それは、第一に、低成長下の春闘というきびしい試練を二年つづけて受けてきた上に立っての反省であり、高成長下の春闘の原型である甘えた労使関係からの脱却が必要だという反省、第二に、鉄鋼にせよ、公労協にせよ、これからは好不況にかかわらず、実力のない組合は賃上げは取れなくなるということ、つまり、団交力の追求が課題となるべきであり、単産、単組の力量がなければ、春闘の総もたれから脱却できないという反省、第三に、私鉄の産別闘争を強化していくために、どう全員参加の大衆闘争にしていくかということ、以上の視点を基本にしている」

方針の真意を述べた後、内山は、

「回答提示後のスト投票というのは、どんな回答が提示されるかわからないが、ともかく、経営者側にゲタを預けようということであり、その回答を見た上でストに対するギリギリの判断を組合員に求めていこうということである。そうしなければ、真のスト態勢は確立できないと考えるからだ。もちろん、私鉄だけで長期ストがたたかえるとは考えていない。したがって、交運を中心にした共闘は大切にし、そのための日程の調整などには努力したい」

と、ストなし・一発回答路線への組合員の危惧に答えたのである。

「自主交渉・自主解決」路線のもうひとつの意図は、中央集団交渉の場に参加する会社を拡大させて自主交渉の内容を充実し、自主解決をめざすことだった。それまで、私鉄の賃金闘争は、中労委の場を通らずに解決したことは

生活危機突破国民連絡会議」（インフレ阻止国民共闘）が発足し、公共料金値上げ反対など一〇項目の共同要求を二階堂官房長官に提出した。

②一月二六日、総評主催「インフレ反対、七四春闘勝利、一・二六全国統一行動」が行われ、また二月四日には「低所得者・年金生活者・心身障害者・難病患者などの生活防衛、社会福祉予算拡充中央集会」が開催され、集会後市川総評議長が大村官房副長官に七項目からなる要望書を提出した。

③二月一八日、労働四団体主催による「インフレ粉砕、生活危機突破大集会」を開き、これにもとづいて二一日、労働四団体代表が田中首相をはじめ、官房、総務、経企庁各長官、労働、通産、運輸、厚生、農林、郵政、文部、自治各大臣に会見して「申入書」を提出した。

(四)これまでの行動を踏まえて三月一日以降、数波にわたる統一ストライキや集会が実施された。

①三月一日、低所得者の生活防衛とインフレ阻止、スト権奪還をかかげた第一波統一ストライキが八単産五四万人の参

ほとんどなかった。組合は「中労委排除」とは言いながら斡旋に持ち込む一方、会社も「自分の口から言えないので中労委に書いてもらおう」という考え方が強かったのだ。

ところが、その「良識ある第三者」であるはずの中労委自身が、政府や財界の強い意向に影響されて職権介入するという傾向が出てきたのである。

大会では、多くの代議員からの疑問や不安の声が噴出したが、内山ら執行部の新路線は、産業別統一闘争を強化するのがねらいだという熱のこもった答弁を納得し、運動方針を可決している。私鉄春闘はこれ以降、中労委の斡旋を受けることなく解決し、内山の悲願であった「自主交渉・自主解決」は形の上では貫かれていったように見えた。が、その中身は逆に、「自主」という名で労働者全体の共闘から軸足を引き、やがて春闘そのものの終焉へと実質的に導いていくことになる。会社側にとっても、「自主解決」は都合のよい逃げ道となり、格差と低額回答を定着させる口実を与えることとなってしまっていったのである。

内山の思いは、結果として逆作用を生んでしまったといえる。

進路を打診される

内山は七五年、将来の進退についての打診を受けている。副委員長となっ

加によって実施された。

②三月三日、インフレ阻止国民共闘主催による「インフレ阻止、物価値上げ反対、生活危機突破国民大集会」が全国二五二カ所、一四〇万人が参加して開かれた。

③三月二六日、インフレ阻止・スト権奪還・賃上げなどを要求した第三次統一行動「三・二六スト」が六八単産二四〇万人の参加のもとに実施された。

④四月一日以降、公労協、公務員共闘、私鉄総連、電機労連をはじめとする春闘共闘傘下組合が順次ストライキに突入した。その規模は一一日八一単産六五〇万人、一二日五五単産三三〇万人、一三日四五単産三六五万人が参加し、労働運動史上最大のものとなった。

(五)　このストライキを背景として、春闘共闘委は政府と交渉を行った。

①国会の衆議院社会労働委員会では「児童手当法等改正案」「国民年金等改正案」に物価スライド時期の繰上げを盛り込み、生活保護基準の引上げについて厚生大臣から配慮することが表明され、また失業対策賃金について、労働大臣から

て五年が経ち、年齢も五四歳となっており、そろそろ先のことを考える時期でもあった。国政選挙に出る気はもとからなく、さりとて「一匹狼」で委員長になれるはずもなかった。

総評の大単産がそうであるように、私鉄総連でも、人事に関してはOBと現役幹部による「賢者会議」が毎年もたれ、各役員の進路の大枠を決めることが慣例となっていた。内山は副委員長ではあるが、本流ではないためにこの会議にはお呼びがかからず、その決定を受ける立場にあった。この年、内山に示された案は二つあった。

A案

一、企業籍離脱（七八年九月）、三役として仕事を続ける

二、担当と合わせ、私鉄労働学校の業務担当（設立）

三、二カ年一期終了するまでに学校自立態勢を作り、学校に専任する（八〇年以降）

四、学校は七六年八月以降準備し、系統的講座開始（中央、地方）

五、七八年八月自立準備、八〇年完了

B案

一、企業籍離脱（七八年）、特別中執に

改定について適切な措置をとることが表明された。

②行政においては、春闘共闘委が各省庁と直接交渉を行い、最低賃金制、労働時間短縮、交通労働者対策などについて、行政上措置が可能なものについていくつかの合意がもたらされた。

(六) 四月一三日、総評は幹事会を開き、これまでの政府交渉による合意内容を確認し、ストライキを収拾することを決定した。春闘共闘委は市川議長を代表として、官房長官、総務長官など政府側と会見し、これまで交渉で得た結論を最終的に確認したうえで、一三日正午、ゼネストの中止を指令した。

(七) 春闘共闘委は八月七日、「七四年春闘を国民春闘として闘い、労働運動の歴史に転機を画したことは、高く評価される」「特に企業をこえた運動課題について、対政府交渉を形式的段階から実質的なものへ移行させ、組織労働者の生活擁護の闘いを、未組織労働者、国民との共闘の場に広げ、社会的に陽のあたらない谷間

二、私鉄労働学校の業務担当（賃金補償）
三、各単産から専任講師
四、二～四年後に学校自立

この案を示され、内山はしばし絶句した。

A案、B案に若干の違いはあれ、「企業籍離脱」した後、私鉄労働学校の担当として八〇年以降は「自立」しろということ。体《てい》のいい「肩たたき」ではないか、と。確かに労働学校の必要性は理解するが、それを業務としてやるには抵抗がある。年齢を重ねたとはいえ、まだ現場を歩いてやりたいことがたくさん残っている。

内山は無言でその提案を手帳にメモし、「考える」と言って即答を避けた。あとで冷静になって考えてみると、「企業籍離脱」ということは組織としてその後の面倒もみてくれるという恩情措置であり、内山の功績を評価してくれたということではないか。労働学校設立ということも七四年の定期大会で決まった方針で、内山に白羽の矢が立ったのだと思い直し、複雑な気持ちになった。いずれにしても、このままずっと、私鉄総連に居られるわけではない。そろそろ、第二の人生について考えなければいけない時期だと、心にとめた。

結局、内山は一九七八（昭和五三）年、企業籍離脱となり、特別執行委員

の人達の問題を、労働者や労働組合自らの問題として共に闘うことの重要性を明らかにした」との「七四春闘総括」を行った。

〈国民春闘の残した検討課題〉

一九七五年以降、総評が将来に向けて「国民春闘の定着・継続・発展」を提唱し、具体的な成果として「特定不況業種離職者臨時措置法」の制定に向けた取り組みなど、いくつかあったものの、石油危機を契機とする深刻な不況をバックに、賃上げも生活闘争も沈滞することになる。なにがこのような状況をもたらしたか。当時、国民春闘論をめぐって議論が百出した。ここではそれらの議論のなかから、運動論上の論点を二つほど紹介しておきたい。

その第一は、国民春闘の眼目が諸階級との連帯にあるが、結局のところ当事者が登場するよりも、労働組合による代理交渉に終わった。この運動体質からの脱皮を必要としている、というものである（高木郁朗「社会契約の具体的展開」、清水慎三「多元化社会のなかの労働運動」他）。

として総評の副事務局長に就任する。総評に派遣していた安恒良一が国会議員に転出し、一年間空席となっていた私鉄総連のポストに収まった格好である。当初は一時出向で、また古巣に戻れるだろうと気楽に考えてもいた。それが片道切符となるとは、思いもよらないことだった。

しのびよる病魔

それは、突然やってきた。

一九七六(昭和五一)年春ころのことである。いつものように手帳にスケジュールを書こうとすると、指先がふるえて字が乱れるのだ。あれ、おかしいなと思い、もういちど万年筆で書こうとしたが、やはり手の小刻みなふるえはおさまらない。昨日の酒が残っているはずはない、どうしたのかな、と変には思ったが、そのうちふるえは止まったので、気にもとめなかった。だが、九月のある日、また突然ふるえがきた。もう自分も五五歳、加齢のせいだとも思ったが、少し心配ではあった。毎年、私鉄総連本部の行う定期健康診断は必ず受診し、健康には気を遣うほうだった。

妻のすすめもあり、翌年医者に診てもらうが、どこも異常はないという。少し安心はしたものの、その後も、時々ふるえがきた。頼まれた原稿もうまく書けないこともあり、口述原稿で、編集者がテープレコーダー持参で来る

第二は、国民春闘の交渉力の問題である。七五年以降、総評は制度政策を実現する場として四団体共闘を重視していくが、ここで決定的に欠落していたものは、「交渉力」をどのように培うかという点であった。これに対して、地域の生活基盤に立脚した地区労を国民春闘の担い手にすべきだというのが、論点のなかの一つであった(清水慎三「組合運動の戦略的前進のために」)。

最後に、ここで七四国民春闘の経過とその後の議論をみたうえで改めて確認しておきたい点がある。日本の労働者が従来みずからの生活に関連したことを決定する方法は、企業内労使交渉かもう一つ間接的に国会や自治体の議会(選挙)の二つしかなかった。ところがそれに加えてはじめて、七四国民春闘でストライキや集会デモを背景にした直接行政に交渉する方式が登場したことになる。この運動論は画期的なことであった。その証拠にその後あらゆる労働組合が、政策制度要求を一般化した。しかし、今日の労働運動にいえることは、要求文を作成し、関連省庁に提出するが、その要求を実現

することを努力していない点である。要求実現のための交渉力はそう簡単に発揮できない。その意味で、この交渉力をいかんなく発揮した七四年国民春闘は、貴重な経験であった。今日、要求実現のための組織と交渉力をどのように構築していくのか、新しい労働者戦略が求められている。

ことも多くなった。大枚をはたいて普及したてのワープロを購入したのも、このころのことだった。

これが、本人にも発症がなかなかわからないという、パーキンソン病と診断されたのはそれから十数年あとのことである。イギリスの医師、ジェームズ・パーキンソンが一八一七年に報告したこの病気は、五〇歳以降に発症し、ゆっくりと進行する慢性的な神経性疾患である。発症率はほぼ一〇〇〇人に一人、高齢者の約〇・一%の確率で起こるといわれている。症状としては、①手足がふるえる、②体の動きが遅くなる、③手足の筋肉がこわばる、④歩き方が遅くなる、⑤倒れやすくなる、などがある。家族は、「声が小さくなった」「歩き方がおかしい」などの初期症状で、疑いをもつことが多いという。原因は諸説あるが、いまだにはっきりしていない。一〇年以上の歳月をかけて、好不調の波をたどりながらゆっくりと進行する病気である。

内山本人も、妻一枝も、その時点でこれが病気だとは思わなかったし、まさかパーキンソン病などとは思いもよらないことだった。だが、病魔は徐々に、しずかに内山の体を蝕《むしば》んでいった。

第11章 総評時代

■総評にエース登場か■

一九七八（昭和五三）年五月一二日の私鉄総連「企業籍審査委員会」で、内山の企業籍離脱が正式に決まった。これで北鉄会社の籍はなくなり、私鉄総連のプロ専従という身分に正式になったのだ。五七歳にさしかかり、まだ気力も体力もあるつもりだが、企業定年を迎えてしまったことに、内山は一抹《いちまつ》の寂しさを感じていた。七月一五日から東京厚生年金会館で開かれた総評第五七回定期大会で総評副事務局長に選出され、翌週の群馬県水上で開かれた私鉄総連第四二回定期大会で、総連副委員長を退任する。

副委員長としての最後の答弁のしめくくりはこうだった。

「……昭和三五年（一九六〇年）までは、私鉄総連大会の後にいま一度単組の大会を開いて、私鉄総連の運動方針との食い違いを埋めるという活動スタイルがあったが、今日、そのスタイルはなくなってしまった。そして、私鉄総連を大事にすると言いながら、付き合いストだと言っている組合さえある。

こういう風潮の中で、最近は産別組織づくりの論議がされなくなってしまったという指摘もされている。これは大手だけのことではない。中小も含めて言えることだ。今こそ、産別組織づくり、産別闘争づくりへ向けて、あらためて息の長い教育と宣伝に取り組む必要がある」

中小出身の内山としては、大手組合の意見が幅をきかせる私鉄総連内で、産別組織としての運動の統一を求め、その調整役をはたそうとしてきた。だが、その格差はひろがり、産業別連合体とは名ばかりの組織となっていることへの強い危機感があったのだ。

のちに内山の退任後、私鉄総連派遣として総評入りすることとなった南海労組委員長の平《たいら》四郎は、「先輩」内山についてこう語る。

「私鉄総連の諸会議で内山さんは、あまり前に出る人ではなかった。私鉄総連の重要な会議では、往々にして大手組合と中小組合との意見が食い違うことが多かった時期がありました。例えば、春闘の戦術面での意見は大手と中小の差は大きかった。意見としては大手の『エゴ』であることは、会議参加者の多くはわかっていても、それを覆すことはできない。当時大手一三組合の過半数以上がスト決行を決め、一定の解決をすることによって、残る中小組合の解決条件がある程度決められていくパターンが、長年続いていたんです。これに対し、内山さんは中小の立場に立って意見を述べましたが、大手組合幹部は、内山さんの意見をあまり取り入れようとはしなかった」

平は、内山が私鉄総連に残した功績として次の三点をあげる。
①産業別統一闘争として、「交渉権、スト権、妥結権」の三権を私鉄総連本部が持つ。
②中央労働協約の締結。
③統一交渉方式の決裂後、同一時期に同一場所で行う集団交渉方式を確立させた。
「この三つの柱をつくった内山さんの功績は大きかったと思う」と述べる。

しかし、内山たちが粉骨砕身して築き上げてきた運動が、時を経て形骸化している現状を目の当たりにして、それを残したまま組織を離れねばならないことは、内山にとって後ろ髪を引かれるようであった。

思えば、一九五八年に二度目の本部入りしてから通算二〇年にも及ぶ私鉄総連本部勤めだった。本部周辺の高輪の街の風景もずいぶん変わり、今では高層ビルが立ち並ぶビジネス街に変身してしまったが、品川駅周辺の行きつけの居酒屋や商店のいくつかは昔の佇《たたず》まいを残しており、顔なじみとなった街の人たちとの別れは少しつらいものがあった。

書記局内でも、かつて苦楽をともにした部員や同僚で残っているものは少なくなったが、争議華々しい激動期に一緒に闘った「戦友」たちとの別れは、やはりつらかった。八月三日、私鉄総連書記局の慣れ親しんだ机の中を整理し、思い出がぎっしり詰まる書類を段ボールに積めこみ、高輪を後にした。

一九七八年八月二日の朝日新聞朝刊「ひと」欄で、「総評副事務局長になった」と内山光雄が紹介されている。

「『内灘闘争』を記憶している人も多いにちがいない」という書き出しで、「その時、地元の北陸鉄道労組が試射用弾丸の輸送を拒否して注目を浴びたが、これを指導したのがこの人。当時の委員長、三一歳だった」と紹介する。「これを機に、労働界では『私鉄に内山あり』といわれるようになる。……百戦錬磨の総評幹部の中でもこの人ほどの豊かな運動歴をもつ人はまれ、といわれる」と書いて、最後に内山の抱負を紹介している。

「あいさつ要員になるのはごめん。地道にはいずり回りたい。労働者にとって総評をもっと身近なものにするために、総評未加盟組合員に加盟を働きかけ、それに中小の民間組合員に学習の場を提供したい。民間労組と官公労の媒介役になりたい」と。結びは、「地盤沈下の総評運動の再建にはうってつけのエースが登場した、との声がもっぱらだ」

　こうして、鳴り物入りで入ることとなった総評だった。当時、浜松町にあった総評会館（八一年に駿河台に移転）に引っ越した内山は、落ち着くひまもなく諸団体との会合に引っ張りだされる。役職は副事務局長という耳慣れないポストだった。総評は議長の下に事務局長、その下に組織局などの各局長がいるが、この副事務局長というのは、事務局長と局長の間に位置する中間職、口の悪い書記局員からは、「盲腸」ともいわれた「閑職」だった。

総評の日常の実務は各局の局長の下、書記が担当、そのもととなる方針や政治判断は事務局長が下すので、権限も責任もない。内山の懸念どおり「あいさつ要員」というのが実際のところだった。本来は、総評の実権をにぎる事務局長の補佐をするのが副事務局長の役目であり、実際、内山を迎え入れた事務局長富塚三夫も、それを期待していた。

「最初、内山みっちゃんには、労働戦線統一で同盟とのパイプ役になり、労働四団体との政策共闘をやってもらおうと思っていたんだが……」

ところが、総評に来た内山は「おとなしい」。おまけに人づきあいも悪く、「はっきりモノを言わない」。これではとても「まとめ役」は無理だと判断し、富塚はもう一人の副事務局長である、全国金属出身の内山達四郎に労働戦線統一関係を任せることとした。富塚としてみれば、当初、総評内では左派系である全金と私鉄から来た二人の内山副事務局長のうち、どちらが焦眉の労働戦線統一担当に向いているか、計りかねていたようだ。最終的には、「柔軟性のある」内山達四郎に任せることになったのだが、結果は「柔軟性がありすぎて」同盟に吸い寄せられる結果になってしまったと富塚は嘆く。

「もし、光雄氏がそのパイプ役になっていたら、状況は変わっていたのではないか」とも、のちに悔しさを滲ませて語るのだった。

■総評の日々■

周囲から総評の「救世主」「エース」と期待されて入った内山だったが、結局、事務局長の眼鏡《めがね》に適《かな》わず、「閑職」に追いやられてしまう。そうはいっても、事務局長の代行として対外的な会合に顔を出し、また、加盟の各単産や全国の地評の大会、中央集会・デモにも総評を代表して挨拶しなければならず、いそがしさは一気に増した。毎年、何があっても駆けつけた「実家」北鉄労組の定期大会もスケジュールが入り、メッセージであいさつを済ますことが多くなった。

かつて、発足したばかりの総評の反共姿勢を猛烈に批判した内山だったが、二八年後にその本部役員に自ら入ることになるとは、時代も自分も変わったものだと、変な感傷にひたったものである。

総評行きの条件として、内山は社会党にも入ることになる。こちらは、一九四七（昭和二二）年に私鉄総連本部に入ったとき入党したものの、そのまま自然離党の形になり、五二（昭和二七）年に労農党に入党し、五七年に同党が解散した後は無所属を通していたのだから、じつに約三〇年ぶりの復党である。総評・社会党の顔として、自民党、公明党、共産党など、今まであまり接したことのない政党幹部とも接することになる。

社会党と総評の定期協議にも、労働側の代表として顔を出すことになった。もはや私鉄総連でなく、総評の顔として政治レベルの場にも登場し、総評の立場で発言するのだ。政治嫌いの労働組合主義者ではなかったが、政党への不信感は根強いものがあった。政党と労働組合というお互いの主体性を混同し、社会党は総評に「おんぶにだっこ」で依存し、一方の総評は、組合幹部を議員に送り込んで利用する。総評は労組というより「駿河台社会党」に、一方の社会党は「総評政治部」になり下がっていると言われたが、はたしてその渦中に飛び込んでみると、「新聞各社の総評の担当記者は全部政治部で、労働組合が社会部担当なのとは好対照だった。総評というのは労働組合じゃないな」、というのが内山の総評の第一印象であった。

そして何より、「団交がない」のが一番の違いだった。北鉄、私鉄総連時代を通じて、春闘をはじめ毎年、何度かは経営者を相手にテーブルを叩いては大声を出したものである。総評に来て、こうした場も完全になくなってしまい、フラストレーションはたまる一方だった。

こんな内山を励まそうと、私鉄の仲間が中心となって、七八年九月一六日に「内山光雄退職激励会」を浅間温泉で開く。激励会にはかつての仲間、同志たちがかけつけ、内山の長年の労をねぎらうとともに、総評での新たな門出を祝った。みな、総評の水に内山は合わないのではと内心思いながらも、これで総評が変わるという期待もこめて、「がんばれ」と激励してくれたのだ。

事実、内山は、総評へは私鉄総連の空席を埋めるため、力徳委員長に請われて「二期四年間で戻る」という条件つきで承諾した経緯があった。「大衆の中へ」というのがモットーの内山にしてみれば、産別の本部から、さらに上のナショナルセンターの本部という、「雲の上」のような存在に祭り上げられるのは本意ではなかった。だが、なり手がいない状況でわがままを通すわけにもいかないし、私鉄総連副委員長にも長くいすぎたと、条件付きで決断したのである。「四年間のお勤めを終われば私鉄総連の委員長として迎える」というのが、力徳委員長との暗黙の了解事項だったのだ。

ところが、その力徳委員長が七九年七月一三日に急死する。代わって私鉄総連委員長には黒川武が就任、書記長・田村誠との「黒川—田村体制」が八九年まで一〇年間続くことになる（八八年から黒川は会長に就任、田村が委員長）。私鉄総連に内山の戻る席はなくなっていたのだ。

そうとは知らず、与えられた任務はまっとうしようとさまざまな場面に顔を出し、今まであまり接したことのなかった官公労の実態を目の当たりにすることになる。

総評入りした数カ月後の七八年の年末に闘われた全逓の反マル生闘争（生産性向上に名をかりた組合差別に反対する闘い）の支援共闘会議の議長に内山は選ばれ、郵便局での局長交渉にも参加した。渋谷郵便局に一二月六日、反マル生共闘の責任者として入った内山は、信じられない光景に出くわす。

局長室で当該支部、全逓本部の役員、地元の社会党議員らと共に、当局管理者の組合差別について追及、内山も不遜な局長の態度に腹を立てて語気をあららげ、抗議した。三〇分ほどで交渉は打ち切られ、内山は怒りを残しながら局長室を辞したのだが、帰りぎわ、後ろの方では全逓本部の役員が、「すみませんね。外部の者で何も知らないもので」と、何やら局長に謝っているではないか。交渉は形だけとは聞いてはいたが、全逓本部と当局の癒着はこういうものだったのかと、思い知らされたのだった。

そうはいっても、現場で差別撤廃を求めて闘い抜く全逓組合員を支援するため、全国一般労組が取り組んだ郵便局アルバイトの組織化には精力的に駆けずり回った。高輪郵便局、目黒郵便局、芝郵便局などに入っての直接指導もした。全国一般南部支部の渡辺勉とは、このころからの知り合いである。

この反マル生闘争は、全逓史上初めて年を越し、翌年、一般組合員に対して大量の免職処分が出されるのだが、のちに、全逓本部は彼らの組合籍を剥奪している。

総評での内山の新たな任務のひとつに、地域運動があった。

総評が七八年から年一回開催した「地域運動を強化するための全国集会」、七九年秋から八〇年春にかけて全国一五三カ所で開催した初めての「国民生活改善要求・地区対話集会」の成功に尽力した。

■青い柿と青大将■

全国一二〇〇の地区労と四七の都道府県の地評、そしてそこで献身的に活動している八〇三人の地評などの幹事と約七〇〇名のオルグたちは、未組織労働者の組織化や争議支援、反戦平和・反原発などの地域運動を縦横無尽に展開し、総評運動を足元から支えてきた。

総評は「国民春闘」というアドバルーンをあげたが、その内実は官公労、大単産主導の国民不在の春闘という傾向を強め、地域で働く未組織や中小の労働者にはなかなか光が当てられない状況にあった。中央では、ナショナルセンターの統一論議が再燃しているが、その足腰であるローカルセンターが置き去りにされているという危機感が、地域運動の関係者には強まっていた。全国各地を行脚してきた内山にとって、日本経済の発展の陰でますます広がる地域格差と、それに連動するかのように進む地域運動の停滞は、深刻な課題だった。政治、経済の矛盾が最もきびしく顕著に出てくる地域末端からの運動をないがしろにした労働戦線統一の空中戦に、内山は大きな危機感を抱いていたのだ。

「青い柿に風を吹かせても落ちない。柿自身が熟していかない限りは進みません。そのためには、積極的に統一行動を積んでいこうではないか。統一しているところは闘いの成果が大きいということをわれわれは感じているわけですし、少なくとも下部には、統一についての条件があると思っているのです。できるならば、すべての幹部を含んでわれわれは統一したい。しかし、時には一部の幹部に反対してでも統一しなければいかん。しかし、いついかなる場合でも、大衆との統一ということがわれわれの信条ですし、総評労働運動は、それを捨てた覚えはないわけです。メーデーを一緒にやれなかったら、スローガン一本でもいいから今年は一緒にやろうではないか。一本のスローガンも決められないかというところからわれわれが積み上げられなければ、上のえらい人が話をつけて、お座敷で一杯飲んで、今度うまくやろうなどと言ったって、できるものではありません。だから、皆さんの運動の中で、その条件をつくっていただくよりしかたない、と思っているのです」

七九年開催の「地域労働運動を強化するための全国集会」の第三分科会での本部集約答弁で、内山は集まった地域の活動家を前に、労働戦線統一について持ち前の比喩《ひゆ》も交えながら、こう持論を展開した。

最終日の全体集会でも、労働戦線統一へのたび重なる質問に答えてこう述べている。

「数さえ寄せればいいとはわれわれも思っておりません。われわれは、少なくとも組合の傾向を越えて相手と闘い、相手に対抗して自分たちの利益を守っていこうという運動なのですから、青大将を寄せても赤マムシにはならないのですから、対抗力の問題でありますから、そこは十分考慮していただきたいと思います」

だが、内山の内部からの必死の叫びも空しく、労働戦線統一の流れは怒涛のごとく進行し、総評は「青い柿」「青大将」のまま、巨像の「連合」へと吸い込まれていくのである。

八〇年代に入り、労働戦線統一問題は労働界の焦眉の課題であるばかりか、社会的にも大きな注目を集めるようになっていった。

七九年三月、中立労連と新産別は「労働戦線統一の触媒をめざす」ことを掲げて「総連合」を結成、この年七月の総評第五九回定期大会は、「選別主義を認めず、全的統一をめざし、民間先行」の労働戦線統一方針を決めた。

七九年九月一二日、総連合、総評、同盟の「ブリッジ会談」が開催され、「統一を進める会」が発足、九月三〇日の「労働戦線統一推進会」（全日通・全織・電機・鉄鋼・電力・自動車の六単産代表）の結成を経て、八一年一二月一四日「民間先行による労働戦線統一準備会」が発足（総評からは鉄鋼・合化・全日通・全鉱・全電通が参加）、八二年一二月一四日の「全民労協」（全国民間労組協議会）結成へと向かうのである。

内山が総評に在籍した四年間は、まさに労働戦線統一問題をめぐる各団体のかけひき、思惑が縦横無尽にかけめぐった時期だった。この綱引きの結果、その後の「連合」結成への道筋はほぼ敷かれていったのだ。

総評の副事務局長として、当然内山も労働戦線統一をめぐるさまざまな会合の場に顔を出すが、槙枝元文議長、富塚事務局長ラインで事は進められたうえ、担当はもうひとりの副事務局長・内山達四郎であったため、口をはさむ余地はまるでなく、ただ傍観者のようにすったもんだの会議を眺めていたというのが実際であった。

「五役会議」「幹事会」「企画委員会」「社会党・党員協議会」などの、総評としての労働戦線統一問題に関する意思決定の重要場面には副事務局長として参加したが、内山としては、場違いな感じがして居心地が悪かったのだ。時に、定例の幹事会などを欠席して私鉄や他単組の講演に出掛けることもあり、「職責をまっとうしていない」と、富塚事務局長から叱責を受けたこともあった。富塚としては、総評の要職にありながら、会議の席では自分の意見を述べないのに、外では「総評の労働戦線統一方針は」と公然と批判を口にする、内山の姿勢を容認できなかったのだろう。

■総評運動研究会を旗揚げ■

総評内ではまるで存在感のない内山だったが、年月だけはあっと言う間に経ち、約束の任期四年まであと一年あまりと迫った八一年四月九日、「内山への協力要請」という形で進路についての打診を受ける。社会党党員協の幹部から切り出された人事の内容は、このようなものだった。

「八二年七月で二期四年になる。年齢も六〇歳となり、一定の区切りをつける時期にきている。富塚氏の任期も終了し、次期国政選挙への準備に入る予定である。総評に来る時の故力徳委員長の協力要請は聞いているが、状況は変化した。私鉄総連に戻るという選択肢はない。例外的にもう一期、八四年まで残ることも考えられなくはないが、私鉄から他の人が総評に出られなくなり、好ましくない」


こうまで言われて、総評に居残るというほど鉄面皮ではない。すでに力徳委員長が亡くなった時点で、もう私鉄総連には戻れないと覚悟はしていた。いずれ「肩たたき」が来ることは予想しており、内山としても、「第三の人生」についてのおぼろげな展望をもち始めていた矢先だった。今後の意向を聞きたいという幹部に、内山は一呼吸おいて、こう答えた。

「総評は当初の任期でやめる。私鉄にも戻らない。今後は民間中小の世話と労働者教育に専念したい」。こう言って、今度は内山の方から提案した。

「今度建つ新総評会館に『労働教育センター』を入居させてほしい。私はそこを足場に労働者教育と研究をしたいと考えている。ただし、誤解をまねかぬよう、私がセンターの社長や責任者になるようなことはしない。その活動とともに、私鉄総連と観光労連の専任講師として講演、教育にあたる予定だ。ただ、『労働教育センター』の経営基盤が不安定なので、私としては『労働教育センター友の会』という形で総評傘下の組合から入会金や維持会費の協力を募りたいと思っているので、便宜をはかってもらいたい」

内山の当初の構想は、新総評会館建設とあわせて本部内に総評労働学校を開設、自身が学校長となって労働者教育にあたるというものだった。だが、労働戦線統一の流れの中で、その夢も頓挫してしまったのだ。

話し合いは内山の意向に添う方向でまとまり、明年任期満了で副事務局長を退任することを双方が確認した。

五月一日、神田駿河台に総評会館の新館が完成した。この新館のお披露目となったのが、総評の招きで来日したポーランド連帯労組のワレサ議長だった。

新総評会館の一階には労働教育センターが入居し、内山は妹・節子を公私にわたって支えることとなる。この「総評会館内・労働教育センター」発行の最初の出版物が総評運動研究会編集の冊子、『労働戦線統一への視点』である。

内山が代表となる「総評運動研究会」は、この冊子で事実上の旗揚げをしたのだった。おりしも「労働戦線統一推進会」は八一年六月三日、「労働戦線統一の基本構想」をまとめ、民間先行統一の呼びかけを行っていた。

総評は八一年六月一九日、統一推進会の「基本構想」に対して「五項目補強意見」を明らかにする。これは、①国民春闘路線の追求、②反自民、全野党との協力・共闘、③選別反対、④中小、未組織労働者援助、⑤企業主義克服、というものである。

そんな渦中に発行した冊子は、労働戦線統一問題の職場討議資料として、各組合に瞬く間に広がっていった。

「日本の労働運動は、いま危機の淵に立っている」という書き出しではじまる冊子巻末の「総評運動研究会参加への呼びかけ」は、日本労働運動が「民間大企業、中小企業、官公労の運動に分断・分解されようとしている」と述べ、こうした「情勢の変化に対応した戦略・戦術の転換が強く求められ……労働運動の活性化を求める職場の声に応えなければならない」として、こう結んでいる。

「われわれはこのような総評労働運動が直面している諸課題を実践的・具体的に解決していくことを目的として、ここに『総評運動研究会』を設立し、心ある同志の参加を訴えるものである。

一九八一年六月

総評運動研究会呼びかけ人
内山光雄（総評副事務局長）
中島道治（繊維労連書記長）
折戸良治（全電力事務局長）
塩野清彦（政労協事務局長）

石川秀夫（全造船機械書記長）
坂野哲也（全港湾書記長）
秋山順一（総評常任幹事）」

呼びかけ人の顔触れは、これまでの労働戦線統一論議の枠外に置かれていた総評の中単産の書記長・事務局長クラスの幹部だった。総評運動の現状に強い危機感を持ち、職場、地域から運動の再構築をめざそうと、内山の周辺に集まってきた中堅の労働運動活動家たちである。八一年春闘の最中の四月一八日、「労働問題研究会」として発足したこの集まりは、その後第一水曜日に会合を持つことから「一水会」と名付けられ、七月一三日に冊子発行記念も兼ねた発足集会を開くことになる。

集会では、内山が会を代表して「研究会発足にあたって」と題して基調報告を述べた。

内山は、「総評を中心とした日本労働運動への内省的批判」と発足の動機を述べた後、労働運動の三極分解がすすむ中で中小労働運動が疎外され、政策闘争が中心となって権利闘争が後退している現実を指摘し、労働運動の活性化へ向け、争議団の闘いや地域運動、平和運動への青年活動家の結集をはかる必要がある。大企業中心の「統一の思想」抜きの労働戦線統一の流れに対し、情報交換と討議を重ねながら積極的に問題提起するとともに、活動家の養成を行う。会の性格としては、①民間労働組合幹部を中心に、②労働運動の業務研究を中心とし、③党派にこだわらない統一の思想、行動を基本とする、とした。具体的活動としては、労働戦線統一など当面する課題の討議、争議の研究、組合業務の研究と組織化の指針づくり、活動家養成の学習会、海外労働運動の調査、労働組合との共同行事の開催などを提起した。研究会発足を記念して労働評論家の清水慎三から講演を受け、集会は熱気のうちに終了した。

会の運営は、東京地評オルグ・平賀健二郎、総評書記・龍井葉二が事務局を担い、内山の呼びかけに応えて単産の書記長をはじめ、静岡、神奈川、大阪などの各地から組合活動家が集まってきた。

「総評運動研究会の第一回目の仕事は、労働戦線統一問題になったが、これからは、さらに実践的な地味な仕事もしていきたいと思っています」

冊子のあとがきでこう書いたように、内山は、この会を新しい青年労働者、活動家を育てる実務的な研究、実践的な教育の場として考えていたのだが、現実は、緊急課題としてあった労働戦線統一問題の論議に多くの時間を割かなければならなかった。世話人会で労働戦線統一の動きを分析し、公開ゼミナールも開催した。

その一方で、「労働運動を語り継ぐ会」と銘打って、レクリエーションも兼ねたスキーツアーも行っている。内山が懇意にしている千曲バス労組から貸切バスと運転手を世話してもらい、研究会の呼びかけに四〇人ほどの労働者が参加し、湯ノ丸高原スキー場へと向かった。運転手は労組書記長、内山はバスガイドよろしくマイクを握り、夜行バスの中で経験談をおもしろおかしく語る。さながら走る労働教室だ。早朝到着すると、一行はそのままゲレンデに向かう。地元の私鉄総連長野県連の組合員たちもかけつけ、一緒に滑る。スキーの腕前には自信のある内山だが、組合員たちはもしもの事があってはいけないと、内山のまわりを取り囲むように一団となって滑るのだ。ツアーの参加者たちは、その異様な光景にびっくりしながらも、「さすが内山さんだ」と、その人望の厚さに感嘆の声をあげた。

スキーと釣りのひととき

内山がスキーの醍醐味を知るようになったのは、私鉄総連時代にさかのぼる。「ドサ回り」の合間、忙中閑ありと空いた時間に地元の組合員に誘われてゲレンデに行ったら、はまってしまった。もともと運動神経は良い方だったので、手ほどきを受けるとみるみる上達していった。争議指導で行った千曲バス労組の書記長・唐沢芳正との出会いがきっかけである。

以前、講演を聞いて内山の人柄に惚れていた唐沢は、一九六二（昭和三七）年二月、熱海で開かれていた私鉄総連中央委員会で、内山に直談判したのだ。

その夜、執行部の宿泊していた旅館の玄関前で、唐沢は組織部長だった内山の帰りを待った。待つこと数時間、すでに時計の針は一二時をまわっていた。そこへほろ酔い気分で帰ってきた執行部の一団。唐沢は内山の姿を見つけるや、思わずその手を握りしめて懇願した。

「おねがいです、内山さん。ぜひ千曲バスに来て組合を指導してください」

背格好から顔付きまで自分にそっくりな唐沢を見て、内山も妙に親近感を覚えた。真冬の寒空の下、深夜遅くまで待っていてくれたその熱意にほだされ、二つ返事で千曲行きを引き受けたのだった。その日以来、唐沢との兄弟のような付き合いが始まる。

唐沢は、いつしか内山のことを「兄さん」と呼び、内山も「よう、兄弟」と気軽に呼びあう仲になっていった。さっそく千曲入りした内山は、バスの各営業所に入って、まず組合員とひざ詰めで話をした。組合を名乗ってはいるが、その労働条件は北鉄労組などと比べると、天と地ほどの開きがあった。まず、組合とは何か、組合員の意識を変えることから始めなければならなかった。内山は自分の北鉄での体験を織り交ぜながら、車座になって組合員と話した。

組合事務所や休憩所で、深夜まで酒を酌み交わすこともあった。最初は本部の組織部長として警戒の目で見ていた組合員も、自分たちの目線に合わせて、親身になって分かりやすく組合運動のいろはを教えてくれる内山にひかれていった。

職場回りを終え千曲を離れるに当たって、内山は唐沢に、まずしっかりとした指導部をつくること。手始めに、七つある分会に役員を常駐させ、組合員を指導しながら労働条件の均一化をはかること、を助言した。

唐沢が内山の言を忠実に実行したところ、組合員は職場に目を向けるようになり、やっと組合らしくなっていった。内山は、オルグや講演で長野県連の松本電鉄、長野電鉄、川中島自動車、諏訪バスなどに行った時には必ず千曲バスに立ち寄った。オルグは夜が多く、昼間は時間が空く。そんな時、唐沢から釣りの誘いがあった。もともと釣りには目がない内山である。唐沢の千曲川でのアユ釣りの誘いは願ってもないことだ。それ以来、毎年、六月下旬の千曲川のアユ漁解禁の日が近づくと、胸がわくわくするのだった。内山の手帳の六月下旬の欄には毎年「千曲川解禁日」とメモされている。仕事でその日に間に合わなくても、できるだけ近い日にスケジュールを入れて、釣り仲間と一緒に行く。あらかじめ到着を知らされていた地元の組合員たちは、休みをとって一緒に川に入る。

「内山さんはアユに遊ばれてる」と、組合員からよくからかわれたが、実際、内山の釣果《ちょうか》はいまひとつ。とにかく、清流に入って釣り糸を垂れていれば満足なのだ。黙っていれば、何時間でも川につかっている。頂《いただき》に雪が残る中央アルプスの山々を眺めながら、都会の喧噪《けんそう》と雑事を忘れて釣り糸を垂れる。

内山にとって至福の時だった。そんな時、ふと父母から何度も聞かされた、生まれ故郷の新潟・高根川に思いを馳せるのである。

「おーい、内山さん、アユが焼けたよ」

川岸からの組合員の声に我にかえる。「おお、今あがる」と、空の魚籠《びく》に苦笑いしながら竿をしまう。河原で地元の名人たちが釣りあげた大きなアユに舌鼓をうち、組合員の家族が持ってきてくれたお握りをほおばりながら、車座になってビールを飲む。「うまい」、とのどが鳴る。

釣りにも、組合運動のように「天地人」がある。天候、釣り場、それに腕だ。いくら遊びとはいえ、やるからには他人に負けたくない。みんなで釣るから天候、釣り場でさほど差はない。問題は腕だ。

友釣りというおとりアユを使っての独特な釣り方で知られるアユ釣りは、カンが頼りである。だが、内山は何度足を運んでも、名人には太刀打ちできないのだ。ならば竿で勝負と、内山は技量を磨くよりも道具に凝《こ》るようになった。一本数十万円もする高級竿を買い求め、挑戦するのである。それでも釣果が上がらないと、さらに上等の竿を惜しげもなく買うのだ。「釣りくらいしか趣味がないんだからこれくらい買ってもいいだろう」と、その値段に目をみはる組合員に言い訳する。そのうち、竿は十本をゆうに超え、自宅には釣竿ルームまで作って、休みの日など竿の手入れに余念がなかった。竿を一本一本手に取っては、なでるように磨く姿を、まるで子供のようだと一枝はあきれ顔。「あの人は、全然お金の感覚がないんだから」と嘆く。

釣り場も開拓した。岡山の高梁川、伊豆の狩野川、和歌山の熊野川などを転戦し、アユ釣りに挑戦した。そのうち、各地の講演回りでいちいち釣竿を持参していくわけにはいかないと、内山は千曲バスや中国鉄道など、なじみの組合事務所に「マイ竿」を保管してもらい、地元組合員を誘って釣りを楽しむことも覚えた。愛車フォルクスワーゲンを運転して行くこともしばしばだった。

さらにこれがエスカレートして、スキー板まで置くようになるのだ。湯ノ丸高原や志賀高原のスキー場は大のお気に入り。千曲バスの組合事務所からスキー板をかついで、皆でゲレンデに繰り出すのだ。プロ級の地元女子組合員の手ほどきにわくわくしながら、内山のスキーの腕前はさらに上達する。年末年始を原稿執筆にかこつけて、湯ノ丸高原ホテルで過ごすこともあった。午前中いっぱい原稿書きに集中して、午後からは遊びに来た組合員とスキーに興じ、夜はみんなで大宴会というパターンである。

思えば、内山の青春時代に、何か楽しい事などあっただろうか。戦争のただ中、明日をも知れぬ、死ととなり合わせの日々を送り、命からがら故郷に戻ってきてからは、戦後の混乱の中で、労働運動ひとすじにその身を投じていた。人生で最も輝くといわれる青春時代に、何ひとついい思い出などなかった内山にとって、恋愛もスポーツもと労働運動の中に取り入れてはしゃぐ今の若者の姿は、隔世の感がありながらも羨ましくも思えた。失われた青春を取り戻すかのように、内山は胸をときめかせながら若い組合員の輪の中に入り、屈託のない笑顔を見せるのだった。

酔うと、内山は最初に長野を訪れた頃の話をよくした。

唐沢に誘われ、犀川の支流である裾花川にイワナ釣りに行った時の話である。当時は舗装道路などなく、デコボコ道をオンボロ車で行ったところ、途中で車がストップしてしまった。一同、途方にくれる中、内山はその昔、海軍飛行隊で学んだ機械整備の目を活かし、故障原因はデコボコ道でエンジンオイルのパイプが破損したことをつきとめる。だが、付近はガソリンスタンドなどない山奥、みな野宿を覚悟した時、「ちょっと待ってろ」と言い残して、内山は独りすたすた歩いて行ってしまった。

小一時間経って戻った内山の手には缶があった。「これで大丈夫」と笑みを浮かべながら、車の下にもぐりこんでパイプの破損箇所を塞いだ後、缶の中の液体を注入。訝《いぶか》る周囲をよそに運転席に乗りこみ、スイッチオン。鈍い音をたててエンジンがかかったではないか。拍手の中、得意げな表情で種明かしをする。「あれ、近所の農家から分けてもらった天ぷら油だよ」。何回か聞いたことのある内山の自慢話だが、そのたびにアレンジして、身振り手振りをまじえておもしろく話すので、組合員は何度も笑いころげながら聞く。

千曲バス労組は、七二年と八八年の二度にわたり、私鉄総連の「長期闘争組合支援基準」の適用を受ける大争議を経験している。この時、内山は直接の指導は行っていない。すでに組合は六二年からの内山の教育によって自立し、争議に耐え得る組織を確立していた。

「内山さんに言われて、うちの組合は全国一のスト資金を貯めて、一カ月ストしてもビクともしない態勢を固めていた。会社にこれを言ったら、びびって譲歩した」と、組合員が豪語するくらい盤石な組合に成長していたのだ。

「組合としては、内山さんには一番お世話になった」とみな神様にように感謝する。内山としても、よちよち歩きの組合が、一歩ずつ大きくなる様を遠くから時々ながめ、目を細めていたのかもしれない。昔の北鉄時代の組合づくりを重ね合わせていたのだろう。

第12章　労働者教育に専念

■著作に全力■

労働戦線統一問題は、「基本構想」への総評の補強見解に対して、同盟から「五項目補強見解受入れ反対」が表明され、その強硬姿勢の前に総評各単産は総崩れ的に軍門に下ることとなる。総評運動研究会に結集した各単産も、八二年一二月一四日の全民労協の結成以降の圧倒的な流れの中に飲み込まれていく。内山はそのスピードにとまどいながらも、分裂だけは回避しなければと、「全的統一」へ向けて必死にかけずり回る。

内山は共産党に対して、労働戦線統一問題でもっと柔軟な対応ができないのか、「なだれ込み方式」での「全的統一」の道をとるよう働きかける。もし統一労組懇が決断すれば私鉄総連がバックアップする、とまで言って歩み寄りを促したのである。統一労組懇系単産の中でも、柔軟な全日自労委員長・中西五洲と話をつけ、太田薫、富塚三夫と共産党国労責任者とともに、今後の対応について相談した。

総評・同盟から連合へ…◇

これは労働教育センターから一九八八年に出された『資料労働戦線統一』の副題である。今は亡き氏原正治郎教授の監修になる。

教授になる前の小松義雄が労働運動の理解をもとに足で資料を集めた（現、立教大教授）。解説は明記されてないが、日本女子大教授の高木郁朗が書いた。八ポ二段組みの総ページ八一二の膨大なものである。

高木は要を得て簡に資料解説をしている。総評・同盟時代から連合に至る労働戦線統一運動の流れを、である。その解説のほんの一部をピック・アップして、労戦統一運動を概説しよう。第一次労戦統一時代（一九六四〜七七年）までは省く。ここで述べられるのは、一九七八年から連合結成に至る八九年までの断片である。

〈総評は〝開かれた総評〟の現実路線を打ち出し、社公政権合意にむけても積極的な役割を果たすが、民間先行と行革の内山は後日、当時の動きかけをこう振り返っている。

「最後、どうするか。もし（なだれ込みを）党が受け入れんといって、君（中西）が居にくくなったら、俺たちで面倒をみよう、みたいな話まで出て、その話を書記局長の不破哲三まで持っていった。そうしたら、一応オーケーした。ところが、議長の宮本顕治のところでひっかかり、本部がダメということで、この話はポシャちゃった。僕はまだそのころ元気だったから、車で駆けずり回って、行って帰りして、これはうまくいきそうだと思ったが、一晩で流れちゃった。総評大会の前日だった」

富塚の話は少しちがう。「俺が直接、宮本委員長に電話をかけて話したところ、オーケーの返事がもらえた。ところが荒堀労働局長がダメだというんだなー。この話は無くなってしまった」

いずれにしても、こうして労働戦線統一は、統一労組懇系組合の不参加で一気に進むことになる。「バスに乗り遅れるな」と理念も置き去りにして、全港湾や国労などの抵抗はあったものの、大部分の単産がなだれをうって合流していったのだ。

富塚は、「俺は本当は共産党を入れて、むしろ民社党を排除しての労働戦線統一を望んでいたんだ」と語る。「基本構想」に対して出した「補強五項目」の内容は、中西五洲と入念に話し合い、「これだけハードルを高くすれば同盟系は乗ってこないだろう」という計算のもとに書いたものだという。

流れのなかで、受身の対応を余儀なくされていく。一九七八年から具体的に始まる労働戦線統一の動きは、第一次、さらに……七五年を画期とする日本労働運動の指導路線の転換——これらの変化の「結果」として生じたということができる。労働戦線の再編・統一の論議として再浮上してくるのは、一九七八年に入ってからである。

中立労連と新産別は七九年三月、「労戦統一の触媒的役割」としての「総連合」を発足させる。……「民間先行」を認めるかどうかとも密接にかかわっていた。……総評は民間労組への相対的影響力の低下に伴い、総評内からわき起こる民間先行統一への動きを無視できなくなった。

総評は一九七六年に、槙枝（日教組）—富塚（国労）という〝官・官コンビ〟を選出するが、富塚が七五年の「スト権スト」の中心的リーダーであったこともあり、……開かれた総評をめざす現実的対応が総評路線の基調にすえられていく。総評は民間先行の動きを認め、積極的に対応していく方針を決定、総連合にところが、総評から送り出したはずのパイプ役たちが、ゼンセン同盟出身で全民労協事務局長になった山田精吾や中立労連の藁科《わらしな》らに次々に籠絡《ろうらく》され、「ミイラ取りがミイラになった」。富塚の思惑とは逆に、「補強五項目」は棚上げされて「統一労組懇を切る」戦略の術中にはまることになる。

太田薫はこう述べた。

「総評が何度よびかけても、総連合（中立労連・新産別）が仲介しようが、同盟は団体間の話し合いにいっさい応じようとはしなかった。それは槙枝・富塚時代だけでなく、黒川―真柄《まがら》時代に代わっても、変化のない頑迷ぶりだった。すべて同盟の言い分が通っていて、総評の言い分をききたくなかったからで、総評は極端にいえば局外者の立場に置かれ、すべての経過、既成事実を、事後承認する以外になかった。同盟が総評との『団体間協議』に正式に応じたのは、なんと全民労協の連合移行、同盟に追随して総評も解体を決めた八七年七月で……、お葬式だけはよんであげようといった格好」（『太田ラッパ鳴りやまず』）

もちろん、太田も自ら議長をつとめた総評の最後を、手をこまぬいて眺めていたわけではない。岩井章、市川誠とともに「総評三顧問」として「基本構想」を批判し、五項目厳守を要望する「意見書」を総評に提出し、八三年には「労働運動研究センター」を発足させ、労働戦線統一の流れに、「真の統一ではなく、分裂の道である」と論陣を張るのだ。

対して団体間協議を提起していく。同盟は、労働組合主義・国際自由労連加盟などを原則とした民間のナショナルセンター結成の方向を提起する。六単産代表の話合いの場を四団体間で承認するというかたちで「統一推進会」が発足した。

統一推進会は、……「民間先行による労働戦線統一の基本構想」をまとめた。六人委員会→基本構想→統一準備会と進むのである。

総評は、「基本構想」に「五項目補強見解」を付すが、「選別排除、統一対応」といいつつ結局、総評からの第一陣五単産を含めて統一準備会を発足させる。〉

紆余曲折を経て、「基本構想」を踏み絵に民間先行の全民労協が八二年一二月一四日、発足したのだった。

〈組織率の低下、ナショナルセンターや野党勢力の低下、産業構造・雇用構造の変化などは、既存の枠組みを越えた新たな結集軸を必然化していた。

総評は全民労協の発足を受けて、第一陣五単産につづく加盟促進の方向を提起。……警戒心の強い地方組織づくりについては、各ブロックの政策討論会のた一方、内山も総評を去るにあたって「総評中期組織方針私案」、「総評労働戦線統一綱領・討議素材に対する意見」という論文を相次いで発表している。その中で内山は、「総評労働運動への内省的批判」を展開しながら、運動なき「組織先行」の労働戦線統一を批判し、総評の自前の運動を再構築するため「新組織綱領」(中期組織方針)を打ち出すべきだと主張した。三顧問とはちがう、総評内部からの問題提起である。

「総評中期組織方針私案」は、総評の月刊誌「月刊総評」に掲載された。これは、かつて総評が提起した一九五八年「組織綱領草案」と一九六四年「組織方針第二次草案」を引き継いで、新たな時代における総評運動の進路を示すものだった。内容は、産業別労働組合運動の強化、地評・地区労など地域労働運動の強化、未組織労働者の組織化に重点を置いているのが特徴だった。

「総評労働戦線統一綱領・討議素材に対する意見」は、八二年五月の「第二回総評労働戦線統一綱領検討委員会」に提出したが、論議の俎上にものせられることなく、事実上黙殺されてしまった。この中で内山は、総評の労働戦線統一綱領が「運動論なき組織論」となっており、ナショナルセンター・産別組織・ローカルセンター・単組の役割と任務があいまいにされていると指摘、「階級闘争の視点を明確にすべきである」と述べる。結論的には、「現在は組織の合同の段階ではなく、その条件づくり、統一行動積み上げの段階」であり、総評の「主導力確立の道を追求すべきだ」と提起していた。

めの連絡会設置にとどめるよう求めていく。

一九八三年七月の総評大会では、黒川(私鉄総連)―真柄(自治労)の新執行部を選出し、全的統一(官公労の加盟)にむけた運動方針を決定し、官公労小委員会の設置を確認したうえ、一一月から官公労統一にむけた議論を開始する。

全民労協は八四年一一月の総会で、連合移行にむけた「連合組織検討委員会」の設置を決定。総評の補強見解の扱いを含めて、新たな論議の段階に入っていく。

統一労組懇は、「右翼的再編反対の大連合の方針」を掲げ、八四年の総会では、ナショナルセンター機能を強化していくことを確認する。

総評は一九八五年七月の大会で、「八〇年代中に全的統一の合意形成」方向を打ち出す。全民労協の第四回総会は、連合移行の時期を一九八七年一一月とし、一九八九年までに労働界全体の統一ができるよう努めることを確認。一二月に「連合移行準備会」を発足させた。

連合移行準備会は一九八六年二月、綱領と憲章を一本化した「進路と役割」を総評副事務局長からの真っ向からの批判、問題提起だったが、もはや一石を投じることもできないほど、労働戦線統一の流れは巨大な大河となって、ゴールをめざしてつきすすんでいた。

富塚は、内山の「新組織綱領」についてこう語る。

「これは、官公労中心の総評労働運動から脱皮し、官民の統一をめざす、労働者的な魂をもった組織づくりと、総評の遺産とされた太田・岩井時代の地域労働運動を重視し、未組織労働者への共同闘争を呼びかけるなどすばらしい内容だった。しかし、労働戦線統一の現実的な流れの中で取り上げられなかった」

内山は、この「日の目を見なかった」論文に統一労組懇批判を加え、『団結への再出発――労働戦線統一と総評労働運動』と題した著書を八二年八月、労働教育センターから上梓《じょうし》している。「内山光雄・労働運動実践論」と題したこのシリーズは全五巻に及び、内山イズムの集大成となっている。

■三回目の定年■

一九八二（昭和五八）年七月二五日から二八日まで、東京の日本青年館で開催された総評第六六回定期大会で、内山は副事務局長を退任する。齢六〇歳の還暦を迎えていた。定年である。「定年とは年齢を理由とした解雇であ

まとめ、「自由にして民主的な労働運動」を掲げ、国際自由労連への一括加盟、地方組織の設置、「目的の一致」を含む政党との関係、統一労組懇の排除などを打ち出した。

総評の全的統一にむけた青写真づくりは、一九八六年四月末に「目標とプロセス」として具体化され、①全的統一による統一ナショナルセンター結成の時期を一九九〇年前後とする、②全的統一準備会、官公労組連絡懇談会の設置を打ち出す。総評は全民労協の連合組織移行を了承するとともに、残された問題点については、全的統一の過程で解決していくとの態度を明らかにする。〉

かくして、一九八七年一一月一九日、全民労協は連合（全日本民間労働組合連合、俗称民間連合）に組織移行した。同日、同盟は解散、友愛会の形を残す。総評の「全的統一」という新連合の結成、総評の解散は、二年後の八九年一一月二一日となる。連合（日本労働組合総連合会）は七九八万人を結集して船出した。

る」とは誰が言った言葉か、大会最終日、退任役員七人を代表して感謝のあいさつを述べた内山の胸の内には、「これからだ」という新たなエネルギーが満ちあふれていた。

思えば、第一回目の定年は、一九四五年八月一五日の敗戦の日、二三歳の時だった。「仏陀を背負って街頭へ」と運動に入ることになる、いわば「希望と決意にみちた」定年と言えた。第二回目の定年は、一九七八年の企業定年。「私鉄労働運動に永らく貢献し、健康でもある」と、私鉄総連本部から「異例の特恵的待遇」で企業籍離脱となり、私鉄総連の中央執行委員として仕事を続けることを許された。「この時ほど、『オツリの人生を大衆の海で泳げ』という決意をしたことの正しさと、労働運動の前進の軌跡への確信を固めたことはありませんでした」

そして、第三回目の定年。「二年ごとに（組合で）審査して決定されれば再選はできるのですが、甘えを捨て、元気な今のうちに、最後の仕事であろう第三の人生への再出発を決意しました」と、退任直後、その心境を吐露《とろ》している。「第三回目の定年は自ら選ぶ定年だと思っています」とも述べ、組織のしがらみから離れ、自己責任でこれからの人生を歩んでいく、静かな決意を述べたものだった。

一回目の定年から三七年の歳月が経ち、いま振り返るとその時泳ぎ入った「大衆の海」は涸れているようにも見えた。その一方で、「幹部から大衆へ」

と言いながら、自分はいつのまにか陸に上がって泳ぎ方を忘れてしまったのではないか、とも反芻《はうすう》する内山でもあった。総評時代の四年間、「これでいいのだろうか、ここでいいのだろうか」と、何度自問したことだろう。総評時代に別れを告げ、今、ふっきれた気持ちで新たな大海へ泳ぎ出したのだ。

かつて、「ニワトリからアヒルへ」変身したはずの総評は、今やニワトリどころか、その赤いトサカももげて唄を忘れたカナリヤとなって、後ろの山へ捨てられようとしている。その最後を、内部から見届けられないことに一抹の淋しさはあるものの、日本の労働運動の一時代を築いた総評運動の遺産を引き継ぎ、後世に伝える義務があると心に誓うのだった。

内山の四年間の総評時代を、多くの人は「不遇の時代」、あるいは「時間と労力のむだだった」と評するが、総評運動研究会で行動を共にした龍井葉二は、「羽をいっぱいに広げてはばたいていた。内山さんが最も輝いて生き生きとしていた時代」と語る。

私鉄総連のしがらみを取りはずし、自由に全国を飛び回って説法した伝導者・内山光雄の全面開花した四年間と評するのである。内山自身も、総評副事務局長という肩書を最大限利用ながら、各地の労組、地区労に入っていった。時には講演会場を笑いの渦にし、時には口から火を吹くような舌鋒で聴衆を引き付けて離さなかった。内山節の絶頂期といえた。「書いた提案は削られても、二、三行は残るもんだ」と、よく同僚に言っていた内山だが、講演も「全部わからなくてもいい。後で何か一つでも言葉が心に残ってくれていればいい」と自分に言い聞かせ、「何かに憑《つ》かれたように」列島を疾走した。その反動ではないが、駿河台の総評にいる時は、「何もしゃべらない」「とっつきづらい先生」になってしまう。光と影、周囲から「裏表がある」とも評されることになるのだ。

そんな内山を、富塚は「口数は少ないが、持論を曲げない。一口でいうと、信念の人」と評す。「自分が中小組合出身のせいか、底辺に働く労働者を大事にし、地域労働運動の発展、官民の統一に意欲をみせた。終始、総評労働運動を評価していた」と、内山について語る。

一方、田村誠は、内山の最大の弱点を「セクト性がないことだ」と評す。ところが、「セクト的だった」と言う人もいる。田村は政治性がない、根回しができない、派閥に加わらないことを指すが、後者の「セクト的」という真意は、協調性がなく陰でグループづくりをしているという批判であった。

内山自身は、のちに総評時代の感想を尋ねられても、「何も話すことはない」と、当時のことについて多くを語ろうとはしなかったが、それだけ思い入れが強かったのだろう。

■「内山光雄通信」を発行■

総評をやめて「自由人」になった内山は、さっそく職安に赴いて雇用保険給付の手続きをとった。毎月の認定日には職安を訪れ、三〇〇日間、雇用保険の給付を受けることとなる。総評を退職したといっても、会館の一階に入居している労働教育センター通いが続いた。妹の節子が社長をつとめる同社は、経営危機を迎えており、内山はその再建に執筆者や債権者たちとの交渉にあたる一方、自著の刊行に向けた執筆作業を精力的にこなした。

一九八二年一二月一一日、新たな道を歩み出した内山を激励しようと、石川県評・北鉄労組が主催して金沢市観光会館ホールで「内山光雄励ます会」がひらかれ、一五〇〇人が集まった。県評が中心となって設立にこぎつけた「石川県労働学校」の開校も記念した催しでもあった。労働者教育に第三の人生をかけようとする内山が校長となったのだ。当日、会場には北陸鉄道の会社役員をはじめ、退職者、市民など労働界以外からも多くの人々がかけつけ、あらためて内山の幅広い人気を証明した。

私鉄総連顧問・専任講師団事務局長、観光労連労働学校顧問、石川県評労働学校長の任に就きながら、相変わらず各地の労組や地区労などから依頼を受け、講演活動に駆けずり回った。総評を離れたとはいえ、焦眉の課題である労働戦線統一問題からは目を離すわけにはいかず、このまま総評が死んでいくのを眺めていることはできなかった。

岩井章・太田薫・市川誠の総評三顧問が結成した「労働運動研究センター」

の向こうを張るわけではないが、内山は彼らとは、一味ちがう視点で総評運動研究会の活動を行っていた。労働運動研究センターが、個人加盟・団体加盟のもとに「左派結集」をめざしているのに対して、総評運動研究会は「あくまで個人加盟の研究団体」とし、「運動の政策や方針をつくって機関にもちこむ団体ではない」と、明確に一線を画したのである。内山は、労働運動研究センターが「労働戦線統一問題に見切りをつけ」ているとして、「私は総評労働運動を見捨てていないし、心中しようとさえ思っている」と述べるのだ。

内山は翌一九八三（昭和五八）年七月、個人通信誌として「内山光雄通信」（B５判四頁）を発行する。「労働者教育にとって、先生だけ、生徒だけの労働者、労働組合はない。とくに私たちは仲間たちの運動に学ばなければならない」という内山の労働者教育の主スローガンのもとに、「皆さんの交流の場として育てる」ミニコミ誌にしたいと創刊号で趣旨を述べる。また、通信には「総評運動研究会」の行事案内や討議、報告記事も載せるとした。おそらく前年に、ライバルともいえる太田薫が「太田薫研究所」を設立して「太田薫レポート」を発行したことに刺激されたのではなかったか。

総評運動研究会では、八三年一一月に東京の亀戸労政会館で、「総評真柄《まがら》事務局長を囲む会」を開き、内山は「私たち総評運動研究会は、見物人ではなく総評の運動を強化したいと考えています」とあいさつし、新事務局長への期待を述べた。会に参加した各単産の幹部たちも、混迷する労働戦線統一の現状に、真柄栄吉事務局長が総評としての主体性をもってがんばるように注文して激励した。

だが、すでに総評の舵は大きく切られていた。

その急激な波は、当然ながら総評運動研究会内部にも波及し、「交流」「研究」だけではなく、現下の労働戦線統一の動きにどうアクションを起こすか、反対派の結集を志向する会員たちとの間に微妙な温度差がひろがっていったのだ。そのうえ、事務所を開設したものの専従体制はとれず、財政的問題も含めて会の運営は困難をきわめた。

こうして、総評運動研究会は、八五年には事実上その活動を休止することになる。当初内山は、研究会の名称を「労働運動業務研究会」としようとしていたが、それが「労働問題研究会」になり、最終的には「総評運動研究会」となった経過があった。運動団体ではなく、あくまでも実務研究、労働者教育の場として考えていたのだが、内山を代表にかつぎ上げた会員は、労働戦線統一阻止の運動体として参加する者が多く、活動もそれにひきずられていったのだ。

富塚は「総評運動研究会」についてこう語る。

「研究会は、民間先行の労働戦線統一の流れをくい止める、いわば右寄り路線に歯止めをかけようとする狙いがあったと思います。しかし、当時は、総評孤立化に向けて政府も財界も、同盟を中心とする民間労働組合も大合唱の時で、この研究会が左派的イデオロギーの狙いと解釈され、参加された組合、幹部なども、理論武装だけでは抗しきれないため、十分な成果を発揮できなかったと見ます。率直に言って、『内山君のやることだから……』と見る冷めた幹部も多かったようにみるし、私鉄総連の軸足も必ずしもはっきりせず、中途に終わったような気がします」

労働戦線統一に対し、「中に入って変えればいい」、あるいは「ウイスキーの水割論」（薄まっても香り、味は残る）を展開して反対派を説得し、統一を成就させた総評指導部だったが、中に入ってみると、「ウイスキー」は別物にカクテルされ、本来の香りも味も消されることとなる。内山にとって総評は、「心中」はおろか、弔いにさえ招かれない遠い存在になってしまっていったのだ。

■公労委委員に任命される■

一九八三（昭和五八）年一〇月一七日、内山は公労委（公共企業体等労働委員会）の労働者委員に任命される。

委員は全部で一七人、公益委員七人、労働者委員五人、使用者委員五人で、各関係団体の推薦を受けて公労委が指名し、労働大臣が任命するものである。

国労が、総評がなくなる…◇

日本の労働運動史を、二〇項目のエポック（画期）から概説を試みてきたのだが、そのまとめを兼ねて二一項目めを述べる。それは、総評運動の終焉《しゅうえん》といってもよい。上段で語られた内山光雄伝は、この総評時代に息づき躍動したのである。では、総評の時代とは何だったのだろうか。

内山は、私鉄総連顧問という肩書で、総評の推薦を受けて就くことになった。歴代、労働者委員には退任した大単産の幹部が任命され、港区芝にある公労委に通って労使紛争の調停にあたる名誉職ともいえた。非常勤の委員は、その時間、日数に応じて手当が支給される。

私鉄総連時代、春闘などで中労委とはずいぶんやりあい、「中労委の介入排除」の論陣を張ったこともある内山だったが、今度は、同じ建物にある公労委の場で、自分は組合と使用者の仲裁にあたるというのは、何とも奇妙な感じもした。だが、総評在任中にこうした労使交渉の仕事もなかったこともあり、「昔とった杵柄《きねづか》」で、ちょっと立場は違うが労働組合のお役に立つことができればと、委員を快く引き受けたのだった。同期の労働者委員には、かつて全逓の越年闘争を支援した際に顔なじみとなった石井平治元全逓委員長もいた。

内山が公労委委員に就任しての初仕事は、八四年春闘での調停作業だった。

国労、全動労、全施労、鉄労の各組合と国鉄当局との賃金問題の調停を担当したが、中労委・公労委会館は、かつて私鉄総連時代に体験したような、スト突入をめぐる緊迫した雰囲気はまるでなかった。当時は私鉄総連の委員長以下中執全員が待機し、大声でやりあっていた。ところが、同じ建物でも公労委の控室には、各組合の委員長はおろか三役も顔を出さず、企画部長クラスの中執がひまそうに待つだけだった。さらに驚いたことは、仲裁裁定が

〝労働組合の時代〟だったとみている。総評の全時期とはいわないが、一時期、総評が労働運動、社会運動を先導したことは事実である。総評時代を筆者は、「労働組合の時代」と回顧するのだ。その運動の基調は大衆参加にあった。

大衆路線は、総評の解体（解散）によって連合に移ったことで終わりを告げたかにみえる。労働組合の大衆運動が表面から消え、底流に抑え込まれたようにもみえる。その要因を俗に言えば、組合員の労働組合離れであり、二割を切らんとする労働組合の組織率の低下であり、労働者が豊かになったことなどに求められるかもしれない。しかし、労働運動は大衆の（組合員の支持と運動への）参加なくして成り立たないものだ。連合の制度政策闘争にあっても同様である。大衆参加なき労働組合の声では、政府・資本をゆり動かすことはできまい。

さて、日本の政治経済は、明治の革命（明治維新）から官僚主導で行われてきた。明治政権の施策は殖産興業、富国強兵にあった。欧米諸国からの植民地化を危惧《きぐ》したことで急がれた。これが昭和期、

出て、ある公労協の幹部と一緒に帰る車中で、その幹部は自動車電話で「○○さん、ありがとうございました」と、自民党議員にお礼のあいさつをしているではないか。ああ「出来レースなんだなあ」と、公労協の賃金交渉の実態を見たような気がした。

かつて総評の牽引車としてその戦闘力を示した公労協だったが、七五年のスト権スト敗北以降の凋落《ちょうらく》ぶりは、目を覆うばかりだった。そこに追い打ちをかけるように、春闘でストライキを打ち抜く力量はすでに公労協にはなく、もはやストなし春闘の先鞭をつけた感さえあった。

おりしも、内山が公労委入りした八三年、「戦後政治の総決算」をかかげて登場した中曽根内閣は、臨調行革を推し進め、官公労各組合に攻撃をかけていた。

総評・公労協のエース国労が中曽根政府、マスコミからの集中攻撃を浴び、満身創痍《そうい》の状態となっていたのだ。

勤務時間中の入浴、ブルートレインなどのヤミ手当などが連日新聞をにぎわし、「巨額赤字」宣伝とあいまって、賃上げでのストライキなど、初めから打てる状態ではなかった。それでも内山は、各組合の責任者の意見を聞き、大詰めの四月下旬には、他の委員とともに公労委近くの東京プリンスホテルに三日間泊まり込み、断続的に調停作業を繰り返した。低水準の金額回答ながら、当局と組合との折り合いをつけ、五月上旬に仲裁裁定書を交付し、翌

資本主義経済の行き詰まりから軍国主義に走り、軍部の専横を許して対外侵略に活路を見いだそうとした。軍部の専横を遡《さかのぼ》れば、満州国の設立であり、朝鮮の併合であり、昭和期の日中戦争、太平洋戦争へと連なる対外侵略の道である。

戦時下（第二次世界大戦）、挙国一致の〝統制〟を日本は経験した。「戦時下の統制」の項でみたとおりである。この「統制」と官僚主導が戦後に引き継がれる。

ＧＨＱ時代初期に〝傾斜生産方式〟、つまり、石炭・鉄・肥料など基礎的物資の生産に力が注がれた。官僚の目が網の目となってすべての産業にくばられ、「復興」に結びつけられたのだった。戦時下の統制の経験が生かされたのだ。こうした〝お上《かみ》の時代〟が日本では長く続く。

お役所の許認可、指導が産業・企業にゆきわたるのだ。ＧＨＱ時代を政府にあって先導したのが吉田茂である。しかしこの吉田も、大物の官僚である。前歴は英大使官一等書記官、奉天総領事、外務次官、駐英大使などを歴任した。外交官僚だった。吉田はＧＨＱ時代に官僚政治

週の公労委総会で報告・承認を受け、春闘での仕事を終えた。

非常勤の委員とはいえ、この時期は、日夜をわかたず集中して作業に取り組まねばならない。何せ、一〇〇万人以上の労働者の生活がかかった賃金交渉なのである。

こうして、八八年春闘まで、五回の調停作業にかかわることになるが、やはりストライキという物理力が背景にない公労協と当局側との調停作業では、おのずと当局―政府側に主導権が握られる。民間準拠という名の下に、内山ら労働者委員の力の見せどころはほとんどないに等しかった。

「管理春闘」から「ストなし春闘」となり、労働戦線統一が急ピッチに進むなか、「春闘の終焉」さえ囁かれ始める状況で、しだいに形骸化する公労委での調停作業に、内山は年々むなしさを募らせていった。「争議調整機関から賃金決定機関化した」という公労委への批判は、的を射ていると思ったものだ。

「民間のようにはいかないんだよ」。なりたてのころ、私鉄の団交のように使用者側に迫る内山を、先輩の委員はこうたしなめた。

内山は、公労委の賃金調停を振り返ってこう語っている。

「公企体の調停は、団交なしの調停である。調停は、公益委員と労働者委員の腹の探り合いから始まる。使用者側は終始ダンマリで、忍耐づよく待機。賃金調停作業の大半のエネルギーは、民間賃金との格差論議にかけられる。

の土台を築いたのである。

お上の時代、官主導は、高度経済成長期まで威力を発揮した。官僚政治が世界第二位の経済大国にのしあげさせた。諸外国に官民一体の日本株式会社、エコノミック・アニマルと眉《まゆ》を顰《ひそ》められもしてだ。この時代の合言葉は〝アメリカに追いつけ追い越せ〟だった。

しかし、官（僚）主導に影が差しはじめる。欧米にキャッチ・アップ、つまり肩を並べるようになって目標を失い、先が読めなくなってきたのである。官僚政治の限界が囁《ささや》かれるようになっていく。自民党一党支配の危機と歩調をあわせて……。

高度成長は、一九七三年末のオイル・ショック（石油危機）によって終わりを告げる。日本は安定成長を模索しはじめたのである。

オイル・ショックを乗り切った日本経済はバブル経済を謳歌《おうか》する。そして長く続く不況、バブルの崩壊を経験するのだった。この過程で国民ははっきりと官（僚）主導の政治経済の限界を認識させられていく。政治家の真価が問われる時公労委は賃金決定機関化し、決定された賃金仲裁案も、政治取引の道具として利用されることも珍しくない」

■ついに倒れる■

「やつはどこかの職場で演説をぶってて、ぶっ倒れたらしい。というような生きざまを貫いていきたい」。総評退任の際に、このように語っていた内山が本当に倒れた。一九八五年一月二一日の朝のことである。

前日、福島県猪苗代の国民宿舎「翁島荘」でひらかれた会津国民春闘共闘の結成総会で、「国民春闘をめぐる情勢と私たちの課題」と題して記念講演を行った。翌日は仙台まで列車で行き、午後の航空便で札幌入りし、定山渓《じょうざんけい》ホテルで開かれる自治労北海道地本の春闘討論集会で、「八五春闘再生の方向について」と題して講演する予定だった。

朝、目が醒《さ》めると、右まぶたが腫れ上がって開かないのだ。どうしたのか、手で無理やり開ければ見えるのだが、放すと閉じてしまう。少し休んだが、変化はみられない。これは大変だと北海道行きを断念し、その晩は福島市で一泊して安静にしていたが、翌朝も症状は良くならず、しかたなく近くの丸子眼科にかけこんだ。

診察してもらったが、原因がわからず帰宅することにした。二三日朝、か

代に移行していくのである。

官から民への移行、これを労働界に目を転じて眺めてみよう。総評から連合への移行過程である。

総評がニワトリからアヒルになり、労働運動のみならず社会運動を先導してきたことはこれまでの各項でみてきたとおりである。繰り返すが、高野時代は〝ぐるみ闘争〟を主軸に、基地反対闘争、原水爆禁止の平和運動にも目を配る。この高野遺産を受け継ぎつつ、太田・岩井時代は「春闘」を労働運動の主座にすえて運動を展開する。安保闘争、権利闘争などなど。

岩井章が総評事務局長を辞したことで太田・岩井時代は終わりを告げるが、大木正吾が事務局長になってからは、一五大要求（この案は岩井事務局長が作成）を掲げて「国民春闘」をスタートさせる。

総評の遺産は割愛して結論を急ぐ。官から民（総評から連合）への移行についてである。

総評の組織の現勢をみるに、すでに一九七〇年代後半、民間組織人員は同盟や純中立その他に抜かれていた。最大のナ

かりつけの竹中診療所に行って診察を受けるが、ここでもよくわからず、高津中央病院を紹介されて翌朝行くと、「動眼神経マヒ」と診断され、すぐ入院して精密検査の必要があると言われ、東邦医科大学大橋病院を紹介される。

敗戦直後、腰をいためて金沢大学病院に入っていらい約四〇年ぶりの入院だった。検査の結果、脳の髄液タンパクが一三〇と通常の三倍以上の値を示しており、脳神経からきた症状で、「過労が原因だろう」と言われる。のちに、これがパーキンソン病症候群の一つの症状だったとわかるのである。

慣れない入院生活で、内山は検査漬けの日々を送り、「病院は工場のようだ」と不満をもらした。そんな中、ベッドでラジオから流れてくる歌手、マイケル・ジャクソンの歌声や謡曲など、古今東西のいろんなジャンルの音楽に耳を傾けながら、次の講演の構想を練るのだった。

病状はみるみるうちに回復し、入院一九日で退院となった。

一枝は、「あと一日長く入っていたら保険がおりたのに」と後で気づくが、とにかく内山は、一日でも早く病室から抜け出て、また元のように全国を回りたかった。まわりの心配をよそに、内山の行脚《あんぎゃ》が再開する。それでも、月二回は定期診断に通い、体には少しは気を遣うようになる。

「うっちゃん、血圧高いんだから冷たい川の中に腰までつかっちゃたりしちゃだめだよ」と、組合員から言われても釣りだけは別だった。「これを取り上げられたら、何の楽しみもなくなっちゃう」と、まわりが止めるのも無視

ショナル・センターだった総評は、けだし官公労働者が主力だった。つまり化学や金属、私鉄その他民間労組の加盟はあったものの、民間の組織人員は他のナショナル・センターを下回るようになっていた。総評の民間組合への影響の度合いは、年を追って減じていく。

総評運動の屋台骨を支えていたのが官公労であった。なかでも公企体、国労（国鉄労働組合）の存在が大きかった。

以下に掲げる年表は、その〝国労つぶし〟ともいえる軌跡である。

一九六八（昭43）年
一一月　国鉄財政再建一〇カ年計画（六九年度から）

一九七一（昭46）年
一〇月　磯崎叡国鉄総裁、マル生運動での陳謝文を国労本部と静岡地本に提出。真鍋職員局長更迭《こうてつ》、幹部一八名処分

一九七五（昭50）年
一一月二六日〜一二月三日　公労協スト権スト

一九七六（昭51）年
二月　国鉄、二〇二億円損害賠償で

して、この年の解禁日にも千曲川で釣り糸をたれる内山だった。

全快したように見えた内山だったが、講演先で「早口になった」「イライラするようになった」と、その微妙な変化に気づく人も出始めるようになっていた。

■国労問題に腐心■

仕事に復帰して、最大の力を注いだのが国労の差別問題だった。

八四年二月の国鉄貨物部門を中心とした大幅な合理化とダイヤ改正（五九・二合理化）で、二万四五〇〇人の職員が余剰人員となり、当局は六月にその対策として、①勧奨退職の実施、②一時帰休制の導入、③関連企業等への派遣（出向）など、三項目は実施したいと組合に提案してきた。組合側はこれを拒否、当局は一〇月に入り、三項目を受け入れなければ雇用安定協定を破棄すると言いだし、一〇月一一日、一方的に破棄通告をしてきたのだった。

当局に対抗し、国労の現場では「辞めない、休まない、行かない」を合言葉にした「三ない運動」が展開されていく。

八五年に入って七月、国鉄再建監理委員会は、ついに国鉄の分割・民営化の「最終答申」を出す。ただちに国労はじめ関係四組合は共同声明を発して

国労を提訴（東京地裁）

一九八一（昭56）年
三月　第二臨調（第二次臨調行政調査会）発足

一九八二（昭57）年
七月　臨調基本答申—国鉄の五年以内分割・民営化
マスコミ、国鉄のヤミ（手当）・カラ（出張）でキャンペーン

一九八三（昭58）年
六月　国鉄再建監理委員会（監理委）発足

一九八四（昭59）年
一二月　電電公社民営化三法公布

一九八五（昭60）年
四月　ＮＴＴ（日本電信電話㈱）、ＪＴ（日本たばこ産業㈱）開業
七月　監理委、国鉄分割・民営の最終意見書
政府、国鉄改革関係閣僚会議設置
一〇月　閣議、六分割民営化決定

一九八六（昭62）年
三月　政府、国鉄関連五法案提出
六月　行革審（臨時行政改革推進審議会）最終答申

反対したが、一一月になると、動労、全施労、鉄労が当局と雇用安定協定を結んでしまう。当局は従来の配転協定から、「配転にともない、結果として本人の意に反する免職及び降職は行わない」という箇所を削除したうえで、雇用安定協定を結ぼうとしたのだ。国労は、実質的に配転にともなう人事権を、当局がフリーハンドで持つようになる「雇用安定協定」を結ぶわけにはいかないとこれを拒否、八五年一二月三日、公労委へ調停申請する。

年が明け、八六年一月一三日に、国鉄の杉浦総裁は国労、動労、鉄労、全施労と個別のトップ会談を行い、「労使共同宣言」への同意を要請した。①ストを含む組合活動の自粛、②リボン・ワッペンの不着用と名札の着用、③合理化への積極的な協力、④余剰人員対策（勧奨退職・希望退職・派遣）の目標達成に、労使が一致協力して取り組むことを宣言する、というものだった。

国労はその場で、「非常識だ」とこれを拒否したが、他の三組合はあっさりと同意する。かつて「鬼の動労」といわれ、公労協の中核となってその戦闘力を誇示していた動労の変わり身の早さは、労働界へ大きな衝撃を与えた。

国労のいばらの道が始まる。組合分裂と脱退者の続出で組織率は急激に落ち込み、八六年、ついに過半数を割り込んで組合員数も一〇万の大台を切る。内山は、臨調行革のあまりのスピードにとまどいながらも、「中曽根は本気で国労つぶしにかかっているな」と、本腰で攻めてくる政府の意図が、国労

七月　人材活用センター設置（全国一四〇〇カ所、二六三〇人配属）
国労千葉大会
九月　自民党、国鉄改革推進本部設置
一〇月　国労修善寺臨時大会
一一月　国鉄関連八法案成立（12月8日公布）
一九八七（昭62）年
三月　新会社創立総会
四月　ＪＲ（六旅客鉄道会社、一貨物鉄道会社）発足
国鉄精算事業団発足
一一月　中曽根康弘退陣、竹下登内閣へ
一九九〇（平元）年
四月　精算事業団、解雇通告一〇四七人（北海道四五一、本州・四国二五、九州四八九、計九六五人――以上国労。全体では北海道五二二、本州・四国三七、九州四八九の計一〇四七人）
国鉄は一九八一年当時には四二万人を擁していた。その四二万人を、ＪＲ発足時の八七年に二一万五〇〇〇人に削減し

―公労協、そして総評運動つぶしにあると見抜いていた。そして、これを迎え撃つ態勢が、あまりに脆弱《ぜいじゃく》であることに強い危機感を抱くのだった。公労委委員として、俯瞰《ふかん》した立場で全体情勢を見れば、国労としては極めて難しい組織判断を迫られている、と感じていたのだ。

この間、国労内部では、総評・社会党をまきこんでの盛んな政治的かけひきが行われていた。国労という組合は、俗に「学校」と呼ばれる政治フラクション（派閥）が中央から地方まで縦系列でゆきわたり、中執から地方機関の役員の派閥構成まで、ほぼきっちりと色分けされている、という特色があった。この「分割民営化」をめぐり、国労内では社会党系の各派閥と共産党系の革同グループの思惑が交錯し、自民党・社会党の政治工作ともあいまって、混乱状態がつづいていた。

一九八六（昭和六一）年、内山は新年早々から、国労問題で駆けずりまわる。「労使共同宣言」を拒否して孤立する国労に対して、その足元を見たかのように攻勢をかける政府・自民党の圧力を何とか食い止め、組織を守るために犠牲を最小限にとどめようと、内山は公式・非公式の場で、事態解決の糸口を切り開こうとしたのだ。

そんな矢先、社会党から、一月二八日に政府の国鉄分割・民営化法案に対置する「国鉄改革法案」が発表される。全国ネットワーク網を維持しながら、政府が株の七割を保有するという新公社構想だった。

たのだ。

国鉄合理化の発端は、六八年一一月の「国鉄財政再建一〇カ年計画」に遡《さかのぼ》る。

財政赤字が六六年度六〇一億円、六七年度九四一億円、六八年度一三四四億円と膨張。借入金総額は六八年度末で約二兆円に達していた。元金と利子返済を含め、借金の返済額は年間二六〇〇億円を超え、一日平均二五億円の収入に対して七億円の返済を必要としていた。財政が破局的状況にいたった原因については述べない。

こうして六九年度から、財政再建一〇カ年計画が取り組まれていく。計画は、国鉄労働者の生産性の向上、合理化策推進の阻害要因を徹底的に排除することとしていた。国鉄当局の「マル生運動」である。排除の対象は真っ向から反対した国労、動労だった。

経過を省いて結果だけを述べる。年表に示したように七一年一〇月、磯崎国鉄総裁は国鉄当局のマル生運動のゆきすぎ、公労委の不当労働行為救済決定を認めて、国労と動労に謝罪した。

くだって七五年一一月、公労協は八日

総評は二月五、六日の臨時大会で、この社会党案を骨子とした国鉄再建方針を決定する。当事者の意向を抜きにした、社会党・総評の妥協方針に、国労内部から反発が出たのは当然だった。

委員長の山崎俊一は、重大な組織判断の岐路に立たされていた。新会社の中で国労が多数派組合として生き延びるため、山崎は妥協の道を模索した。そのころ、政府から甘い誘いがかかった。「いま『労使共同宣言』をのめば国労はJR内で多数派をとれるよ」と。山崎は後藤田官房長官から、こうした誘いの手を差し伸べられたと述べている（「朝日ジャーナル」八七年一一月二七日号）。

しかし、山崎委員長はこれを断り、あくまで「分割民営化反対」を貫き、屈服の「労使共同宣言」は拒否する姿勢を堅持し、妥協の社会党案を押し付ける社会党・総評の国労への介入に反対する立場を打ち出した。

一方、内山は公労委委員として、事態解決に向けて両者の仲介にあたった。

総評大会終了後の二月六日夜、銀座「まえだ」で内山は国労幹部と会談。秋山国労企画部長は前年一一月中旬段階で、自民党と社会党の間で「安定協定」についての話はついている、と切り出した。問題は「労使共同宣言」だが、前日二月五日の国鉄の職員局長との折衝で、労使の信頼が樹立されるということなら結ぶ用意があると伝えた、と報告、今後は公労委の場を最大限に利用しながら、雇用安定協定の締結へ向けて努力していくことを話し合っ

間のスト権ストを実施する。

スト権ストにいたる前史を述べる。五〇年代後半から六〇年代にかけて、ILO八七号条約の批准闘争が闘われた。「結社の自由及び団結権及び団体交渉権の保護に関する決議」（一九四七年のILO総会採決）批准を労働側が政府に迫ったのだ。

このILO八七条約闘争の前進で、「全逓中郵事件」の項で述べたように、六六年一〇月二六日の判決、六九年四月二日の都教組事件最高裁判決を獲得したのである。一定の条件つきで官公労働者のストライキ権を解放した判旨であった。

これが官公労働者のスト権奪還闘争にはずみをつけたのだが、しかしこの流れは、七三年四月二五日の最高裁判決、全農林警職法事件で逆転判決を受け、以降判例はこの流れを踏襲していくのである。

スト権のゆくえは、七三年から七五年にかけて錯綜《さくそう》する。詳細は略す。ただ、国鉄など公企体当局も、大勢として条件つきながらもスト権付与に傾いていたこ

た。

二月一二日、公労委の使用者側井上委員が、内山と話がしたいと総評会館内の労働教育センターを訪れた。

井上委員は、国労問題について「話合いは労使双方が望んでいる。自主的な解決以外、方法はない」と切り出した。内山も、「自主的な場を育て、公労委としてそれを援助したい」と協力する旨つたえた。また、先の秋山企画部長と当局との折衝内容を伝え、労使の信頼関係がはかられれば「労使共同宣言」は不可能ではない、との情勢認識で一致した。ただ、当局は「マル生の二の舞いだけは避けたい」と、政治介入を極端に嫌っているということなので、公労委として、あくまで中立的な立場で仲裁にあたって結論を導くことを確認した。

内山は、両者が納得できるような仲裁案を二つ書き上げた。

A案は、①合理化にともなう配転問題等について、労使は平和的に話し合い、無用の混乱は避ける、②余剰人員の任免は、関係組合の意見を参考に基準をつくって慎重に配慮する、③雇用問題について、労使協議の場として雇用対策委員会を設ける、④以上の確認のうえに、配転、雇用協定の再締結、および労使共同宣言案の協議に入る。B案は、①合理化にともなう配転問題等について労使は平和的に話し合い、無用の混乱は避ける、②余剰人員の任免は、関係組合の意見を参考に基準をつくり実施する、③雇用問題について、

と、時の首相三木武夫も「スト権回復を決断すべき」と述べていたことにとどめる。

スト実施中、のちに首相となった政府側の代表・海部俊樹と国労書記長・富塚三夫（のちの総評事務局長）が、テレビを通じてやりあったものである。しかし、スト権奪還の展望もなく、ストライキは収拾される。追い討ちをかけて翌七六年二月、国労は二〇二億の損害賠償を請求されるのだった。

スト権ストに破れた総評、国労の地盤沈下は明白だった。スト権ストを境に、総評も国労も退潮傾向を強めていくのである。

八〇年代を迎えて、政局は中曽根第二臨調時代に入る。中曽根康弘は八二年一一月から八七年一一月まで三次にわたって組閣し、五年の長期政権で臨調—行革審を通じて官から民への流れを助長する。いわく、民間活力の導入である。三公社の民営化を断行していくのだ。その最大の目玉が国鉄の民営化だった。

阻害する邪魔物は国労だった。中曽根は国労つぶしに奔走する。

労使協議の場として雇用対策委員会を設ける、④希望退職の実施については、情勢の進捗とあわせて前項の機関で協議のうえ実施する。労使は以上を合意のうえ、配転、雇用協定の再締結および労使共同宣言案の協議に入る。

Ｂ案では、希望退職の実施について言及している違いがあるが、共に「労使共同宣言」の協議を謳っている。もはや、情勢はここにふみこまなければ、組合は玉砕に向かってしまうと内山は判断したのである。

井上委員は、これに賛意を示しながらも、国労内部がはたしてこれでまとまりきれるだろうか、現に「三ない運動」など各地で行われている職場闘争が完全に根絶される担保があるだろうか、と疑義を呈し、これを持ちかえってさらに当局側と折衝するとした。

結局、二月一八日の公労委総会では、「当委員会としては、国鉄再建にとって、雇用問題の重要性に鑑み、早期に解決されることを期待する。当面の合理化とそれにともなう配置転換などの人事の運用については、従来の慣行を尊重し、平和的に処理されたい」というような玉虫色の意見表明を出すにとどまり、今後、委員会として「調停委員長所見」「調停委員会勧告」という形で何らかの見解が出せなければ、「調停不調」ということにならざるを得ないとした。内山の二つの案をもってしても、当局からの譲歩を引きずりだすことはできなかったのだ。

三月八日の調停委員会で、内山は国鉄の松田昌士常務（のち、ＪＲ東日本

ヤミ・カラキャンペーン、第二臨調答申、国鉄監理委、年表には載せなかったが、中曽根の意を受けた「三塚委員会」が暗躍する。

国労は八六年七月の千葉大会、一〇月の修善寺臨時大会を経てよりいっそう危機と混迷の度を深めていく。組織は分裂に向かっていくのである。これに、七八年からは労働戦線統一（再編）問題が輻輳《ふくそう》する（総評が解散して連合に吸収される経過については「総評・同盟から連合へ」の前項を参照）。

国労は、国鉄からＪＲに移行する過程で組織人員を激減させていく。組合員の脱退も続いたのだ。

八〇年代初頭には三〇万人を擁していたのだが、八五年末には一八万人台へ、八六年一〇月の修善寺大会時に一一万人台、そしてＪＲ発足の八七年四月時に四万人へと激減していったのである。

国鉄が民営化（ＪＲ）されていく過程は、前掲の年表のとおりである。しかし、ＪＲ発足、その新会社採用人事にあたって、国労組合員であるがゆえの「採用差別」が公然と行われたことを述べねばな

社長）と直接交渉する。

内山が「これ以上進展がない場合、（配転は）延ばすしかない。それが不可能というのなら『調停不調』となる。その場合『所見』を出す」と口火を切ると、松田常務は「実施は延ばせない」と強い口調で答えた。「延ばしてくれ」と内山は再度、要望するとともに、同席している公労委委員に、「国労は三月一七日に中央委員会を予定しているので、その後の一八日の公労委総会では調停不調とせず、公労委としての『要望』を出すべきだ」と意見表明した。だが、他の委員からは、「公労委が『要望』を出した例は今までない」と反論が出て、「不調」としない場合、先の「見解」を無修正で出すということに落ち着く。

こうした公労委の舞台とは全く別の場で、国労中央委員会の開催を目前にひかえての、ぎりぎりの水面下の折衝が行われていたことを、内山は後に知らされることとなる。

三月一七日、東京の南部労政会館で開かれた国労中央委員会で、本部は今までの拒否姿勢を一転、社会党案受諾を提案して承認される。結局、国労は、政府・自民党に寄り切られた格好となり、「無条件降伏」の道をいったんは歩み始める。希望退職を受け入れ、結果として当局の計画二万人を一万二〇〇〇人近くも上回る三万人以上が退職に応じ、定年一般五七歳、駅長五〇歳が実施され、多くの鉄道マンが職場を去っていったのだ。

らない。

これについては、地労委は差別ありとつぎつぎと救済命令を発した。中労委も地労委判断を支持してJRに採用を勧告した。しかし、JRは中労委勧告を蹴って裁判に持ち込む。

落合英一（元新産別書記長、元国際自由労連日本駐在代表）は、「JRの不当労働行為に対して全国数十カ所で救済命令が出ているにもかかわらず、労働運動全体がこれを他人事《ひとごと》のように見過ごしていることです。JRの行為は労働者の基本的な権利の侵犯であり、労働運動の将来にかかわる重要問題です。私は労働者に対する権利侵犯とか、企業の反社会的行動、議会における非民主的な決定に対しては、これを弾劾《だんがい》するためナショナル・センターがゼネストに訴えるだけの気概と指導力をもたなければ、いくら政策要求をしてもぜんぜん意味をなさないと思うのです。……」（『世界』八九年一二月号所収）と述べていた。

しかし、これらの見解は労働運動に届かず、労戦統一運動にかき消されてしまうのだった。

太田薫は、「わたしのみるところ、やはり黒川武総評議長、江田虎臣副議長（全農林委員長）、田辺誠社会党書記長らが、強引に国労を無条件降伏にひっぱりこもうとしたのである。江田―後藤田正晴、田辺―金丸信ラインなどの太いパイプがあり、これらは橋本龍太郎運輸大臣、竹下登幹事長らとの連絡も密なるものがあった」（『太田ラッパ鳴りやまず』）と語る。

国鉄当局は、さらに八六年七月一日以降、全国一一〇カ所の「人材活用センター」へ、国労組合員を狙い撃ちした配転を強行する。「余剰人員の有効活用」という名のもとに、隔離された施設で、炎天下での草むしり、ペンキ塗りなどの仕事を押し付けられた。組合員からは、「国鉄アウシュヴィッツ」とも呼ばれたのだった。

国労は、ただちに不当労働行為として七月五日、公労委へ申請。事態を重くみた公労委は、「国労人材活用センター問題調停委員会」を設置、内山は四人の委員の一人に選任されて調停にあたる。七月一一日から断続的に調停作業が行われるが、「七月五日時点で人材活用センター二三六〇人中、四分の三が国労組合員であり、明らかな不当労働行為だ」とする国労に対し、「国労組合員のみを配転したのではない。不当労働行為ではない」と主張する当局とのへだたりは大きく、調停は難航した。

内山は国労本部に足を運んで公式・非公式問わず、事態解決の糸口を見いだそうと動き回った。時に激しい口調で国労幹部の情勢認識の甘さを叱責し

年表に見るように、八七年四月一日JR発足、同日、不採用者は国鉄精算事業団行きを命じられ、九〇年四月、その事業団も一〇四七名に解雇通告をくだしたのだった。

右のように、国鉄がJRへと、官から民への移行は国鉄において貫徹された。JR発足から二年後、八九年一一月に、労働界全体も官（総評）から民（連合）に移行する。日本労働組合総連合会（連合）の誕生だった。

この項の終わりに、朝日の中野隆宣記者の記事（二〇〇二年四月九日付）を、そのまま掲記しておこう。国労組合員のJR不採用問題についてである。

〈八七年の国鉄改革で、分割民営化に反対した多くの国労組合員らがJRに採用されなかった採用差別問題は、改革の「負の遺産」といわれる。紛争は一六年目に入ったが、解決への見通しは依然として霧の中だ。国労は早期解決を求めながら、内部対立の激化で混迷を深め、自壊の恐れも否めない危機的状態にある。

混迷の火種となったのは、与党三党と社民党が一昨年五月に示した政治解決の

たこともあった。「いくら忠告してもあいつらわかってない」と、事ここに及んでもまだ「分割民営化などできるわけない」と高《たか》をくくっている指導部の姿勢に、失望するのだった。

一方、国労中央労働学校の講師として、現場の若い組合員たちに、国労の闘い方の問題点を指摘することも忘れなかった。「国労つぶし攻撃といった被害者の立場、日本労働運動の危機だという訴え、雇用を守るだけの主張だけでは、労働者、国民全体を結集しえない。民営化するといったら、サービスが良くなったという、利用者の声にも耳をかたむけるべきではないか。国鉄をどうするかを、国民とともに考える働きかけが必要だ。そのためには、なりふりかまわず駅、ホーム、運転席から外へ出よう」と。

国労マル生闘争で、それまで不可能といわれていた「人事協約」「昇格・昇職の基準」までも獲得し、現場協議制を駆使した職場闘争が全国で展開されていた、現場から集まった将来の組合リーダーたちに内山は説いた。

国労本部の「職場に労働運動を」という呼びかけに応えて、現場では現場長の力を弱める闘いが広範囲で行われ、「職制マヒ闘争」とも呼ばれる職場闘争となっていた。

内山は、この闘争は「ちがう」と直感していた。マル生闘争で五万人の脱退者を復帰させ、敗北したとはいえ、スト権ストでは二万人近い組合員の国労への拡大を果たし、組合の諸権利を一挙に獲得した国労だったが、それで

枠組み（四党合意）だ。国労が「ＪＲに不採用の法的責任がない」と大会で確認すれば、与党はＪＲ各社に「国労組合員の雇用の確保」について検討を要請する、といった内容だ。

組織を二分する激論の末、国労は昨年一月の大会で四党合意の受諾を決めた。背景には、「国鉄に不当労働行為があったとしても、その責任はＪＲに及ばない」とした不採用問題についての一、二審判決や、四党合意の受け入れを求めた国際労働機関（ＩＬＯ）の勧告があった。組合員の減少などジリ貧状態の組織事情も作用した。

だが、苦渋の選択から一年余を経ても、「解決交渉は進展せず、今なお入り口論議にある」（高嶋昭一委員長）。

今年一月、九〇年に国鉄精算事業団から解雇された国労組合員のうち遺族を含む二八三人が、解雇は無効として、同事業団を引き継いだ鉄道建設公団に雇用関係の存続確認などを求め提訴した。同公団を監督する国土交通省の不採用問題に関する責任追及が狙いだ。

原告団は、四党合意に反対する「闘う

組合の力が倍増したような錯覚に陥っていないか。全体の情勢を見ないで、一時の力関係の優位に酔った「奢り」の闘争をしているのでは、と。

現場のリーダーたちに忠告したのだ。個別の職場だけに目がゆき、労働運動全体の情勢、そして地域、国民世論の動向をみきわめ、中長期の戦略をもった、自律ある闘争が必要だと訴えたのだった。

だが、内山の警鐘に耳をかす国労組合員は少なかった。地域に根を張り、利用者の目に常にさらされる私鉄労働者と、全国単一の国営企業で働く国鉄労働者の、内向きな強さと弱さを、あらためて見たような気がしたのだった。

国鉄問題は、内山が動き回っても、すでに極めて政治的色彩を帯び、公労委の手を完全に離れていた。結局、八月一九日、「過員解消について、中央、地方機関において、団交などにより早期解決をめざす」という調停内容で、以降の労使交渉に委ねることで「調停成立」とする結論に至った。内山はあらためて、公労委の権限のなさを思い知らされる。

その間、鉄労、動労、全施労、真国労は、七月一八日に「国鉄改革労働組合協議会」を結成していた。国労は七月二二日から定期大会を開いたが、当初、総評・社会党方針に従うしかないと考えていた山崎執行部は、予想以上の地方組合員の反発の声に大会で押し切ることを断念し、「大胆な妥協」については「中闘一任」という形でいったん収拾し、一〇月の修善寺での臨時大会で決着をつけることとした。

国労闘争団」の一部。「全面屈服を迫る四党合意にしがみつき、闘いを放棄した本部に、我々の人生は委ねられない」と、独自の提訴に踏み切った。

本部はこれを、「団結を乱し、政治解決を妨害する行為で、除名を含む統制処分に該当する」と非難。二月の中央委員会で、処分のための査問委員会を設置した。

原告団は、「政治解決が進展しないことの責任転嫁だ」と反発する。

一方で、昨年末には、秋田など四地方本部の組合員約六〇〇人が脱退し、ジェイアール東日本ユニオンを結成した。その幹部たちは四党合意の賛成派だったが、「国労の内部改革は絶望的。運動に展望がない」と決別していった。

ＪＲ側窓口の自民党や政府（国土交通省）は、解決作業が進まない理由として、国労の矛盾を挙げる。①「ＪＲに法的責任なし」と認めながら、「最高裁で公正な判断を求める」としている②闘争団の一部が四党合意に反対しており、一部が和解、一部が闘争継続という解決はあり得ない――といった点だ。

こうして、内外の注目を集めるなか、一〇月九、一〇日に開催された第五〇回臨時大会は「修善寺大会」と呼ばれ、長い国労の歴史の中でも特筆される歴史的な大会となった。

本部の方針は、大会に「緊急方針」として、「必要な効率化は進める」「余剰人員対策に取り組む」「不当労働行為での公労委申し立てを取り下げる」「労使正常化について当局と協議を開始し労使共同宣言を締結する」という、いわば「無条件降伏」路線といえるものだった。激論のすえに最終日、拍手と怒号の中、採決が行われた。

国労元委員長の武藤久は、採決前夜をこう述懐している。「私と村上義光氏と森影誠氏ら歴代委員長は、それぞれに任務（私＝逃げる準備、村上＝協会派説得、森影＝中間派説得）、富塚総評元事務局長は東京グループの説得で、大会の穏やかな結論を待ったが、何の成算があったのか知れないが、山崎は採決を望んだ」（「労働運動研究」二〇〇一年一〇月号）。

富塚は、「採決したら負ける。ここは流会にしたほうがいいと山崎に言ったんだが、山崎は細井（革同キャップ）から、負けても旗色を鮮明にしろと言われたようで、採決にいってしまった」と述懐する。

賛成　一〇一票
反対　一八三票
保留　一四票

このため国労本部は、最高裁で争っている北海道、九州などの不採用事件について、「訴訟取り下げは和解成立時」としてきた大会決定を変更。「（国労側窓口の）社民党から要請があれは取り下げる」ことにした。

ＩＬＯ理事会が三月に採択した「結社の自由委員会報告」は、四党合意に基づく解決交渉を速やかに開始するよう、日本政府を含むすべての関係者に促した。だが、政府、自民党は、国労内の混乱や執行部の指導性などに不信と疑念を強めており、解決作業が始まるめどは全くたっていない。

国労自身が選んだ道とはいえ、四党合意の受諾は、結果として亀裂の拡大だけをもたらした。追及してきた国家的不当労働行為の被害者である闘争団員の一部を「団結」の名で切り捨てようとする、悲劇的な段階にまできている。それでもなお、四党合意に基づく解決を目指すのか、新たな対応を模索するのか。国労の苦悩は続く。〉

大差で執行部案は否決されたのである。

山崎執行部は総辞職、代わって選出された新執行部を代表して、六本木敏新委員長は「座して死を待つより立って闘おう」と、詰めかけた代議員、傍聴者を前に悲壮な決意を述べ、割れるような拍手で迎えられた。国労は「栄光ある孤立の道」を選んでしまったのである。

「もし、国労が修善寺で分裂を避けて『柔軟路線』に転じていたら、一〇万人以上の組合員が残ったであろう。それが実現していたら、力のある有力な組合としていまも活躍していることを想えば、組織の維持に『質より量』が大切なことは、今日までの組合運動の歴史が教えているとおりだ。それを想えば、『採決』を主導した強硬派の責任は重い」（武藤久、同前）

内山はこの大会で山崎執行部案が承認されない可能性もあるとみて、その場合の全面衝突の事態を避けるため、事前に国労幹部、公労委委員など各方面への働きかけを行っていた。その一方で国労執行部、総評、社会党幹部と当局、自民党との間で、事態打開へ向けたさまざまな折衝が繰り返される。

九月九日の箱根で、国労・山崎委員長らと総評・江田副議長ら幹部が会談、翌週九月一七日、国鉄杉浦総裁と江田副議長とが会談、さらに九月二四日には、橋本運輸大臣と江田副議長が会談する。「大胆な妥協」へ向けてのトップレベルでの詰めが行われている情勢を受け、内山は、公労委として国労臨時大会で、もし妥協方針が通らなくても、職権による仲裁で事態打開の道を

出典注

四《ページ》　大河内一男『黎明期の日本労働運動』、一九五〇年一〇月刊、岩波新書

九　大河内一男『戦後日本の労働運動』、一九五五年九月刊、岩波新書

一二　中村隆英『昭和経済史』、一九八六年二月刊、岩波セミナーブックス17

二九　早乙女勝元『東京大空襲』、一九七一年一月刊、岩波新書

四五　柴田秀利『戦後マスコミ回遊記』上下、一九九五年七月刊、中公文庫

六七　柴田、前掲書

九一　高野実『日本の労働運動』、一九五八年二月刊、岩波新書

一〇五　斉藤一郎『総評史』、一九五七年一〇月刊、青木書店

一四四　新井章『体験的憲法裁判史』、一九七七年一二月刊、現代史出版会（発売徳間書店）

一六四　上妻美章『春闘』、一九七六年二月刊、労働教育センター

一七四　監修・東城守一『全逓中郵事件裁判記録』、一九七四年三〜一〇月刊

探ることで、各委員の承諾を取りつけていた。

　だが現実は、公労委の入る余地は全くなかった。それまでは公労委を立て、何とか自分たちに有利な方向を出させるよう利用していた労使は、その舞台裏でまったく別の道への話合いを行っていたのだ。国労分裂、新組合結成の方策である。

　修善寺大会で総辞職した旧執行部は、その足で伊豆長岡に用意していた富士見ハイツでその後の戦略を練った。そして翌週には、国労内の旧主流派を軸とした「社会党・総評を支持する国労全国連絡協議会」を結成、一一月二一日「東日本旅客鉄道東京労組」結成、一二月三日「鉄道産業労働組合総連合」（鉄産総連）結成準備会総会が開かれる。こうして、六本木新委員長のもとでスタートした国労は、完全に少数派に転落してしまうのである。

　この間、総評は六本木執行部に対して、いくつかの条件をつきつけていた。一つは、国鉄当局との労使関係の正常化であり、もう一つは、新事業体単位での労働組合準備会の結成だった。事実上、分割民営化をのみ、単一組織も崩すというこの提案は、とても受け入れられるものではなかった。

　内山には、さまざまなチャンネルを通じて、国労内部の揺れ動く情報が入ってきた。国労中央労働学校の講師として、毎週のように若い組合員と接する一方、公労委で幹部たちと膝づめで話合いをもっていた内山にとって、国労問題はとてもひとごとではなく、今後の労働運動の帰趨を決する大きな問

一四　西部邁『六〇年安保―センチメンタル・ジャーニー』、一九八六年一〇月刊、文藝春秋社
三三　司馬遼太郎『人間の集団について―ベトナムから考える』、一九七四年一一月刊、中公文庫

題であると受け止めながら、その分裂状況に、胸を痛めていた。総評と国労新執行部の仲介も取ろうとしたが、両者の溝は深く、事態は内山個人の力ではどうしようもない状況につきすすんでいた。

総評は急ピッチで進む労働戦線統一をにらみながら、改革労協（ＪＲ総連）だけが連合加盟するという事態は絶対避けなければならないと、「社会党とともに国労党員協（旧主流派）と協議し、国労から分かれて別個の産別組織をつくることを決断した」（『総評四〇年史』）のだった。

八七（昭和六二）年四月一日、ついに国鉄は一一四年の歴史を閉じ、分割民営化されてＪＲとなる。国労組合員を中心に、全国で約七六〇〇人がＪＲに採用されず、国鉄清算事業団雇用対策室扱いとなり、三年後の一九九〇年四月、一〇四七人が解雇される。長く、厳しい国鉄争議が始まるのである。

ＪＲ発足を期に、当初三公社五現業の労働者一一〇万人を対象としていた公労委は、四現業三六万人を扱う「国営企業体労働委員会」へと改組され、翌八八年一〇月一日には、中労委に統合されることとなる。これにともない内山は、五年間務めた労働者委員を辞任することになった。公労委の最後を、委員として看とったのである。

国鉄最後の日となった八七年三月三一日、内山は中央労政会館で開かれた「私鉄労働運動研究会」の発会式に参加している。

「総評労働運動の闘う伝統を堅持し、私鉄総連の強化発展をめざす」ことを目的にした私鉄労働者の自主的学習・交流の場であるこの研究会の、顧問として呼ばれたのである。事務局は弘南バス労組から私鉄総連の書記になった木村哲蔵が担っていた。

私鉄総連、そして総評から直接は身をひいたものの、生まれ育った現場の組合員の声をできるだけ吸収し、内山も運動に貢献できればと、顧問役を引き受けたのだった。現場を置き去りに、組織のみが先行してつきすすむ労働戦線統一の流れに、懸命に抵抗しようとする仲間を、できるかぎり応援したいという気持ちがあったのだ。

私鉄総連は、八七年一〇月一四日の臨時大会で白熱した論議のすえ、賛成三二〇、反対一〇八で連合加盟を決定、一一月二〇日、「民間連合」（全日本民間労組連合会、五五単産約五四〇万人）が結成される。そして二年後に官民統一の「連合」へと向かうのである。

終章
終わりなき旅

■崩壊の時代の中で■

昭和天皇の死去にともない、元号が平成と代わった一九八九（昭和六四、平成元）年は、国内外で大きな事件が相次いだ。

一一月九日、ベルリンの壁が崩壊、東欧の社会主義政権が堰を切ったように崩壊していく。日本では、戦後の日本労働運動をリードしてきた総評が解散し、一一月二一日、官民労働者約八〇〇万人を結集する統一ナショナルセンター、新「連合」が結成された。

内山にとって、この一連の事件は、今まで自分を支えてきた、心棒をはずされたような大きな出来事であった。各地の講演では、ふだんどおり労働者の社会を説いて回っていたが、心中穏やかではいられなかった。崩壊の流れはさらにソ連邦に及び、そして国内でも、自民党単独政権の崩壊、社会党の消滅（社民党への衣替え）へと続くのである。

気がつけば、年齢は父哲門が鬼籍に入った六七歳を超していた。公労委の委員を辞め、公的な役職から離れて、自由な身となって労働者教育に専念し始めた内山だったが、激変する情勢の前に立ちすくみ、方位がかすむ思いがした。これからどう生きていけばいいのか、まだ余生ではないと自分に言い聞かせながらも、漠然とした不安感がおそうのである。

八三年七月に創刊した「内山光雄通信」は、公労委を辞めた後の、八九年一月二〇日発行の第二二号を最後に休刊した。指のふるえは以前にましてひんぱんに起こるようになり、足腰もだいぶ弱くなってきた。八九年春から、医者のすすめもあって、近くの鷺沼プールで水泳を始める。「若い娘《こ》もいて目の保養にもなるし、体の調子も良くなる感じだ」と、周囲に若さをアピールするが、体力の衰えは隠しようもない。

そのころ、まだ日本経済は、空前の大型景気に酔っていた。
目前にある危機を見ようともせず、経済界も労働界も、右肩上がりの経済成長が限りなく続くことを信じて疑わなかった。だが、突然にバブルが弾ける。

内山も、当時はこのバブル崩壊は、戦後の日本経済の波の繰り返しのひとつに過ぎないととらえ、いずれ高原期が到来するものと楽観視していた。夜明け前の闇が一番暗い、と人々は日本経済に朝が来るのを待ったが、太陽は一〇年経っても昇ることはなかった。後に「失われた一〇年」といわれたように、バブル経済崩壊以降の日本経済は、底知れぬ「右肩下がり」となっていったのだ。

資本主義経済では労働者の窮乏化は必至で、それが社会主義への原動力になると説いていたものだが、現実は経済が泥沼化し失業率が悪化しても、労働者は息をひそめ沈黙していたのである。

内山は、かつて、労働者を教育したその先に、はっきりと社会主義という四文字を描いていた。青年時代、社会主義建設に燃える中国やソ連を目の当たりにして、日本の未来がそこにあると信じ飛び込んだ労働運動の世界だった。いま、その社会主義が崩壊し、はたして何のために労働者教育をするのか。内山は、かつての価値観が崩壊する時代を前に自問せざるを得なかった。

そんなおり、講演で各地を回ると、若者の反応に「ビックリ」することがしばしばあった。労働組合の必要性を訴えても、「組合？　関係ないんじゃない」「仕事と組合は両立しない」「ストは嫌い」「デモ、赤旗はダサイ」という声が返ってきて、とまどうことが多くなったのだ。飢餓と貧困の中で、「生きるための労働運動」だった戦後期と比べ、今の若者たちを見ると、「満ち足りた豊かさの中で、組合もすべて受け身で感じている」と、大きなギャップを感じざるをえなかった。

総評退職後、内山の講演回数はさらに多くなり、一年のうち一〇〇回を越える量をこなしていた。「俺にも意地がある」と、八五年に「倒れた」以降も、「あんまり無理しない方がいい」という周囲の制止を振り切って、各地を回った。もちろん、頼まれたら何処でも行くわけではなく、夏は釣り、冬はスキーの余暇も兼ねて、その周辺の組合を選ぶことも多くなった。だが、疲労と病魔は徐々に内山の体を蝕《むしば》んでいった。

■告知されたパーキンソン病■

九〇年に入り、聖マリアンナ病院を紹介され、診断の結果、パーキンソン病であることを正式に告げられる。ショックだった。

体には自信のあった内山だったが、こんな治療法の確立されていない難病にかかってしまうとは、思いもよらないことだった。だが、労働運動に生涯をかけると誓ったからには、こんな病で休むわけにはいかない。

気力は衰えたつもりはなかったが、九〇年代に入って、内山の講演回数はめっきり減ってきた。もちろん、妻一枝や妹節子が内山の体を気遣い、断ったこともあるが、依頼そのものが減ったのである。

連合結成を大きな契機として、かつてのような職場闘争（活動）が消え労使協調が主流となる労働界で、自分は必要とされなくなったのか、と思うこともたびたびだった。もはや教育すべき「労働者」はいなくなってしまったのではないか。様変わりした労働界の現状に、ときおり無力感が膨《ふく》らんでくるのだった。実際は、労働運動の後退もあるものの、内山のしゃべりの迫力がなくなり、内容もリピート（くり返し）が多くなって、「つまらなくなった」という現実もあったのだ。

一方、活動家からは、協約の意味や団交のノウハウなどの戦術、技術話より、「これからの労働運動再生の道は」といった戦略、指針の教示を求められることが多くなった。内山はこれに対して、自分は「穴掘り的労働組合屋」で、「戦略のない戦力論」しかしゃべれない、と自嘲するしかなかった。自身のデビュー作ともいえる『幹部闘争から大衆闘争へ』のむすびで、内山はこう書いていた。

「日常の闘いを通じて一人ひとりの労働者が、自らの要求と国民の他の階層の要求との内的な関連、つまり、自らの要求をば今日の反動政策とはっきり対決せしめて理解し、一歩前進した政治的な立場で、これを把握して立つ力を闘いの中で身につけることである。このことなしに、いくら職場の中で職場闘争を積み上げても、必ずこの闘争は行き詰まるであろう」

こう書いてから約半世紀経ち、「職場闘争」は完全に行き詰まっていた。世界を東西に隔てていた壁がなくなり、冷戦構造は消えたように見える。だが、はたして資本主義が勝利したのだろうか。労働者と資本家の壁もなくなったのだろうか。と、内山は自身に問うのである。いくら時代が変わっても、変わらないものがある、新たな壁が立ちはだかっている、と思うのだ。

あらゆる目的は手段に転化する。「職場闘争」は手段であり、目的は社会主義、とかつて言ったが、その社会主義も実は手段ではなかったか。

追いかけていた夢が、シャボン玉のように消えた時、人間は原点にまい戻る。「職場闘争」を繰り返し追求することが、いま、労働者を取り戻す道ではないか。不透明な時代だからこそ指針や戦略にすがるのではなく、足元の空洞化に今いちど目を向けるべきではないか、と内山は思うのである。

ところが、伝えたいことが山ほどあるのに、言葉が口から出てこない。ワープロのキーがうまく叩けない。足の自由がきかず、好きな釣りやスキーにも行けない。病気の進行は内山のいらだちを募らせていった。

「何のために生きているのか」「死にたい」。ふと、内山はこんな弱音を周囲にもらす。

■内山のひきだし■

そんな中、内山はいくつかの組合に顔を出しては、元気をもらって帰ってきた。観光労連、ＪＴＢＵ（日本交通公社労働組合）の組合は、「常に考え、前向きに歩む組合で、好きな組合の一つ」だった。

新入組合員の真剣なまなざしに出会い、「あの頃と比べて、俺もずいぶん変わったなあ」と、ふと、がむしゃらに動いた北鉄時代を思い出しながら、時に弱気になる自分を鼓舞するのだった。内山が、この観光労連の労働学校顧問となったのは、総評退任の翌年である。観光労連出身の総評・北岡孝義オルグから依頼され、二つ返事で引き受けたものだった。観光労連との付き合いは、私鉄総連時代にさかのぼる。

私鉄大手各社は観光部門を別会社化しているところが多く、観光労連としては同業種として、私鉄の観光部門労働者の組織化を望んでいた。しかし、私鉄総連に加盟する大手組合としては、同一資本グループの企業内組合として、あくまで自組合に加盟することが筋である、という意見が主流を占めた。すでに、私鉄産業は鉄道・バス事業だけでなく、デパート、不動産、タクシーなど、ありとあらゆる職種に進出し、本来事業の比率は年々低くなっていた。

そんな中、ハイヤー・タクシー部門については全自交労組と、その他私鉄関連の小規模会社は全国一般労組と、それぞれ個別協議しながら、組合組織化を果たすことを内山は主張した。

私鉄エゴを捨て、運動として入りやすい産別組織に結集させる、というのがベストと考えたのである。

企業別組合をすべて否定するわけではないが、職業別、産業別のヨコの結集も重要だ、というのが内山の持論なのだ。観光労連と接してみて、その団結力と行動力には目を見張るものがあり、関連労働者を組織化したいという意気込みに、内山は私鉄総連として協力すべきだと提起し、組織内合意を得ることに成功する。

内山は対象となる私鉄組合本部だけでなく、会社の方にも話を通し、観光労連の組織化を側面から支援した。「うちの組合としては、私鉄総連の決定を『錦の御旗』として組織化させてもらった。内山さんには感謝の気持ちがいっぱいです」と北岡は語る。だから、総評を辞めた時、「待ってました」と内山に顧問を依頼したというのだ。若い組合員が多く、勉強熱心な観光労連の雰囲気はすっかり内山のお気に入りとなってしまう。

連合発足以降、化学、金属、流通など、多くの産業別組合で、その組合員数を競うかのような組織統合が進んでいた。産業別統一闘争の強化を唱えていた内山だが、このような大産別結集は違う方向に思えた。同じ産業の組合が統一し、組織人数は飛躍的に増えても、中身はどうか。運動は発展したのか。「何のための統一か」と、あらためて問うのである。「企業別組合をいくつ積み上げても産業別組合にはならない」と、内容の伴わない肥大化に内山のいらだちは募るのだった。

企業別組合の「全面否定論」に対し、以前その利点として内山が示した内容は、その後大きく変質していた。「組織率の高さ」「組合費チェック・オフ」「人事、経営への発言権」などの「利点」は、そのまま労使癒着と組合の官僚化につながることとなってしまった。「内から外へ」向かうべき産業別統一行動だったが、実態はさらに、内向きの「産業報国会」運動へと変質していき、器だけが大きい、空洞化現象をひきおこしていたのだ。

しかし、大企業や官公労で労使協調が急速に進み、職場闘争が根絶やしにされた荒地の中から、新しい芽吹きが起こっているのを、内山は見逃さなかった。労組の統制の枠外、地域の底辺から次々起こる「たった一人の争議」、「自主生産争議」などの闘いは、労働運動変革の新たな息吹を感じさせるものだった。劇的な変化をみせる労働市場の中で、「正規社員の解雇の防波堤」となって、安価な使い捨て労働力として拡大するパート、アルバイト、派遣労働者たちに光を当て、その呻吟《しんぎん》を受け止め、地域からの横断的な運動をめざす、「一人でも加盟できる」ユニオンなどの存在に、内山は注目した。

また、ペトリカメラ、浜田精機、東芝アンペックスなど、会社倒産に対抗する新しい争議形態としてひろがった工場占拠―自主生産戦術は、それまでの単なる一時的な対抗手段としてではない、労働者による自主的な事業体創出運動という、新たな労働運動の一形態として再評価した。

組合員の生活確保のため、労働者が生産手段を掌握し、自ら会社経営者となるという、従来の発想から一歩も二歩も踏み込んだ運動といえた。

戦後直後の経営者の生産放棄に対抗するために、労働者が起こした防衛的な自主生産管理運動とは異なる、ポジティブで、自律的な起業的労働運動の芽だった。

その一方、力量の弱い争議団を「勝ちに行かせる」ため、東京大手町などに集中する、背景資本や出資銀行を、他の争議団との一日共闘で攻める「東京総行動」などの新たな争議団共闘の発展に、若いオルグたちとともに尽力した。これらの新しい運動は、従来、内山が労働運動の基本と唱えていた「職場闘争」とは形態を異にするものであったが、「労働運動は生きもの」と、生々流転しながら発展する運動のベクトルとして、内山は評価して支援を惜しまなかった。

過去の理念や綱領を金科玉条のように持ちだし、不変の真理として崇《あが》めるのでなく、情勢の変化、労働者の変化にマッチ（迎合ではなく）した、変幻自在の戦法を編み出すのが内山流である。すでに八〇年代後半から、内山は過去に多用した「職場闘争」や「大衆闘争」などの「トレードマーク」を脱ぎ捨て、組合活動の基本を説くことに徹するようになった。「これはジャンパーじゃない、ブルゾンだ」と、新語をどんどん吸収し、古い上着を次々脱ぎ捨てる。内山は絶えず脱皮するのだ。

そして、若者に労働運動の未来を託す。九二年に上梓した『新・労働組合読本』の「おわりに」で、内山はこう書いている。

「現代の青年労働者の真っ只中で生きている労働組合運動家の一人として、一緒に労働者の生きざま、人間と仕事の関わり方、生きるための武器としての労働組合について考え、生きる道を探究したいと考えて、この本を世に問うこととしました」

九三年の『組合リーダー・実践ノート』の、「まえがき」でもこう述べる。

「これからも、今の仕事を続けることができたら、幸せだと思う。そのためには、『ボケた』『マンネリ』と言われないよう、職場の若者との結びつきを大切に生き続けたい」

時代は変わるし、若者も変わる。「自分が変わったことを信じられるから、人を変えることに賭けよう」と、内山は若い組合員の目を見ながら、自分に言い聞かすのだった。

「労働者教育」と言ってきたが、教育されているのは実は自分ではないか、とふと思うことがある。「お互いが先生であり生徒だ」と、この年になって本当に教えられ、まだ勉強しなければならないことがたくさんある、と痛感するのだ。

内山の貪欲な知的探求心は衰えず、弱る体にむち打ちながら、数々の研究会に参加する。学者、弁護士が参加している「労働法学会」には会員として定期的に参加し、体系的、理論的立場で労働法を学び吸収した。その一方で、急速に進むコンピュータ化、ＭＥ化合理化と労務管理の変化を、経営者の立場から調査研究する「経営分析研究会」「ＴＱＣ研究会」に参加しながら、内灘闘争、二・一スト、レッドパージなど、戦後労働運動の歴史を語り継ぐ「運動史研究会」にも顔を出している。

その中でも、九〇年に発足した「トラブルメーカーズハンドブック研究会」

には、毎回欠かさず参加して論議を深めた。

アメリカの戦闘的な「争議屋」のマニュアル本を訳しながら勉強する、労働学者を中心とした研究会である。「あえて異を唱えて、職場でトラブルを起こす」を身上とするトラブルメーカーの事例を紹介した異色の本だ。各章ごとにさまざまな職場で、実際に起きたトラブルと対処方法を紹介、最後に「あなたの職場ではどう対処しますか?」という質問を、読者に問いかける。

研究会で内山は、その質問に「私の経験では」と、北鉄や私鉄総連での実例をあげて解説し、毎回濃密な議論が展開された。会議後の飲み会には、弱る足をこらえて必ず顔を出した。若い研究者とのざっくばらんな会話こそ、内山の命の源だった。

そのほかにも、ワークシェアリングなど、新しい労働のあり方を考える「労働時間問題研究会」、連合結成以降ますます弱体化するローカル運動の再生の道を探る「地域労働運動研究会」、グローバリズムが席巻する中、世界の労働運動の動きを知る「国際労働研究会」など、数々の会合に積極的に顔を出し、交流を深めた。

単なる知識、情報としてではなく、それを現実の運動にどう活かすか。内山は、自分のフィルターを通して、そのエッセンスを咀嚼《そしゃく》しながら、労働者に還元する努力を続けたのである。年は重ねたが、内山は永遠の青年労働者であり、現役の争議屋でありつづけたかった。

内山はグルメである。

第二の故郷ともいえる長野に行けば、信州そばに舌鼓を打ち、金沢に帰郷した時は、なじみの割烹旅館に予約を入れることを忘れなかった。食わず嫌いでなく、新しい食べ物は何でも口に入れてみる。

訪欧した際には、フランスでいろんな初物に挑戦したことがある。「世界三大珍味」といわれて初めて口にしたフォアグラは、「あぶらっぽい」というのが第一印象、後でガチョウの肝臓と聞かされ、納得。

訪欧で一番美味だと思ったのが、ムール貝のワイン蒸しだった。牡蛎《カキ》やハマグリともちがう独特の食感と風味に、とりこになってしまう。帰国してから、東京の銀座で、ムール貝を出す地中海料理店があることを知り、足しげく通うことになる。

総評交運オルグだった佐々木啓之は、「いい店がある」とそのレストランに連れていかれ、「へえ、こんなハイカラなところ知ってるんだ」と、びっくりしたという。食通であり、大食漢。内山はとにかく何でもよく食べた。知識や趣味、何でも新しいモノをどんどん取り入れる、それが内山流だった。

内山はおしゃれである。

英国製のツイードの背広にコート、イタリア製のチロルハットをかぶって歩く姿に「はっと目を見張った」と、国際労働研究センターの渡辺勉は言う。「組合幹部で、あれだけ趣味の良い人、シックなおしゃれが決まっている人はいない」と誉める。単なるブランド品でなく、良い物を見極め、着こなす術を備えているのだ。

昔、父哲門から着物の着こなしについて何度も注意された影響か、外に出る時には、着るものに細心の注意を払った。洋服だけでなく、カメラはスイス、車はドイツ、食べ物はフランスと、各国の一流品を求めて大事にした。良い物を作る労働者、職人の気持ちは、「労働組合運動の職人」である内山に、通じるものがあったのかもしれない。

内山の「引き出し」はたくさんある。

実際に内山の机の上には、段ボール箱を仕切ったいくつもの引き出しがあったのだ。一番上のAの引き出しには、初級組合員向けの春闘情勢や労働組合活動の講演レジュメ、二段目Bには、中級幹部向けの労働運動の課題など、主に講演用には四つの引き出しがある。依頼があれば、その対象に合った引き出しからレジュメを引っ張り出しては書き換える。

A～Jの一〇の引き出しには、レジュメのほか、労働運動史や労働戦線統一問題について、過去に書いた自身の原稿や他人の重要論文も収められている。原稿依頼があれば、それらの資料を見ながら参考にするのだ。字がうまく書けなくなり、もっぱらワープロを使用することが多くなった八〇年代には、引き出しに相応したフロッピーを取り出し、瞬時に書き換えてレジュメを作成したのである。

内山は、一〇分の話でも必ず事前に準備し、話す要点をメモすることを忘れなかった。弔辞でも手帳に原稿を書いて、それに目をやりながら読んだ。行きの列車や飛行機の中でレジュメに目を通しながら、昨日のニュースや研究会で聞いた新しい知識を織り交ぜ、オチも考えながら、講演の内容をイメージするのだ。組合から講演料をもらって話すからには、手抜きはできない。プロとして「お客さん」を飽きさせず、かつ、明日の運動に役立つ「おみやげ」を持ち帰ってもらうよう、笑いの中にも宿題を付け加えることを忘れなかった。

頭の中の引き出しは無限である。豊富な経験と情報、学者顔負けの法律知識と分析力に裏打ちされた内山の講演内容と話術は、戦後の労働界でも屈指であった。

だが、内山は単なるアジテーター（扇動者）ではなかった。ピカソの肖像画のように、内山は見る角度によってさまざまな顔があった。

ある時は「オルガナイザー（組織者）」「労働運動指導者」、ある時は「学者」「教育者」と。数々の著書を出した著述家でもある。その思想は、「社会主義」といえるかもしれないが、根本には仏教があったかもしれない。

食べ物と同じように、思想も食わず嫌いせず、古今東西の考え方を取り入れ、内山なりに咀嚼して血肉化した。だから、逆に、「とらえどころのない」「旗幟《きし》鮮明でない」と評されることにもなる。自身「浅いが広い」と言うように、頭の引き出しにいろんな知識、思想を詰め込み、吐き出すのだ。ある思想や宗教を伝えるのが目的でなく、人に伝えるという行為そのものが、目的と化していたのかもしれない。

人付き合いも、「浅いが広い」と言えた。

徒党を組むことを好まないが、人のめんどう見は良く、目にかけた人物は弟、生徒のように世話を焼いた。自称「内山の弟子」は全国至る所に散在する。一方、各ジャンルにたくさんの師匠がいる半面、対等に心を許し合う親友と呼べるような存在の人間を持たなかった。心の闇を深く持つ、孤高の人ともいえた。

モノを書き、演説し、指導する。どれを取っても類い稀な能力をもつオールマイティな労働運動家、内山光雄。

だが、自身には、「インテリ」でもなく「労働者」でもない、という長年のコンプレックスがあった。内山は、逆にそれをバネにして、運動も知識も、一流をめざしたのである。

運動に知識を取り入れ、知識に運動を注入した。よく内山は、「人間らしく生きるための労働運動」と言った。労働運動はあくまで手段であり、最後は「人間」という二文字に行き着くのである。

『団結への再出発』の中に、こういう一節がある。

「われわれは労働運動の知識の引き出しを増して、幸福をかちとることはできない。幸福は人間の努力、労働者のたたかいによって得られるものである。いま求められているものは、人間の生き方と結びついた、新しい哲学とその実践のための武器である」

■もう一度■

「俺は語り部ではない」、内山は、過去の出来事を今に伝えるだけでなく、現在に活かし、そして未来への道を指し示す伝導者であった。

歴史は未来を映しだす鏡である。「過去に目を背ける者は未来に盲目である」といわれるが、歴史を重んじない労働運動にも未来はない。

連合時代を迎え、総評時代に築きあげてきた労働運動の遺産が食いつぶされ、労働者の権利、連帯感までもが崩壊していることに、内山は焦燥感を募らせる。

先人たちが血を流し、地を這《は》いながら築いてきた日本労働運動のたどってきた足跡を、今伝えなければ累々たる屍だけが残る、と思うのだ。「ばかの一つ覚えのように、職場闘争を言っていたやつがいた」でもいい。戦後の労働運動家たちが、自らの青春とロマンを賭けてきたその思いの一端でもいいから、後世に語り継ぐ義務がある、と考えるのだ。

おりから戦後五〇年の節目を迎え、労働組合は大単産を中心に結成五〇周年にさしかかっていた。内山は知り合いの組合役員に労組の歴史、五〇年史を刊行する意義を説き、労働教育センターからの刊行を奨めた。

もちろん、妹節子が経営する同社の営業を助けたいということもあったのだが、各組合の苦難の歴史を風化させないための一つの記録として、また、今の若い組合員たちが、編纂作業の中で先輩たちの足跡を見つめ、運動活性化へのヒントをつかむ一助となれば、と年史発行の必要性を説いたのである。

内山の紹介も手伝って、同社は私鉄関係を中心に、自治労、教組などの官公労のほか、民間中小の組合の年史をはばひろく手掛けることとなる。業績が拡大した同社には、節子の姉の志希、節子の長男宏行が勤務、デザイナーとなった節子の長女千佳も、関連会社・Ｍ２カンパニーを設立して事業の幅をひろげていった。

九三年からは、北鉄労組の五〇年史の執筆・監修の依頼を受け、編纂委員会に顔を出し、現役の組合員とともに編纂作業に心血を注いだ。実はこの五〇年史は、九二年六月に亡くなった北鉄労組書記・森直弘が執筆したいと言っていたものである。

東大卒業後、金沢の専門学校で教鞭をとっていた森は、北鉄労組に魅《み》せられて、結成直後から二〇年間にわたり組合書記として働き、組合員教育に携わってきた。内山にとって、労働者教育の道を教えてくれたかけがえのない恩師だった。一九七六年に刊行した『北鉄労組三十年史』は森が執筆、編纂したものである。一九九〇年に刊行された『内灘闘争資料集』の刊行委員会の委員に、森は内山とともに名を連ねている。九二年六月に他界した森の思いを引き継ぎ、内山は「三十年史を汚《けが》さないように」五〇年史の編纂に携わった。

九七年暮れ、労働教育センターから発刊した著作『経営危機と労働者』のあとがきで、内山はこう述べている。

「戦後五〇年の歴史は刻まれたが、いまだ私のもとへ息子の消息を尋ねる音信が絶えない。『あの子の死んだときの様子を知りたい』という老いた母親と、亡き兄を追う妹がいる。人間を無視した戦争の残酷さと痛みの深さを、私は改めて考えさせられた。あれから五〇年が過ぎた。その中で私も変わったと思う。だからこそ私は『人も変わるし、変えられる』と信じながら、『初めに人間ありき』の原点に立って『生涯労働運動』を続けている。『青春とは年齢ではない』という気持ちで、私は労働運動再生の新しい道を求め、生涯を通して労働組合運動を語り続けたいと考えている」

戦争を永久に放棄したはずの日本が、戦後半世紀を経た今、ふたたび忌まわしい戦争への道を歩み出している現実を目の当たりにして、内山の脳裏には、沖縄の空に散っていった戦友の顔が浮かぶ。そして「浜を返せ」と、米軍砲弾の着弾地に座りこんだ内灘のおっ母たちの声がよみがえる。

二〇〇〇年三月一二日の「北国新聞」朝刊一面で、内山は「内灘闘争の魂は風化したか」というタイトルで紹介されている。政治評論家早坂茂三はインタビューの最後に、「我が事、終われりという心境ですか」と聞き、内山はこう答えた。

「終われり、じゃだめなんだな。もう一度、という思いはあるんです。教育というか、労働者を育てることを考える場を持ちたい」

老いは朽ちることを意味しない。肉体は衰えても、染み付いた錆《さ》びや澱《おり》は削《そ》ぎ落とされ、精神は研《と》ぎ澄《す》まされて昇華していく。全身は重く、傷ついても、あらゆる虚飾や烙印から解放され、身軽になった魂は、無限に飛び立つ。行く手には、闘うべき戦《いくさ》がある。語り継ぐ人がいる。泳ぐべき大海がひろがっている。内山の旅はまだ終わらない。

エピローグ

山々の頂《いただき》がほんのり色づき始めている。

七五年ぶりに訪れた生まれ故郷、高根村の風は、内山をやさしく包んでくれた。長い道程を経て、やっと戻ってきた故郷だった。父が捨てた土地に立ち、緑豊かな山里を眺めると、胸の奥に熱いものがじんと込み上げてくる。何処《どこ》から来て何処へ行こうとしているのか。

内山は旅が好きである。

争議や講演で各地を旅し、その土地の風景や人柄にふれたり、郷土料理を堪能する。好きなカメラで自然を撮り、釣り糸を垂れ、スキーで遊ぶのも旅の醍醐味である。何度訪れても、行く先々には何か新しい発見があり、勉強することも多い。

仕事柄ではないが、全国の鉄道路線、駅名はほとんど諳《そらん》じている。

北鉄、私鉄総連時代には、組合員証さえ見せれば、全国の私鉄といわず国鉄の改札口までも、同じ組合員ということで顔パスで通ることができた。駅員は、組合員証を見て、「ごくろうさまです」と会釈したものだ。

会社は違っても、線路にかける労働者の心はつながっている。内山も、駅員の胸に光る組合バッジを見ながら、「ごくろうさま」と笑顔を返したものである。

いつのころからか、駅員の視線が冷たくなり、あいさつも返ってこなくなった。そのうち、「切符を買ってください」と、冷たく言われる駅が多くなった。

あれは、七五年のスト権ストの後のことか、あるいは八九年の連合結成のころからか。統一という名で、大きな一つの労働者の連合組織はできたが、連帯の心は置き去りにされた、と寂しい思いをひきずりながら、内山は自動販売機で切符を買い、無人の自動改札口を通って、帰路につくことが多くなった。

気が付けば、内山の生まれる四年前に、隣国ロシアで誕生した初の社会主義国家・ソ連邦は崩壊し、青春のたぎる情熱を注いだ社会主義日本建設の夢は、すでに幻となりかけていた。

だが、もう一度、という思いは、老いてなお内山の心の中に小さな炎となって、燃えていた。進行する病魔と闘いながら、自らの思いをうまく口に出せぬもどかしさと、自由に動けない足腰にいらだちを覚えながらも、見果てぬ夢はさらに研ぎすまされ、時空を超えて旅をする。

職場から闘争が消え、大衆闘争はおろか、幹部闘争もなくなって久しいが、そんな時だからこそ、内山の胸には、やり残した労働者教育の仕事への思いが募るのだ。

金沢の一閑院は数年前に建て直され、その一角には福祉施設「コスモス」が入っている。その昔、若い労働者たちが、寝食を惜しんで学んだ和光塾はもうその痕跡さえ残っていないが、地域福祉の場として、寺は新たな役目を果たそうとしている。

「仏の前で手を合わせるつもりで労働運動をやれ」と諭《さと》した父に、報いることができただろうか。誰かのためではない、自らの魂の道を極める内山は、まだ修行の途上にある。

内山光雄年譜

一九二一（大10）年

九月　新潟県高根村（現、岩船郡朝日村）の天蓋山龍山寺《てんがいざんりゅうざんじ》、住職・内山哲門《てつもん》とその妻・きぬの長男として生まれる

一九二三（大12）年　二歳

祖父・禹門《うもん》死去（享年81歳）

一九二四（大13）年　三歳

父・哲門還俗。住職を辞し、一家五人で金沢市小將町に移り住む（借家）

父は製材業を始め、のち自転車屋を開業

一九二七（昭2）年　六歳

四月　金沢市立材木町小学校に入学

一九二八（昭3）年　七歳

父は、自転車屋を廃業して総持寺《そうじじ》の典座《てんぞ》、傭僧《ようそう》となる

二学年で長土塀小学校へ転校

一九三二（昭7）年　一一歳

父が浄見山一閑院住職に。それに伴い石引町小学校へ転校

このころから学年中の「健康優良児」と称賛される

この時期、坂井吉晴（労働マンガ家）と知り合い終生の友となる

一九三三（昭8）年　一二歳

石川県立金沢第二中学校入学。柔道部で活躍

一九三六（昭11）年　一五歳
　中学三年生のとき、武徳専門学校志望を父の説得で駒沢大学入学をめざす
一九三八（昭13）年　一七歳
　四月　駒沢大学入学のため上京。学業と柔道に励む一方で、得度《とくど》して龍添《りゅうてん》と改名
一九四〇（昭15）年　一九歳
　一二月　駒沢大学報国団が結成され、「防訓」担当の副幹事に任命される
一九四二（昭17）年　二一歳
　一二月　駒沢大学の玉川事件で自主退学処分を受ける（内山ら三名）
一九四三（昭18）年　二二歳
　四月　日本鋼管（現ＮＫＫ）鶴見製鉄所に就職（厚生課に所属）
　一〇月　海軍予備学生として土浦航空隊入隊
一九四四（昭19）年　二三歳
　一月　海軍少尉に任官、大井航空隊に配属される。予科練分隊士として分隊長補佐となり、天測法を学ぶ
一九四五（昭20）年　二四歳
　一月　大井から香取大淀基地へ。陸軍飛行第七戦隊配属
　三月　雷撃機に乗務、沖縄沖に初出陣。この時期「中尉」に昇進
　八月　韓国金浦基地で待機中に「玉音放送」を聞く
　　翌一六日に伊丹基地に帰還し武装解除。一週間後に金沢に帰郷
　　脊髄カリエスを患い金沢大学病院へ入院
一九四六（昭21）年　二五歳

一月　姉・光可《みか》のすすめで北陸鉄道株式会社に入社（本社運輸課事故係配属）
二月　北鉄労組結成（能登、加南を除く）、組合員一二〇〇名。組合書記となる
三月　北鉄労組青年会会長に選出される
　　　能登支社、北鉄労働組合に加盟
五月　北鉄労組機関紙「車窓」創刊。たびたび論説を書く
八月　組合大会で書記長に選出される
一〇月　北鉄労働組合協議会結成
一一月　組合弁論大会で一等賞となる
一九四七（昭22）年　二六歳
一月　私鉄総連結成大会（大坂）
　　　一枝と結婚。内山三兄弟合同結婚式
二月　私鉄総連北陸地方連合会結成、地連書記長に就任
八月　私鉄総連第二回定期大会で私鉄総連中央執行委員に選出される
　　　単身赴任（寮生活）。中央労働学院夜間部に通い労働法を勉強
一九四八（昭23）年　二七歳
八月　私鉄総連第三回定期大会で副委員長に選出される。妻・一枝が上京、世田谷で新生活を開始
一一月　北鉄労組の副委員長に選出される。総連の副委員長と兼任
一九四九（昭24）年　二八歳
六月　私鉄総連第五回定期大会で、総連の全労連脱退に反対演説をするが僅差で脱退決定。この大会
　　　で書記長に選出される
一九五〇（昭25）年　二九歳

七月　北鉄労組の要請に応えて総連副委員長退任（私鉄総連第六回定期大会）
一〇月　北鉄労組委員長に就任
一九五二（昭27）年　三一歳
一月　労農党に入党
八月　労農党石川県本部旗揚げ。県本部委員長に就任
九月　「内灘砂丘地接収反対県民大会」で接収反対意見を提案する
一二月　『労働協約の基礎知識』を処女出版
一九五三（昭28）年　三二歳
三月　衆議院議員選挙立候補のため委員長を辞任。石川県革新三党の統一候補となるが惜敗（四月）
九月　「中国帰国者乗船」代表として中国訪問
一〇月　「和光塾」をつくる（塾生定員一〇名）。機関紙「和光」創刊
一九五四（昭29）年　三三歳
五月　『幹部闘争から大衆闘争へ』刊行
一九五五（昭30）年　三四歳
一〇月　石川県評議長に就任
一九五六（昭31）年　三五歳
八月　太田薫総評議長と「クソついた千円札」論争（総評第七回定期大会）
一九五七（昭32）年　三六歳
八月　第二次訪中。その足で世界労連（ＷＦＴＵ）大会参加、イタリアＣＧＩＬ労働学校などを視察
一九五八（昭33）年　三七歳
三月　父・哲門死去（享年67歳）

八月　私鉄総連第二一回定期大会で九年ぶりに副委員長に選出される
一九五九（昭34）年　三八歳
七月　私鉄総連第二二回定期大会で書記長争いをするが敗れ、中央執行委員・教宣部長に就任
一〇月　内山の呼びかけで「安保改定阻止北陸一千キロ大行進」を実施
一九六〇（昭35）年　三九歳
五月以降　弘南バス、山陽電軌、宇和島自動車などの組合分裂争議の支援オルグ
七月　私鉄総連第二四回定期大会で中執・組織部長兼青婦対策部長に就任。以降六九年まで九年間組織部長を続ける
一九六三（昭38）年　四〇歳
一月以降　琴参労組、沖交労、川中島労組、羽後労組、十和田労組の争議支援とオルグ活動（一一月まで）
一九六四（昭39）年　四一歳
四月　「赤旗」が四・一ストで内山談話掲載、総連本部から禁足令
一九六五（昭40）年　四二歳
四月　川崎市宮前区に居を移す
七月　松本電鉄労組争議、岩手交通労組不当弾圧争議支援オルグ
九月　福島交通労組・松本電鉄労組・岩手交通労組争議の各共闘会議の総連代表として名を連ねる
一九七〇（昭45）年　四七歳
一二月　母・きぬ死去（享年70歳）
一九七二（昭47）年　四九歳
二月　琉球バス労組争議支援で沖縄オルグ（七三年一月に闘争終結）

六月　妹・節子の夫、義弟・南武夫死去（42歳）。節子は内山を頼って上京、「労働教育センター」設立
一九七三（昭48）年　五〇歳
五月　運輸労働者会議などの代表とともにソ連・欧州訪問
一一月　姉・光可死去（享年53歳）
一九七四（昭49）年　五一歳
一月　道南バス労組争議オルグで北海道入り（七五年九月、会社は会社更生法を申し立てる）
一九七七（昭52）年　五四歳
七月　私鉄総連第四二回定期大会で、総連特別執行委員として総評派遣を決定される（二期四年）
一九七八（昭53）年　五五歳
三月　私鉄総連中執委で「内山の企業籍離脱」が承認される
八月　総評副事務局長に就任
九月　「内山光雄激励会」（松本・浅間温泉）
総評第一回地域共闘強化全国交流集会を担当（八二年の退任まで）
一二月　全逓マル生反対闘争支援共闘会議議長に就任（七九年終了まで）
一九八一（昭56）年　五八歳
二～三月　「総評国民生活改善要求一万カ所対話集会」に尽力（全国一五三カ所で実施）
七月　内山らの「労働問題研究会（一水会）」発足
一九八二（昭57）年　五九歳
八月　総評第六六回定期大会で副事務局長退任。退任役員代表として挨拶
一二月　「内山光雄励ます会」（金沢市観光会館、一五〇〇人参集）
一九八三（昭58）年　六〇歳

七月　「内山光雄通信」の発行を始める
一〇月　公労委労働者委員に就任
一九八五（昭60）年　六二歳
一月　「福島会津国民春闘共闘結成総会」で記念講演。右眼異常により急遽帰京し東邦医大大橋病院に入院（パーキンソン病の予兆）
一九八六（昭61）年　六三歳
二～三月　国労問題で奔走。仲裁案作成などで尽力
一九八七（昭62）年　六四歳
三月　私鉄労働運動研究会の顧問となる
一九八八（昭63）年　六五歳
一〇月　公労委委員を辞任
一九九〇（平2）年　六七歳
三月　聖マリアンナ病院でパーキンソン病と診断される
この年発足の「トラブルメーカズハンドブック研究会」に参加
二〇〇〇（平12）年　七七歳
三月　「北国新聞」で早坂茂三のインタビューを受ける

主要著作一覧

労働協約の基礎知識、一九五二年、労働旬報社
幹部闘争から大衆闘争へ——北陸鉄道労組の経験を中心として、一九五四年、労働旬報社
組合活動家ノート、一九六五年、労働旬報社
労働運動入門、一九六六年、労働旬報社
職場の労働運動——要求づくりと団体交渉、一九七〇年、労働旬報社
職場の労働運動——合理化とたたかう組織づくり、一九七〇年、労働旬報社
労働組合入門、一九七一年、労働経済社
職場活動家の仕事、一九七二年、労働教育センター
労働組合のＡＢＣ、一九七五年、労働教育センター
労働運動実践論１、一九八二年、労働教育センター
労働運動実践論２、一九八三年、労働教育センター
労働運動実践論３、一九八三年、労働教育センター
労働運動実践論４、一九八四年、労働教育センター
労働組合実践セミナー１、一九八五年、労働教育センター
労働組合実践セミナー２、一九八五年、労働教育センター
団体交渉の技術、一九八七年、労働教育センター
新・労働組合読本、一九九二年、労働教育センター
組合リーダー実践ノート、一九九四年、労働教育センター

オルグと労働者教育の日々

立川ハイタク労講座
立川観光、新立川交通労組
講師 内山光雄
講師 籾山博史
担当 石川忠夫
私鉄総連ハイタク

西武バス労
8mm PROJECTOR
ELMO

仲間とともに

家族・釣り・スキー

はじめに人間ありき──内山光雄と戦後労働運動

2002年9月23日　初版第1刷発行
著　者　池田実・前川清治
発行者　南　節子
発行所　㈱労働教育センター　〒101-0003 東京都千代田区一ツ橋2-6-2
日本教育会館
TEL.03-3288-3322
FAX.03-3288-5577
振替口座・東京1-125488

デザイン・レイアウト／エムツーカンパニー　印刷／互恵印刷